Wissen
auf einen Blick

Deutsche Literatur

Wissen
auf einen Blick

Deutsche Literatur

Karl-Heinz Göttert

Inhalt

Vorwort

Hundert Bilder und Fakten für die Geschichte der deutschen Literatur zwischen 830 und 2007: Dies setzt eine rigide Auswahl voraus. Sie ist so getroffen, dass Verbindungen sichtbar werden, Kontinuitäten und auch Umbrüche.

Um sich zurechtzufinden, wurde jeder Text unter einen zusammenfassenden Gesichtspunkt gestellt, der in der Überschrift angesprochen wird. Darüber hinaus gibt es in den Kästen eine Art Ausblick, eine Einordnung in die großen Zusammenhänge. Beim „Nibelungenlied" etwa findet der Leser etwas zum Nationalepos, bei Goethes „Werther" etwas zum Briefroman, bei Grass' „Blechtrommel" etwas zur Literaturverfilmung. Man könnte sich auch statt an den Autoren an diesen Gesichtspunkten orientieren und die Texte als Beispiele nehmen. Neben der Literaturgeschichte der großen Namen steht eine der bedeutenden Themen bzw. Probleme.

Gibt es Schwerpunkte im kaum Überblickbaren? Wer die reine Zeitskala mit den besprochenen Werken vergleicht, wird feststellen, dass dem Neuen mehr Aufmerksamkeit gewidmet ist als dem länger Vergangenen. Das Mittelalter muss sich bei gut sechshundert Jahren mit zehn Beispielen begnügen. Vom Humanismus bis zum Ende des Realismus sind es bei etwa vierhundert Jahren achtunddreißig Texte. Mit der beginnenden Moderne wird das Netz noch dichter und die Gegenwart ist in gut fünfundzwanzig Jahren immerhin mit elf Beispielen vertreten, vier davon nach dem Jahr 2000.

Darin spiegelt sich der Wunsch, dem Leser letztlich Hilfen zur Erschließung des Aktuellen zu geben. Die Literatur ist immer noch eine wichtige, wenn nicht die wichtigste Institution, die die Welt erklärt. Fernsehen und Internet tun dies auch und rein quantitativ intensiver. Aber das stille Lesen in der Zurückgezogenheit eines Zimmers oder sonst eines einsamen Ortes lässt sich nicht wirklich ersetzen, auch nicht das Buch mit den Seiten zwischen zwei Deckeln. Mit schöner Regelmäßigkeit ist schon sein Tod angekündigt worden und dann erfahren wir zu Messezeiten, welche Lawinen an Gedrucktem auf uns zurollen. Das literarische Buch hat Ergänzungen gefunden, überflüssig geworden ist es noch lange nicht. Und warum dann der lange Anlauf zum Aktuellen, der nicht unbeträchtliche Rückblick auf ferne und fernste Zeiten, gar aufs Mittelalter? Ist Geschichte nötig? Nicht jeder glaubt dies, aber es gibt gute Argumente. Literatur ist nicht heute oder gestern entstanden, es hat sie schon lange gegeben. Sie wird eigentlich nicht geschrieben, sondern fortgeschrieben. Das Thema der Liebe, der Gewalt, der Freude, des Leids und was nicht alles: Es ist schon immer bearbeitet, beackert worden. Jede neue Antwort bemisst sich an früheren, man lernt im Vergleichen. Und man staunt über früherer Lösungen, die alles andere als naiv waren, sondern im Gegenteil zeigen, dass es unseren Vorfahren nicht viel anders ging als uns selbst. Auch das lehrt kaum etwas besser als eben die Literatur.

Man muss dabei übrigens nicht sklavisch verfahren, von vorne bis hinten lesen. Gerade die hier gewählte Form lädt zum Blättern und Springen ein. Dazu sei jeder Leserin und jedem Leser viel Spaß gewünscht!

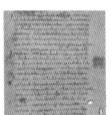

Glücksfall der Überlieferung
Hildebrandslied (um 830)

Auf der Vorderseite des ersten und der Rückseite des letzten Blattes einer lateinischen Handschrift mit theologischem Inhalt hat um 830 ein unbekannter Verfasser ein Lied heidnischen Inhalts in deutscher Sprache aufgezeichnet. Möglicherweise in Oberitalien entstanden, gelangte es ins Kloster Fulda, das in karolingischer Zeit ein Bildungszentrum höchster Qualität war. Ob es etwas mit der Mission der damals noch heidnischen Sachsen zu tun hatte, gar ein Beispiel des überwundenen bzw. noch zu überwindenden heidnischen Glaubens darstellen sollte? Jedenfalls ist es das einzige aus dieser frühen Zeit erhaltene Zeugnis germanischen Geistes überhaupt. Die schon damals sagenhaften Ereignisse der Völkerwanderungszeit des 6. Jahrhunderts kennen wir ansonsten aus Überlieferungen um 1200 wie dem „Nibelungenlied" und der altnordischen „Edda" aus der Mitte des 13. Jahrhunderts.

Vater erschlägt einzigen Sohn
Die Handlung gehört in den Zusammenhang der „Dietrichsage", die das große Sammelbecken aller Stoffe der „heroischen" Zeit darstellt. Dietrich ist der historische Theoderich der Große, der König der Ostgoten (gest. 526), der seinen germanischen Konkurrenten Odoaker in Italien geschlagen und für einige Jahrzehnte ein eigenes Reich gegründet hat. Hildebrand ist ein Gefolgsmann Theoderichs, der gerade mit seinem Heer nach dreißig Jahren Kämpfen in seine alte Heimat zurückkehrt. Dort trifft er auf ein anderes Heer, dessen Anführer Hadubrand sich Odoaker angeschlossen hat. Der Kampf ist unausweichlich. Er soll von den Anführern stellvertretend ausgetragen werden. Die treten zwischen den Heeren gegeneinander an und wechseln zunächst ein paar Worte. Aus denen aber merkt Hildebrand, wen er vor sich hat: Es ist sein einziger Sohn, den er mitsamt seiner Mutter einst verließ. Natürlich gerät Hildebrand in einen entsetzlichen Zwiespalt. Er muss siegen, will aber nicht den Sohn töten. So gibt er sich zu erkennen, versucht die Sache friedlich zu erledigen. Aber Hadubrand hält das Ganze für einen Trick und verhöhnt sein Gegenüber. Hildebrand könnte nun allenfalls aufgeben, fliehen. Aber er steht unter Beobachtung, hinter ihm warten seine Krieger auf den Ausgang. Da entscheidet er sich für den Kampf. Das Lied bricht zwar mitten in der 68. Zeile ab, weil das folgende Blatt verlorenging, aber wir kennen aus späteren Dichtungen den Ausgang. Hildebrand tötet den eigenen Sohn, weil die Kriegerehre höher steht als die Rücksicht auf die Familie.

So denkt auf keinen Fall ein Christ, wohl aber ein heidnischer Germane. Mehr als erstaunlich, dass ein solches Zeugnis durch die Hand eines Mönchs (denn wer sonst konnte schreiben?) tatsächlich den Weg aufs Pergament fand. Auch wenn es nur Lücken füllte: Es ist die erste Dichtung in deutscher Sprache.

Heldensage und Heldenlied
Wir stellen uns heute Dichtung immer in schriftlicher Form vor. In frühen Zeiten aber gab es mündliche Traditionen: Sagen, die von Sängern in Liedern vorgetragen und weitergegeben wurden, ehe sie in der Regel viel später von Sammlern zu Papier bzw. Pergament gebracht wurden. Der Dietrichstoff ist ein Beispiel für diese Art der Tradition und er zeigt vor allem auch ein zweites wichtiges Merkmal: Sage galt den damaligen Hörern als Geschichte, insofern als Wahrheit und nicht Fiktion. Tatsächlich knüpfen die Namen noch an historische Personen an, während die Ereignisse oft grob umgeformt wurden. Eigenartig, wie man noch im Hochmittelalter darin die eigenen Wurzeln erkannte und in längst christlich gewordenen Zeiten die Taten der heidnischen Vorfahren immer noch weitersang.

Die Abbildung zeigt die erste Seite der einzigen erhaltenen Handschrift des „Hildebrandsliedes", die in der Hessischen Landesbibliothek in Kassel aufbewahrt wird. Nach dem Zweiten Weltkrieg war sie verschwunden, ist aber wieder an ihren alten Platz zurückgekehrt.

Beginn der Artusepik in Deutschland
Hartmann von Aue: Erec (nach 1180)

Um 1165 schuf der französische Dichter Chrétien de Troyes seinen ersten Roman: „Erec und Enide". Dem entstehenden Rittertum wurde darin gezeigt, worin seine wichtigsten Aufgaben lagen: in der Erringung von Herrschaft und Liebe, ja der Vereinigung dieser beiden Bereiche. Dazu dienten Bewährungsproben, die die Ritter sogar zweimal durchlaufen mussten. In einem ersten Teil erlangen sie ihr Ziel, verspielen es aber durch eigene Schuld, um es in einem zweiten Anlauf endgültig zu sichern. Hartmann von Aue, von dem wir so gut wie nichts wissen, hat „Erec und Enide" ins Deutsche übersetzt. Dabei verkürzte er den Titel auf den männlichen Helden allein, vergrößerte dafür die Erzählung um mehr als 3 000 Verse. Trotz der Bekanntheit im Mittelalter (wie bildliche Darstellungen und einige Fragmente bezeugen) ist nur eine einzige (fast) vollständige Fassung erst aus dem frühen 16. Jahrhundert erhalten.

Bestrafung einer untadeligen Dame

Zu Beginn begleitet der junge und unverheiratete Erec die Frau von König Artus, Ginover, auf einer Jagd. Dabei wird er von einem fremden Ritter entehrt, kann sich unbewaffnet nicht wehren, sondern nur dem Ritter folgen. Der ist mit einer Frau auf dem Weg zu einem Schönheitswettbewerb. Erec findet zufällig Enite, die Tochter eines verarmten Adligen, der er die Ehe verspricht, wenn sie ihm zum Schönheitswettbewerb folgt. Enides Vater nimmt an und rüstet Erec mit Waffen aus, die er auch braucht, weil die übergroße Schönheit Enites nicht reicht, sondern im Kampf

Artusepik – ein englischer Sagenstoff wird Weltliteratur

Die Figur des Königs Artus reicht mindestens ins 9. Jahrhundert zurück, wurde jedoch um 1135 von Geoffrey von Monmouth in einer Geschichte der britischen Könige als eine Art Musterkönig näher fixiert. Ein bretonischer Dichter hat daraus die Gestalt geformt, die an seiner Tafelrunde auserwählte Ritter vereinigt. Ursprünglich selbstständige Stoffe wie die Erzählungen von Tristan oder Lanzelot wurden dann von Chrétien de Troyes in einen eigenen Erzählkreis gebracht, der sich als „Fiktion" von der Heldenepik als „Geschichte" absetzte. In Deutschland war Hartmann von Aue der erste Vermittler, der außer dem „Erec" auch den „Iwein" dichtete. Wolfram von Eschenbach sollte mit dem „Parzival" den bedeutendsten deutschsprachigen Artusroman des Mittelalters schreiben.

durchgesetzt werden muss. Erec siegt und löst auch sein Versprechen ein. Am Artushof findet eine große Hochzeit statt, anschließend übernimmt Erec die Herrschaft im Land seines Vaters.

Dort aber passiert das Unglück: Erec kommt seinen Pflichten als Herrscher nicht nach, wird öffentlich verspottet. Da zieht er auf Abenteuerfahrt, um sich zu rehabilitieren. Seine Frau Enite, die ihm die Schande verraten hat, muss als Pferdeknecht mitziehen, getrennt von Tisch und Bett und auch noch schweigend. Räuber und lüsterne Ritter überfallen das Paar, das nur dank der Tatsache überlebt, dass Enite ständig ihr Schweigegebot bricht und Erec rechtzeitig warnt. Allmählich erkennt dieser, was er an seiner Frau hat. Sein letztes und gefährlichstes Abenteuer, der Kampf mit einem Grafen, der (wie anfangs Erec) zurückgezogen mit seiner Frau nur seiner Liebe lebt, dabei schon 80 Gegner erschlagen hat und deren Witwen gefangen hält, besteht Erec nur mit dem Blick auf Enite. Dies bringt allen die Erlösung. Der Graf sieht seine Schuld ein, die Witwen sind frei und Erec zieht mit Enite diesmal zu ungestörter Herrschaft und Liebe in sein väterliches Reich. Das höfische Publikum wusste nach dem Vortrag, was einen Ritter ausmacht.

Die Miniatur aus der Großen Weingartner Liederhandschrift zeigt Hartmann von Aue als Ritter, der er vermutlich nicht war. Die Handschrift ist mehr als ein Jahrhundert später entstanden.

Frühestes Tierepos in deutscher Sprache
Heinrich der Gleisner: Reinhart Fuchs (nach 1192)

Als Antwort auf die harte Politik des Stauferkaisers Heinrichs VI. entstand im stauferfeindlichen Elsass ein kleines Epos von 2266 Versen, das die Untreue eines Königs darstellt und mit seinem Tod büßen lässt. Ein sonst gänzlich unbekannter Heinrich mit Beiname „der Gleisner" (der Lügner bzw. derjenige, der über den lügnerischen Fuchs berichtete) hat die handelnden Personen dem Tierreich entnommen: König ist der Löwe (sein bezeichnender Name: Frevel), Hauptakteure sind der verschlagene Fuchs Reinhart und der gefräßige Wolf Isengrin. Vielleicht spielt das Wort von „Isengrins Not" in den Schlussversen auf eine nicht mehr erhaltene Vorform des „Nibelungenlieds" an, „Die ältere (Nibelungen)not". Aber nun geht es eben nicht um Helden der Vorzeit, sondern (wenn man die Anspielungen richtig deutet) wahrscheinlich um Heinrich VI., der nach Meinung des Autors mit Willkür und Gewalt den Staat ruinierte.

Handlung in drei Teilen

In einem ersten Teil werden alte Fabeln vom Fuchs und kleineren Tieren wie dem Raben erzählt, dem der Fuchs für seinen „Gesang" schmeichelt, bis der ein Stück Käse fallen lässt. Der zweite berichtet über den Freundschaftsbund zwischen Reinhart und Isengrin („ich bin listig, stark seid ihr"). Als Isengrin jedoch schon beim ersten Abenteuer den durch Reinharts List erbeuteten Schinken alleine frisst, rächt sich dieser. Seiner Fressgier verfallen, lässt sich der Wolf auf Abenteuer ein, bei denen er stets den Kürzeren zieht. Er verliert seinen Schwanz (was ganz sicher doppeldeutig gemeint ist) und muss sogar die öffentliche Vergewaltigung seiner Frau Hersant hinnehmen. Dies führt zum dritten und wichtigsten Teil: der Appellation Isengrins ans Gericht und die anschließende Verhandlung über den ungetreuen Fuchs.

Sie beginnt mit der förmlichen Ladung durch König Vrevel. Aber zwei Tiere, die diese überbringen, werden von Reinhart übertölpelt und kehren unverrichteter Dinge zurück. Erst der dritten Ladung folgt Reinhart. Nun aber entspinnt sich das übelste Spiel des ganzen Epos. Weil der König krank ist, gaukelt der Fuchs ihm Heilung vor, wozu er die Häute seiner Gegner benötige. Prompt geht der König darauf ein und belohnt zum Schluss den Fuchs auch noch für seine „Hilfe". Alle Ordnung ist zerrüttet, aber es folgt die Strafe: König Frevel stirbt elend. Ein wirkliches Happy end bedeutet dies jedoch nicht, denn der Fuchs ist längst ungestraft davongekommen.

Ein Stoff wandert durch Europa

Der Stoff des kleinen Epos stammt letztlich aus der Welt der Fabel, wo der Fuchs schon immer als der überlegene Kluge aufgetreten war. In Frankreich hat daraus unter Anspielung auf die dort populäre Heldensage (die „Chansons de geste") ein Pierre de Saint-Cloud ab 1176 ein lockeres Bündel von Erzählungen zusammengestellt, in denen der Fuchs den Wolf überlistet: den „Roman de Renart". Dies war die Vorlage der deutschen Bearbeitung durch Heinrich. Nur bot der keine fröhlichen Schwankgeschichten, in denen allenfalls die damals gerade ausgebildete Welt der Ritter parodiert wurde (Fuchs und Wolf reiten zum Beispiel Pferde und bewegen sich auch sonst „höfisch"), vielmehr läuft die Handlung zielstrebig auf den Gerichtstag zu und ist gespickt mit politischer Satire. Im Spätmittelalter taucht der Stoff in den Niederlanden („Van den vos Reinaerde") als allgemeines Gemälde der „schlechten" Welt auf und erhält in dieser Form 1498 eine erneute Fassung in niederdeutscher Sprache: „Reinke de vos". Diese Vorlage regte Goethe zur Zeit der Französischen Revolution zu einer Übersetzung bzw. Bearbeitung: seinem „Reineke Fuchs" von 1794 an. Die wirren Weltverhältnisse aller Zeiten konnten im Schutz der Tierwelt schon immer besonders unbefangen und trotz aller Widrigkeiten heiter dargestellt werden.

¶ Wo reynke myt grymbart deme greuynge
quemē in den hoff. vñ wo reynko syne worde
makede vor dem konynge. Dat erste capittel

R Eynke quam echt in den hoff
Dar in he was vor klaget groff
Wele de eme nicht wol enghunden
Vñ de na syneme leuende stunden

E i

*Dieser kolorierte Holzschnitt gehört
zur niederdeutschen Fassung der
Fuchsgeschichten, dem „Reinke de Vos"
(Lübeck 1498). Der „Mohnkopfdruck" (benannt
nach dem Lübecker Drucker) gibt die Szene
wieder, in der König Nobel Gericht hält.*

Ein deutsches „Nationalepos" von Treue – und Verrat
Nibelungenlied (um 1200)

Um 1200 fasste ein (wie fast immer bei der Heldensage) unbekannter Dichter umlaufende mündliche und schriftliche Traditionen zu zwei Stoffkreisen zusammen: Siegfrieds Werbung um Kriemhild und Kriemhilds Rache nach dessen Ermordung. Das umfangreiche Werk wurde im Mittelalter sofort berühmt und existiert heute noch in elf vollständigen Abschriften. Eine wichtige Fassung zeigt sich dabei stark christianisiert.

Ein strahlender Held wird ermordet
Das „Nibelungenlied" beginnt mit Siegfrieds Werbung um Kriemhild. Der tapfere Xantener Königssohn begehrt die schöne Wormser Prinzessin. König Gunther stellt die Schwester in Aussicht, verlangt aber zuvor Hilfe von Siegfried bei seiner eigenen Werbung um Brünhild, die im Wettkampf überwunden sein will. Unerkannt unter seiner Tarnkappe besiegt Siegfried, der sich zuvor als Vasall des Königs ausgegeben hat, die stolze Brünhild. Und noch einmal muss Siegfried Gunther beistehen: in dessen Brautnacht. Nur der getarnte Siegfried bezwingt die Bärenstarke. Danach kann die Doppelhochzeit vollzogen werden und Siegfried verlässt mit Kriemhild den Wormser Hof. Aber bei einer Einladung geraten die Frauen in Streit über ihren jeweiligen Rang – bzw. den

ihrer Männer. Brünhild glaubt, Siegfried sei der Vasall ihres Mannes. Kriemhild erzählt ihr darauf den Betrug in deren Brautnacht. Diese Demütigung löst bei Brünhild den Wunsch nach Rache aus. Sie bittet Hagen darum, Siegfried zu ermorden. Verzweifelt bezahlt Kriemhild nach Siegfrieds Tod aus ihrem Brautschatz (dem Hort, den Siegfried einst erwarb) Kämpfer, in denen Hagen eine Bedrohung sieht. Er raubt den Schatz und versenkt ihn im Rhein.

Der Katastrophe zweiter Teil
Da sieht Kriemhild einen neuen Weg, ihre Rache umzusetzen. Sie heiratet den Hunnenkönig Attila und folgt ihm in sein Land. Von dort lädt sie die Wormser ein. Hagen ahnt, dass Kriemhild ihnen eine Falle stellen will und

warnt vor der Reise, geht aber dennoch mit. Als die Wormser, die nun Nibelungen genannt werden, an Attilas Hof ankommen, kommt es zur Eskalation. Offener Kampf bricht aus, Hagen enthauptet Kriemhilds und Attilas Sohn. Daraufhin beginnt ein fürchterliches Morden auf beiden Seiten. Kriemhild verlangt von Hagen den Hort und lässt sogar ihren Bruder Gunther erschlagen, um an das Geheimnis seiner Aufbewahrung zu kommen. Aber Hagen als der einzige Kenner des genauen Verstecks verweigert die Herausgabe. Da erschlägt Kriemhild ihn eigenhändig mit Siegfrieds Schwert. Einer der Helden auf hunnischer Seite ist darüber so entsetzt, dass er Kriemhild in Stücke schlägt. Am Ende überleben nur wenige das Grauen.

Vom mittelalterlichen Sagenstoff zum Nationalepos
In der frühen Neuzeit war das „Nibelungenlied" fast vergessen, erst in der Aufklärung regte sich wieder Interesse. Während der französisch gebildete Alte Fritz auf eine Edition mit dem Wort reagierte, diese alten Epen seinen „nicht einen Schuss Pulver wert", reagierten die Romantiker begeistert. Wagners „Ring des Nibelungen", weniger nach der Fassung des „Nibelungenliedes" als der älteren „Wölsungensage" konzipiert, stellt einen Höhepunkt dar. Dann aber kamen die katastrophalen Vereinnahmungen. Schon beim Ausbruch des 1. Weltkriegs muss die „Nibelungentreue" in Deutschland als Motivation für den Eintritt in den Krieg neben Österreich dienen. Angesichts von Stalingrad beschwört Göring das Vorbild der Helden, die sich sinnlos opfern. Heute hebt man die Doppelgesichtigkeit des Epos hervor: den Wahnsinn einer „Treue", die in den Tod führt.

Am Rheinufer in Worms symbolisiert
dieses 1905 errichtete Bronzestandbild die
Versenkung des kostbaren Nibelungenschatzes,
Kriemhilds Morgengabe, durch Hagen.

Ein großer Gottsucher
Wolfram von Eschenbach: Parzival (nach 1200)

Wolfram von Eschenbach hat – wahrscheinlich stets im Auftrag von fürstlichen Gönnern – drei große Epen geschrieben: den „Willehalm" als Geschichte eines Ritters, der im Heidenkrieg zum Heiligen wird, den Roman über den Gralskönig „Titurel" und den „Parzival", dessen Held auf Umwegen einer der Nachfolger Titurels als Gralskönig wird. Es gibt also ein verbindendes Interesse an ritterlichen Gestalten, die in besonderer Weise Gott dienen. Parzival ist dabei die „problematischste" Gestalt, der Gottsucher, der zwischenzeitlich sogar Gott verflucht. Die fast 25000 Verse sind in 16 vollständigen Handschriften erhalten.

Von Geburt Artus- und Gralsritter

Das Epos beginnt mit der Vorgeschichte Parzivals. Sein Vater Gahmuret, ein Artusritter, sucht im Orient Frau und Herrschaft und heiratet die Heidin Belacane, mit der er einen Sohn zeugt. Bald verlässt er sie jedoch und zieht auf Turniere, um Herzeloyde zu heiraten. Mit ihr zeugt er Parzival, fällt aber bei neuen Kämpfen schon vor dessen Geburt.
Herzeloyde will ihrem Sohn das Schicksal des Vaters ersparen und zieht sich in die Einöde zurück. Parzival begegnet dort jedoch Rittern und verlässt die Mutter, die darüber stirbt. Er weiß nicht, dass sein Vater Artusritter war, sei-

ne Mutter dem Gralsgeschlecht angehört und er selbst zum Gralskönig berufen ist. So gelangt er in Torenkleidung (mit der Herzeloyde ihn vor der Ritterwelt bewahren wollte) zunächst an den Artushof. Artus erlaubt ihm einen ersten Kampf, bei dem er, ohne es zu wissen, einen Verwandten (den roten Ritter Ither) tötet und sich dessen Rüstung samt Waffen aneignet.
Später lernt Parzival bei seinem Onkel Gurnemanz höfisches Benehmen. Er befreit eine Dame, Condwiramurs, von ihren Feinden, heiratet sie und zieht noch vor der Geburt seines

> ### Die Legende vom Gral
> *Der Gralsstoff war von Anfang an mit dem Artusstoff verbunden und lag Wolfram in einer französischen Fassung vor. Dabei geht es um Ritter, die jene Schale hüten, in der einst das Blut Christi aufgefangen wurde. Sie leben (bis auf den König) im Zölibat, erinnern also an einen geistlichen Orden, auf den auch angespielt wird (die Templer). Damit scheint Wolfram so etwas wie ein geistliches Gegenstück zum Artusrittertum gezeichnet zu haben, vielleicht die Utopie einer vollkommenen Welt jenseits der Kämpfe und auch Unvollkommenheiten des tatsächlichen Rittertums auf Erden.*

Kindes wieder fort. Er will seine Mutter suchen, von deren Tod er nichts weiß. Dabei findet er die Gralsburg, wo König Amfortas an einer Krankheit leidet, die nur durch die Mitleidsfrage geheilt werden kann. Weil Parzival jedoch gelernt hat, keine Fragen zu stellen, stellt er auch die Mitleidsfrage nicht. Darauf versinkt der Hof in Leid. Nach erfolgreichen Kämpfen gegen Artusritter gelangt Parzival erneut an den Artushof, wo er in die Runde der Artusritter aufgenommen, aber bei Bekanntgabe seines Frageversäumnisses vor allen verflucht wird. Darüber verzweifelt er an Gott, schwört jedoch, Amfortas zu erlösen.
Nach vier Jahren der Suche kommt Parzival zu einem weiteren Onkel, der ihn mit Gott versöhnt, über seine verwandtschaftlichen Verhältnisse aufklärt und ihm seine Schuld am Tod der Mutter mitteilt. Daraufhin tut Parzival Buße, geht erneut zur Gralsburg und stellt diesmal die erlösende Mitleidsfrage. Amfortas kann nun sterben, wonach Parzival sein Nachfolger wird. Unterdessen hat er seinen heidnischen Halbbruder kennengelernt und kehrt zu seiner Frau und seinen Söhnen zurück, die er seit Jahren nicht gesehen hat (darunter Lohengrin). Der Halbbruder lässt sich taufen und geht nach Indien, um dort das Christentum zu verbreiten.

Diese Buchmalerei aus dem 13. Jahrhundert bildet drei Szenen aus Wolfram von Eschenbachs „Parzival" ab: Parzival zu Gast an Artus' Tafel, den Zweikampf zwischen Parzival und Feirefiz und die Situation, in der Parzival Feirefiz als seinen Halbbruder erkennt.

Die größte Liebesgeschichte des Mittelalters
Gottfried von Straßburg: Tristan (um 1210)

Der Tristanstoff ist im Mittelalter mehrfach behandelt worden, in Deutschland auch schon vor 1200 durch Eilhart von Oberge. Gottfrieds Werk zeichnet sich durch ein Höchstmaß auch von formaler Kunst aus – ein „großes" Thema kann nur in „großer" Kunst vorgetragen werden. Ausgerechnet dieses Werk ist nicht vollendet. Zwei Fortsetzer haben im 13. Jahrhundert versucht, im Geiste Gottfrieds den Abschluss zu erreichen, den alle (französischen) Quellen vorgaben.

Keine Liebe ohne Leid

Schon Tristans Geburt zeigt tragische Züge. Vater und Mutter waren ein wirkliches Liebespaar, heirateten nur aus Rücksicht auf die Konventionen, wobei der Vater vor der Geburt im Kampf fiel, die Mutter bei der Geburt starb. Tristan ist also von Anfang an Waise, wird von Pflegeeltern erzogen, von Räubern geraubt und kommt nach einem Schiffbruch nach Cornwall zu König Marke, der sich als der Bruder seiner Mutter herausstellen wird. Marke ist vernarrt in den Alleskönner, der sein Reich auch noch vor Morolt rettet, der jährlich Tribut fordert. Allerdings wird Tristan in diesem Kampf schwer verwundet und kann nur durch die zauberkundige Königin Isolde von Irland geheilt werden – Morolts Schwester. Als Spiel-

---

---

mann verkleidet, fährt Tristan nach Irland, wird geheilt und lernt Isoldes Tochter mit gleichem Namen kennen.

Wieder in Cornwall drängen die Hofangehörigen Marke zur Heirat. Als Tristan von der schönen Isolde erzählt, entsteht der Plan, um sie zu werben. Tristan fährt erneut nach Irland, wird dort als Mörder Morolts entdeckt und kann trotzdem die junge Isolde nach Cornwall bringen. Auf dem Schiff kommt es zur Tragödie: Der für Isolde und Marke bestimmte Liebes-

trank wird verwechselt, Isolde trinkt ihn mit Tristan. Damit beginnt eine ebenso innige wie unmögliche Liebe – und nach der vollzogenen Standesheirat zwischen Marke und Isolde ein permanenter Ehebruch. Während der Hof alles bemerkt, will es Marke nicht glauben, lässt sich gerne täuschen. Erst spät schickt er die Liebenden in die Verbannung: in jene Grotte im Wald, die für kurze Zeit zum Ort überirdischer Freuden wird. Aber sie werden entdeckt, kommen wieder an den Hof, wo sich das alte Treiben fortsetzt, bis Tristan fliehen muss. In der Fremde lernt er eine neue Isolde (die mit den weißen Händen) kennen, die sich in ihn verliebt.

An dieser Stelle bricht der Text ab. Wir kennen das Ende aus den älteren Fassungen: Tristan heiratet Isolde Weißhand, vollzieht aber die Ehe nicht. Als er tödlich verwundet wird und nur die junge Isolde Rettung bringen kann, wird diese geholt. Das Schiff kommt, aber Isolde Weißhand meldet fälschlich, dass es das schwarze und nicht das weiße Segel führt, worauf Tristan stirbt. Die junge Isolde findet über dem Körper ebenfalls den Liebestod.

Szene aus Kevin Reynolds Verfilmung von „Tristan und Isolde" (2006), mit James Franco als Tristan und Sophia Myles als Isolde.

Minne und Politik
Walther von der Vogelweide: Lieder und Sangsprüche (ca. 1190-1230)

Die Entstehung der Lyrik in deutscher Sprache ist umstritten. Es scheint im Donauraum eigene Wurzeln gegeben zu haben, aber der große Strom ist mit französischen Vorbildern verbunden, speziell den Trobadors (zu denen es auch das weibliche Gegenstück der Trobairix gibt). Ihnen verdankt sich die Entfaltung der Minnethematik, aber es gab auch Lyrik, die sich moralischen und politischen Fragen widmete, die Spruchdichtung. Während sich im Hochmittelalter Spezialisten bilden, die entweder dem einen oder dem anderen Thema zuneigten, hat Walther von der Vogelweide als ein Berufsdichter, der in höfischen Diensten tätig war, nicht nur auf beiden Feldern gewirkt, sondern sie auch zusammengeführt. Liebe und Handeln in der Welt gehören für ihn zur „Ethik", zur Führung eines sinnvollen Lebens auf Erden.

Lieder von hoher Minne und gegenseitiger Liebe

Im heutigen Bewusstsein ist Walther wohl in erste Linie als Minnesänger präsent. Wo auch immer er an Höfen auftrat, um als Berufsdichter Lohn zu finden, wurde von ihm offenbar die Bedienung dieses Themas verlangt. Vorbildlich und sicher auch erwünscht war der Preis (das Lob) der adligen Dame, und zwar in der gewohnten Verehrung eines Ritters, der nicht auf Erfüllung rechnete. Das Spiel von Werben und Ablehnen gehörte zu dem, was die Tradition zum Inbegriff edler Erziehung gemacht hatte.

Walther hat selbst Lieder dieses Genres der „hohen" Minne geschrieben. Aber wirklich berühmt machten ihn Lieder, in denen er Gegenseitigkeit der Liebe forderte. Die angesprochene Frau ist nicht die hohe und unnahbare Herrin, sondern das „Mädchen" (danach:

> ### Große Sammlung höfischer Lyrik: die Manessehandschrift
> Als ca. 1320 der Züricher Ratsherr Rüdiger Manesse bereits im nostalgischen Rückblick die deutsche Lyrik des hohen Mittelalters in einem prachtvollen Werk zusammenstellte (dem „Codex Manesse", nach seinem Aufbewahrungsort auch: Große Heidelberger Liederhandschrift), setzte er an den Anfang die Gedichte eines Kaisers, nämlich Heinrichs VI. In ständischer Abstufung folgen all die anderen Autoren, darunter Walther von der Vogelweide. Abgebildet ist er nicht als Minnesänger, sondern auf jenem Stein sitzend, den er in seinem Reichsspruch ansprach. Sein erstes Gedicht aber ist ein Marienpreis.

Mädchenlieder), das „herzeliebe vrouwelîn". In „Unter der Linde auf der Heide" ist sogar die Vereinigung im Liebesspiel beschrieben. Aber Walther mahnte die Frau auch ganz generell, ihre starre Ablehnung aufzugeben, drohte sogar mit Entzug seines sängerischen Preises.

Sprüche über Gott und die Welt sowie zur aktuellen Politik

Daneben (und zeitlich wahrscheinlich früher anzusetzen) behandelte Walther Fragen von Weisheit und Glaube, ergeht sich in Hof- und Weltklage. In den Reichssprüchen (beginnend mit „Ich saß auf einem Steine") wird der Ordnung am Firmament die Unordnung auf Erden entgegengehalten und der sehnliche Wunsch, es dem Firmament gleichzutun.

Besonders interessant aber ist es, dass Walther sich direkt in das politische Geschehen seiner Zeit einschaltete. Dabei diente er durchaus unterschiedlichen, ja miteinander verfeindeten Herren, verhalf dem Staufer Philipp von Schwaben ebenso zu Ruhm wie dessen Gegner, dem Welfen Otto, um wiederum später ins Lager des Staufers Friedrich II. einzuschwenken. Allerdings ging es Walther neben der Tagesaktualität stets um das große Thema der Sicherung von Friede und Recht, um die Ordnung auf Erden.

Abbildung von Walther von der Vogelweide in der Großen Heidelberger Liederhandschrift, auch Codex Manesse genannt. Sie zeigt den Dichter, wie er sich selbst in einem seiner Sangsprüche dargestellt hat: mit übereinandergeschlagenen Beinen, der Gebärde des Denkers.

Die weibliche Stimme im Mittelalter
Mechthild von Magdeburg: Das fließende Licht der Gottheit (um 1250)

Von Mechthild (um 1207 bis um 1282) wissen wir nur, was sie selbst in ihrem „Buch" gesagt hat: Mit zwölf hatte sie ein erstes religiöses Erlebnis, floh mit zwanzig aus ihrem vermutlich adligen Elternhaus (wo sie hohe Bildung genossen haben muss), um sich einer Magdeburger Beginengemeinschaft anzuschließen. Die Beginen waren damals eine neue Erscheinung in ganz Europa: fromme Frauen, die aber nicht ins Kloster gingen, sondern in städtischen Wohnungen lebten, um sich karitativen Aufgaben zu widmen. Mechthild lebte ca. 30 Jahre dort, arm und unbekannt. Als sie ihrem Beichtvater ihre religiösen Erlebnisse erzählt, fordert der sie auf, sie niederzuschreiben. Damit beginnen die Offenbarungen, mit denen sie sechs Bücher füllt. Als sie bekannt (und wegen ihrer kritischen Äußerungen über den Klerus, etwa über geile Domherren als „stinkende Böcke" angefeindet) wird, geht sie doch noch in ein Kloster: zu den Zisterzienserinnen nach Helfta, die mit schreibenden Frauen Erfahrungen hatten. Noch ein letztes Buch entsteht, dann stirbt sie hoch geehrt inmitten ihrer Mitschwestern.

Aufgeschriebene Offenbarungen
Mechthilds Offenbarungen sind als einzelne Stücke niedergeschrieben, die auf Zusammen-

hang verzichten. Bilder entstehen, Dialoge der Seele mit Gott treten neben gedichtähnliche Passagen. Dabei gibt es ein Charakteristikum, mit dem sich Mechthild aus der Schar ähnlich schreibender Frauen im Mittelalter hervorhebt: Häufig fasst sie die Liebe zu Gott in das Bild der Minne, das sie offenbar von ihrer adligen Herkunft her kannte. Gleich zu Beginn treffen die Minne und die Königin (will sagen: die Seele) zusammen und sprechen miteinan-

der. Die Seele scheidet sich vom Leib und spielt ein Spiel, das der Leib nicht versteht. Sogar von einer Reise der Seele an den göttlichen Hof ist die Rede, wo Gott sich der Seele offenbart. Dabei kommen Formulierungen zustande, die die Vereinigung der Seele mit Gott in den Bildern eines Liebessturms beschreiben: „Liebe mich häufig und lang", heißt es, weiter: „ich ersehne es, tödlich zu lieben, maßlos ohne Unterlass". Ein kleines Gedicht mag die Innigkeit der (religiösen!) Gefühle wiedergeben:

„Minnelust, süßer Durst
Minnefühlen, süßes Kühlen
Minnetod, süße Not.
Minnefließen, süßes Gießen …"

Im 5. Buch steht das fließende Licht der Gottheit im Mittelpunkt, das den Offenbarungen den Namen gegeben hat: ein Bild, das der Mystik seit der Spätantike vertraut ist. Von oben fließt der Gnadenstrom in die Welt, von unten kann der Mensch den Weg nach oben finden, wenn er sich auf die Gnade einlässt.

Teil der Ausstellung „Minne Mut Mystik – 800 Jahre Mechthild von Magdeburg" (Magdeburg, 2008) ist auch das Buch der Mystikerin in einer Abschrift aus dem 14. Jahrhundert.

Left page

te mynne. iij. h. xiij. capl'o
Der predicaturs in sine mude teme anᵉ. iij. h. xvij.
capl'o ᵈ mins mandus q̃ itelliges h̄ sᵉ eredull̄
tate huilitare ⁊ deuoᵗoe. nouuet gleᵒᵗ. līnū
isuᵘ. huc est ᵗphea ᵃ ᵈ pᵗcᵃ pᵗa q̃ humᵘ. The ch'o
Ij dem tuet vᵈ ſotes gebure. dalschindhalᵖ hin
deᵗ iar. bi dᵉr nach fiunfſche im⁊ wart dis buch
deroffent in tuſche vᵒ ſoter ener ſweſter. was em
hehliᵍ mᵃchet beide an lyp vᵒ an geiſte. ſi diente
ſotte andechteklich ⁊ in deuutiger eᵘwalᵉekeᵘᵗ
ellend armut in himmelſchem ſetᵖheᵗ◌ze in vᵉ
danket vᵉſteklich. me denne vierzig iar. vᵒ nach
volkuᵉr vᵉſteklich ⁊ vollekomelich dem luehre vᵒ
lere ᵈ predicuer orden. vᵒ nam fūr vᵒ ſage ze ſage
vᵒ beſſer ᵈ pᵗcᵃ ez ſerelich. Aber dis buch ſamen vᵒ
ſchreb em ſander des ſelben buche. vᵒ vᵒl gutes thᵘ
in diſen buche. ſo vᵒl ſache als in den truclen iſt.
vᵉ braichet. das ſole du ſeloblich diemutſklich
vᵒ andechteklich müſiht vᵗber leſen
Dis iſt das erſte teil des buche. wie du mynne vᵒ
du kuneᵍin ze ſamen ſprechent
Von dam pᵗonen vᵒ dam graben
Von den megeſten ᵈ ſele. vᵒ vᵒ ᵈ mynne ſchlag
Von der houe reiſe ᵈ ſele. vᵒ ſich ſich got vᵘſer
Von ᵈ qwale vᵒ dem loue ᵈ helle
Von deu mīn hoᵉen wie ſi ſingent
Von ſotz fluche in acht dingen
Er mīnte lobet got an zehen dingen
It den dingen wonuſt du in ᵈ hohm
Er mīnet ᵈ angeſicht ᵈ m dingen

Right page

Die ſele lobet got an fiunf

xxᵘ Diᵉrū fint an dem ſtrie gottes
xxᵘᵘ Wu ſele lobet got an fiunf ſele
xxᵘ Wie got kumet in die ſele
xxᵘᵘ Wie ᵈ ſele got erpfahet
xxij Wie du die ſelen erpfahet
xxiij Wie ᵈ got die ſelen vier dingen
xxᵘ Wie d'ſicher die ſelen fiunf dingen
xxᵘᵘ Wor hepſoter mit ᵈ ſele an ſechs dingen
xxᵘᵘ Von ᵈ bekanntniſſe vᵒ gebuichuſſe
xxᵘij Von ſinge wearen botſchaft vᵒ wie em tu
Von ᵈ mancheit wart gemachet vᵒ noch ſoter
ᵈ drualabeit hat geſchen. vᵒ wie di ſele dik vᵒ lage
xxᵘᵘj Walle heltuhen hat gheit got mine ſere dik
xxᵘᵘ Wu ſolt bitte ſeloblich ene dur got
xxᵘᵘ Von dem wege anteuuet die ſele iᵘ ſinne vᵒ iſt m
xx Wie diſen weg zuget die ſele
xxᵘᵘj Wie du wege wurdig des weges vᵒ m behal
xxᵘ ame herze leut
xxᵘij Wie du vollekoᵉie ſieſt
xxᵘ telt. vᵒ wie mīne ſol ſin moichich ane maſſe ane uud
Wag das iſt ᵈ ſeen wither
xxᵘ Von ᵈ ſchoͤn des huiteᵍͦmes. vᵒ wie m di
xxᵘ buir volken ſol an xxij grad' des eriaes
xxᵘ Von den ſibey ſuch
xxᵘᵘj nach der ſinde
Von der pfrūde troſte vᵒde mine
xxᵘᵘj Wu ſolt in ᵈ pine ſin ein lamp en iuᵗeᵘlich be
xxᵘᵘ vnd em brut

xxxᵘ Du ſolt mit alʒten ſin abbeᵗ

Erfindung der Novellistik im Spätmittelalter

Die drei Mönche zu Kolmar (vor 1433/40)

Die Entstehung der höfischen Literatur ist mit zwei Gattungen verbunden: der Minnelyrik und der Großepik. Beide Gattungen finden immer wieder Erneuerer (etwa im Bereich der Artusepik) oder Fortsetzer (wie im Falle des „Tristan" Gottfrieds von Straßburg). Um die Mitte des 13. Jahrhunderts aber entsteht eine neue Gattung, die damals Märe genannt wurde: eine kleine Geschichte, erzählt in Reimpaaren wie die Artusepik auch, aber hinsichtlich des Umfangs und vor allem thematisch mit dieser nicht vergleichbar. In wenigen hundert Versen (es gibt Grenzfälle) werden Geschichten erzählt, die einen moralischen Gedanken verdeutlichen sollen, viel öfter aber schlicht Schwänke darstellen, die in derben und derbsten Szenen die Tabubereiche des Sexuellen zur Darstellung bringen. Wenige Verfasser sind (wie etwa der sogenannte Stricker) namentlich bekannt. Unser Beispiel gehört zu den eher harmlosen Fällen:

Unlautere Motive durch noch unlauterere überboten

In Kolmar wohnt ein ehemals reicher Mann, den gerade das Glück verlassen hat. Aber er besitzt eine fromme und tugendhafte Frau. Die will einmal bei einem Dominikaner zur Beichte gehen, wird von diesem aber um ein Stelldichein gegen Bezahlung von dreißig Mark gebeten. Ohne sich die Empörung anmerken zu lassen, versucht es die Frau nun bei einem Franziskaner – mit gleichem Ergebnis und fünfzig Mark. Schließlich geht sie zu einem Augustiner, der wieder das gleiche für hundert Mark verlangt. Zu Hause erzählt sie alles ihrem Mann, dem eine Idee kommt. Die Frau solle alle drei Mönche nacheinander in der Nacht in ihr Haus bitten. Dort bereiten sie einen Bottich mit siedendem Wasser vor. Als der erste Mönch kommt, macht der Mann Geräusche, während die Frau ihm rät, in den Bottich zu springen. Dort kommt der Mönch um. Genauso ergeht es dem zweiten und dritten.

Nun will der inzwischen wieder reich gewordene Mann die Leichen beseitigen und trifft auf der Straße einen betrunkenen Studenten. Der schleppt die erste Leiche in den Fluss. Als er zurückkehrt, um einen geringen Lohn zu empfangen, hat der Mann die zweite Leiche hingelegt. Verwirrt schleppt der Student sie weg – auch die dritte. Auf dem Rückweg begegnet ihm ein neuer Mönch, der gerade zur Frühmesse will. Weil der Student sich genarrt fühlt, erschlägt er diesen und bringt ihn fort wie die drei anderen. Darauf bekommt er seinen Lohn vom Hausherrn, von dem die Geschichte erzählt, er habe das Unrecht an dem lebenden Mönch sehr bedauert.

Die Novelle in der europäischen Literatur

In deutscher Sprache sind im Mittelalter ca. 150 Mären erhalten, teilweise in verschiedenen Fassungen. Aber auch bei den europäischen Nachbarn wurde die neue Gattung sehr geschätzt. Als Höhepunkt, auf dem Übergang vom Spätmittelalter zur Renaissance, gilt Giovanni Boccaccios „Decamarone" (zwischen 1348 und 1353 entstanden), das genau hundert Novellen vereinigt und mit einer Rahmenhandlung versieht (junge Leute vertreiben sich die Zeit nach dem Auszug aus dem pestverseuchten Florenz mit dem Vortrag entsprechender Erzählungen). Auch für Boccaccios Novellen ist der Schwank charakteristisch. „Schwank" hängt sprachlich mit „schwingen" (aus dem Fechtkampf) zusammen und benennt speziell den überraschenden Stoß. Auch in unserem Beispiel spielt dieses Überraschungsmoment eine wichtige Rolle, auch wenn am Ende der Erzählung die (wirklich echte?) Lehre angefügt wird, dass erstens oft Unschuldige zu Schaden kommen und zweitens Gott den Missbrauch der Beichte nicht ungesühnt lässt.

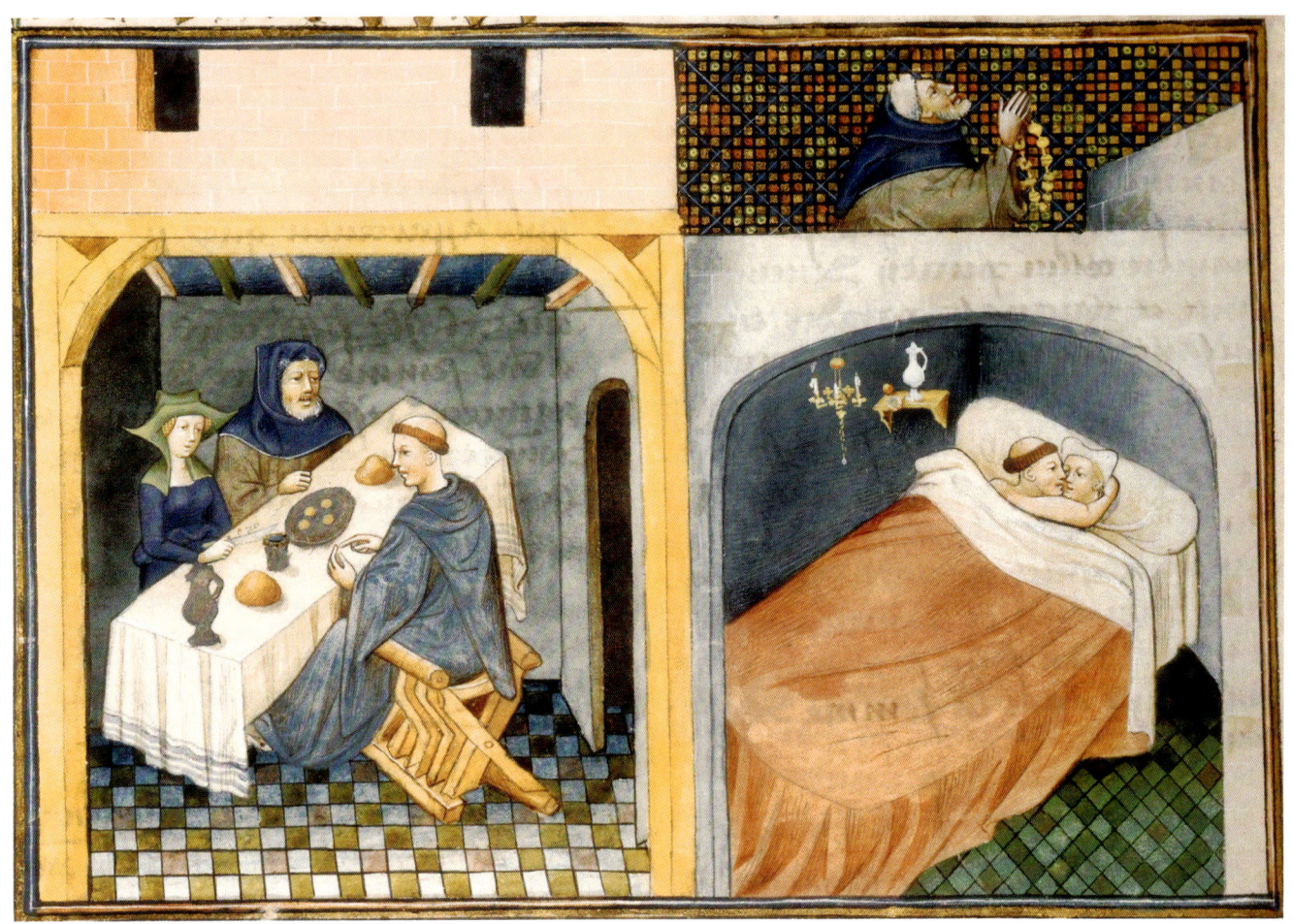

Auch diese Buchmalerei aus dem „Decamerone"
(in einer Ausgabe aus dem 15. Jh.) des italienischen Dichters Giovanni Boccaccio beschäftigt
sich mit dem Thema des lüsternen Mönchs.

Das Geistliche Spiel des Mittelalters
Redentiner Osterspiel (1464)

Osterspiele, die das biblische Geschehen um den Tod Jesu am Kreuz und seine Auferstehung nach drei Tagen schildern, gibt es seit etwa 900. Ihr Ursprung liegt in der Feier der Ostermesse und kann als schauspielerische Umsetzung der Szene begriffen werden, als die Frauen zum Grab gehen, um den Toten zu ehren und stattdessen auf den Engel treffen, der die Auferstehung verkündet. Auch die (stets unbekannten) Verfasser muss man unter Geistlichen suchen. Schließlich dient als Bühne die Kirche, später der vor ihr gelegene Marktplatz, wo sämtliche Stationen der Handlung im weiten Rund aufgebaut sind und die Schauspieler von Ort zu Ort ziehen. Im Spätmittelalter sind aus den bescheidenen Anfängen Schauspiele geworden, die an mehreren Tagen aufgeführt werden und die ganze Stadt im Bann halten. Das „Redentiner Osterspiel" ist nach seinem vermutlichen Entstehungsort Redentin bei Wismar an der Ostsee benannt und könnte mit der Pest zusammenhängen, die dort 1464 gewütet hat.

Der Kampf Jesu mit dem Teufel

Ein Grund, warum die geistlichen Spiele, speziell die Osterspiele, kurz nach 1500 fast überall verboten werden, liegt in ihrer letztlich unbiblischen Handlung, die auch unser Spiel

Theaterkunst als Predigt

Theaterkunst begegnet uns im Mittelalter in der Form des geistlichen Spiels (mit dem Seitentrieb des Fastnachtsspiels). Was nur in völlig vereinzelten Zeugnissen vorliegt, ist die Fortsetzung des antiken Dramas, und zwar der Komödie (wie sie die Nonne Hrotswith von Gandersheim auf Latein schrieb). Erst um 1600 kehren die antiken Formen zurück, um dann die Neuzeit (mit ihrer fünfaktigen Anlage) wieder zu beherrschen.

Für 700 Jahre aber dominiert diese völlig andere Theaterkunst mit ihrer Präsentation des biblischen Geschehens in einer offenkundig als besonders einprägsam empfundenen Form: Man könnte von einer Predigt für Auge und Ohr sprechen. Die Zuhörer sahen die Ereignisse und hörten sie in der Form gesungener Texte, die vom Sprechgesang bis zum reich ausgeformten Lied reichte. In allen größeren (und vielen kleineren) Städten Deutschlands sind Texte dieser Art überliefert.

kennzeichnet. Der erste Teil schildert die Auferstehung als eine Art Zweikampf zwischen Jesus und dem Teufel. Zunächst entwischt Jesus den Bewachern an seinem Grab, dann geht er geradewegs in die Hölle, besiegt dort den

Teufel und erlöst die von ihm gefangen gehaltenen Vorväter.

Im umfangreicheren zweiten Teil weicht die Handlung vollends von den biblischen Schilderungen ab. Luzifer als Oberteufel füllt seine Hölle ersatzweise mit Sündern auf, die er sich auf der Erde holt. Das Ganze ist eine Ständesatire, in der die wichtigsten Berufe mit ihren typischen Verfehlungen angeprangert werden – vermutlich zum großen Gaudium der Zuschauer. So geht Luzifer etwa auf einen Bäcker zu, der um Gnade bittet, aber auch zerknirscht beichtet, wie er den Teig seiner Brote immer etwas zu gering bemessen und das Garen verkürzt hat, um mehr Gewinn zu machen. Der Teufel befiehlt seinen Knechten, ihn in der Hölle zur Strafe an einen glühenden Ofen zu setzen, wo es ihm hübsch warm werden möge. Am Ende fasst ein Sprecher alles zusammen und mahnt die Anwesenden, Buße zu tun und von den Sünden zu lassen. Die letzte der 2014 gereimten Zeilen aber kehrt zum Ausgangspunkt des Spiels zurück: zur Anstimmung des Liedes „Christus ist auferstanden!"

Szene aus einer Aufführung des „Redentiner Osterspiels" in Wismar (2001): Am Sarg von Christus schlafen die Wachen, während die Engel auf dessen Wiederauferstehung warten.

Eine Welt voller Narren
Sebastian Brant: Das Narrenschiff (1494)

Sebastian Brant (1457–1521) stammte aus einfachen bürgerlichen Verhältnissen, studierte Jura und wurde in diesem Fach Professor in Basel. Wahrscheinlich um den Posten des Poeta (des Dichters) an der Universität zu erlangen, legte er 1494 ein literarisches Werk vor, das in 112 Kapiteln die Narrheiten der Welt behandelt. Der Erfolg war groß, ja gilt als der bedeutendste vor Goethes „Werther". Dies verdankt sich nicht zuletzt der Ausstattung mit ganzseitigen Holzschnitten zu jedem Kapitel. Auch die anschließende neue Gattung der Narrenliteratur lässt auf die Wirkung schließen. Geiler von Kaysersberg hielt gar im Straßburger Münster Predigten im Anschluss an ausgewählte Kapitel des „Narrenschiffs", die ebenfalls in Buchform erschienen.

Sich als Narr erkennen

Vielleicht liegt der Erfolg jedoch am allermeisten in der Figur, die Brant ins Zentrum rückt: eben des Narren, nicht mehr wie im Mittelalter: des Sünders. Zwar sind die Sünden noch da, sogar sämtliche sieben Todsünden vom Hochmut bis zur Gier werden abgehandelt. Aber es sind eben in erster Linie die vielen „kleinen" Unzulänglichkeiten, die das Buch füllen. Schon das erste Kapitel ist dafür charakteristisch: Es handelt vom Büchernarren,

der auf dem Holzschnitt mit einem Staubwedel abgebildet ist und statt zu lesen, die Bücher nur hortet.

Wo liegt das Ziel der Bemühungen? Im Titelholzschnitt ist ein Schiff abgebildet, auf dem die Narren (an ihren Mützen erkennbar) „ad Narragoniam" fahren, ins Narrenland also, das später auch als Schlaraffenland auftaucht. Wenn man bedenkt, dass Brant sich an ein städtisches Publikum wendet, ist klar, was er aufs Korn nimmt: mangelndes Arbeitsethos, überhaupt ein Leben ohne Plan und Einfügung in die Aufgaben der Gemeinschaft. Dem wird (in der ausführlichen Vorrede) ein klares Ziel entgegengestellt: Erkenne dich selbst! Dem Leser wird der Spiegel vorgehalten, in dem er

sich als Narren sehen und entsprechend bessern soll.

Man hat in der älteren Forschung das Ungeordnete, ja Chaotische der Darstellung hervorgehoben, die tatsächlich keinen irgendwie systematischen Aufbau erkennen lässt. Kapitel folgt Kapitel, in einer zweiten Auflage ist auch noch eine Tischzucht mit Anweisungen zum Benehmen beim Essen hinzugefügt. Dabei aber sind die Kapitel je für sich überaus kunstvoll gestaltet. Stets gibt es zum ganzseitigen Bild ein schlagkräftiges Motto, und jedes Thema ist in einer Argumentation entfaltet, die sich an der Kunst der antiken Rhetorik orientiert (mit sorgfältiger Ausarbeitung von These, Beispiel, Widerlegung der Gegenansicht usf.).

Humanismus in Deutschland

Im 15. Jahrhundert begann in Italien jene neue Bewegung, die in der Kunstgeschichte eher als Renaissance, in der Philosophie und Literatur eher als Humanismus bezeichnet wird. Charakteristikum ist die Rückwendung auf die Antike, die Beschäftigung mit den „humaniora", der weltlichen, nicht theologischen Moral. Nicht dass diese Autoren keine guten Christen mehr waren: Aber sie stützen sich zur Begründung ihrer Lehren eben auf die lateinischen und nun auch vermehrt griechischen Autoren. Brant kennt sich in dieser Tradition bestens aus, zitiert oft die Bibel, aber eben auch die „heidnischen" Gewährsleute, speziell die römischen Satiriker, die schon damals die Gebrechen der Zeit aufs Korn nahmen. Damit aber ist der Adressatenkreis klar umschrieben: Das Buch wendet sich keineswegs, wie man früher aufgrund der Bilder einmal vermutet hat, an weniger Gebildete (gar Analphabeten), sondern an Kenner, die die vielen Anspielungen zu würdigen wussten.

Der 1494 bei Johann Bergmann von Olpe erschienene Druck des „Narrenschiffs" enthält ganzseitige Holzschnitte, die überwiegend vom jungen Albrecht Dürer stammen, der damals auf seiner Italienreise gerade durch Basel kam. Der abgebildete Holzschnitt gehört zum 108. Kapitel, in dem das Schlaraffenland das Ziel der Narren darstellt.

Als Schalk durch die Welt kommen
Till Eulenspiegel (1515)

1515 und 1519 erschienen in Straßburg zwei Drucke des „Till Eulenspiegel", der nach Ausweis der Vorrede 1501/02 entstanden ist, über dessen Verfasserschaft aber immer noch ein Rätsel liegt. Fest steht, dass der Autor aus dem Braunschweiger Raum stammte. Aber auch nach der Entdeckung des Akrostichons (den Anfangsbuchstaben der letzten sechs Historien) ERMANB ist nicht wirklich klar, ob es sich um den gut bekannten Hermann Bote handelt, der mehrere Chroniken verfasst hat (die Buchstabenfolge ist gestört und auch sonst gibt es Unstimmigkeiten). Jedenfalls hat der Autor lange bekanntes Sagengut verarbeitet, und zwar in der niederdeutschen, genauer: Möllner Tradition, wo das Andenken Eulenspiegels durch den Grabstein von 1544 bewahrt blieb. Ob es sich wirklich um eine historische Gestalt handelt – Eulenspiegel bedeutet so viel wie „wisch den Hintern", deutet also eher auf einen Spottnamen –, ist ebenfalls unklar. Wirklich unbestreitbar aber ist der überwältigende Erfolg: Bis heute werden ca. 350 Ausgaben in mittlerweile fast allen Sprachen der Welt gezählt.

Sprichwörter, wörtlich genommen
Der „Eulenspiegel" schildert in 96 Kapiteln (Historien genannt) Geburt, Leben und Tod eines Helden, der in Wirklichkeit ein Anti-Held ist. Von seiner Umwelt bedrängt, weiß er sich stets zu helfen. Keine Bildung, erst recht keine Moral oder Religion steuern dieses Handeln (die Sakramente und sogar das Sterben Jesu werden vielmehr verspottet), sondern eine Art Mutterwitz, ja die Frechheit des kleinen Mannes angesichts erdrückender Autoritäten. Dabei treten die Missstände der Zeit ans Licht,

> ### Volksbücher
> Literarisch gehört der „Till Eulenspiegel" einer Gattung an, die man seit der Romantik (Joseph von Görres) als „Volksbuch" bezeichnet hat: die Prosaromane des 15. und 16. Jahrhunderts. Heute denkt man über das „Volkstümliche" dieser Werke anders, aber wir haben es tatsächlich mit einer Literatur zu tun, die im Volk spielt, ohne unbedingt für allzu einfache Leser gedacht zu sein (die heutige Verbreitung als Kinderbuch ist mehr als problematisch). Dafür ist die Handlung gerade des „Eulenspiegels" mit ihren Kapriolen zu kompliziert, zu anspielungsreich. Übrigens treten unter den Autoren nun erstmals auch Frauen in Erscheinung: Elisabeth von Nassau-Saarbrücken zum Beispiel mit mehreren Romanen (darunter dem „Hug Schapler" von 1500).

werden menschliche Schwächen aufs Korn genommen, womit sich das Werk einer Satire nähert. Aufgrund der überraschenden Wendungen, dem Hereinlegen der scheinbar Überlegenen, kann man auch gut von Schwänken sprechen. Schon in der Mitte des 13. Jahrhunderts hat es ein Werk gegeben („Der Pfaffe Amis" von einem Dichter namens Stricker), das Einzelgeschichten zu einer Art „Roman" vereinigt.

Im „Eulenspiegel" dienen dabei häufig wörtlich genommene Sprichwörter dazu, sich aus der Affäre zu ziehen. So wird Eulenspiegel beispielsweise im Herzogtum Lüneburg des Landes verwiesen und bei Rückkehr mit dem Tode bedroht. Aber Eulenspiegel kümmert sich nicht darum. Da naht der Herzog. Noch bevor der ihn erkennt, schlachtet Eulenspiegel in aller Eile sein Pferd, legt es ausgeweidet auf den Rücken und stellt sich zwischen dessen vier Beine. Dem Herzog, der schließlich herangekommen ist, ihn erkennt und aufhängen lassen will, sagt er, dass doch jeder zwischen seinen vier Pfählen Friede habe – den sprichwörtlichen Schutz vor Bedrohung im eigenen Haus. Lachend lässt ihn der Herzog laufen, während Eulenspiegel seinem Pferd dankt: Besser, es werde von den Raben gefressen, als dass dies ihm selbst passiere.

*Till Eulenspiegel in einem Farbholzschnitt
auf Japanpapier, um 1903.*

Pathos und Eleganz
Andreas Gryphius: Sonette (1643)

Im Barockzeitalter nimmt in Deutschland unter allen Gattungen die Lyrik den höchsten Rang ein. Martin Opitz gibt in seiner „Kunst der Deutschen Poeterey" (1624) dazu den Weg an: Das große Ideal der Zeit wird die „elegantia" der antiken Rhetorik: eine Form der Eleganz, die mit Zierlichkeit im Sinne von sprachlicher Zier umschrieben wird. Dazu gehören Reinheit und Deutlichkeit der Sprache (dialektfreies Hochdeutsch), vor allem aber ein Schmuck, der sich in der Verwendung rhetorischer Figuren zeigt (Metapher, Wortwiederholung, Antithese, Parallelismus im Satzbau usf.). Dieser Schmuck ist nicht Selbstzweck, sondern soll dem „hohen" Ziel entsprechen: der pathetischen Darstellung einer Welt, die trotz aller Leiden in des Schöpfers Hand ruht. Erst am Ende des Zeitalters kommt es zu jener Überladenheit, die dann als Schwulst verurteilt wurde. Zu den „klassischen" Autoren gehört dagegen Andreas Gryphius (1616–1664), der besonders in der Form des Sonetts (zwei Vierzeiler und zwei Dreizeiler) die Thematik der „Eitelkeit" der Welt und der Hoffnung auf ein jenseitiges Reich abhandelt.

Morgen-Sonett
In seinem „Morgen-Sonett" spricht Gryphius die Sterne (die „ewig-helle Schar") an, die vor der Morgenröte verblassen. Die Vögel („das Federvolk") begrüßen den neuen Tag, das Leben erwacht. Der zweite Vierzeiler schließt mit der Aufforderung ab, die „dreimal höchste Macht" möge nun auch den Menschen erleuchten, der sich vor ihr beugt.

Wie Gryphius in der kunstvoll metaphorischen Wortwahl sein Gedicht herausputzt, so zeigt nun auch die Anlage höchste Kunst: Von der Natur wendet sich der Blick zum Menschen, nicht mehr von der realen Nacht ist die Rede, sondern von der „dicken Nacht, die meine Seel' umgibt". Die Bilder des Morgens werden selbst wieder Bilder eines ganz anderen, nämlich menschlichen Morgens, der des Trostes bedarf („erquicke mein Gemüt und stärke mein Vertrauen").

Aber auch damit nicht genug, reicht der Blick noch einmal weiter auf einen noch ganz anderen Tag, nämlich den letzten in dieser Welt. Wenn der einst als Jüngstes Gericht da ist, wünscht sich der Dichter eine Sonne zu erblicken, die als Gottes Herrlichkeit ewig leuchtet: „Gib, dass ich diesen Tag in deinem Dienst allein / zubring': und wenn mein End' und jener Tag bricht ein/ dass ich dich, meine Sonn, mein Licht mög' ewig schauen."

Zwischen der ersten und letzten Zeile spannt sich so ein Bogen von der Natur zum ewigen Leben. Diesem Thema entspricht eine Darstellung, die in Wortwahl und Aufbau wie ein Stück barocker Architektur wirkt.

Rhetorische Kunst im Barock
Ein Barockdichter ist nicht mit einem Klassiker oder Romantiker zu vergleichen. Noch bedeutet dichten: nach den Regeln einer erlernbaren Kunst zu dichten. Diese Kunst wurde in der Antike von der Rhetorik gelehrt und kommt im Barockzeitalter noch einmal zu höchster Blüte. In den protestantischen wie den katholischen Gymnasien gehört die Rhetorik zum Unterrichtsstoff, die Schüler pauken das Wissen von der Figurenlehre bis zu den Fragen von argumentativem Aufbau oder dem gestenreichen Vortrag. Kunst beruht nicht auf Genialität, nicht auf der Äußerung eines individuellen Selbst, sondern auf der Variation von Bekanntem. Erst als der Glaube an eine religiös fundierte Welt ins Wanken gerät, schwindet auch das Vertrauen in diese Form der Mustergültigkeit. Für Gryphius ist der Zusammenhang noch fest gegründet: Das pathetische Bild des Tagesanbruchs für die Hoffnung auf ewiges Leben lässt sich nur in vollendeter Eleganz zum Ausdruck bringen.

*Porträt von Andreas Gryphius
aus dem 19. Jahrhundert nach einem
zeitgenössischen Stich von Lukas Kilian.*

Leben und Sterben im großen Krieg

Hans Jakob Christoffel von Grimmelshausen: Der abenteuerliche Simplicissimus Deutsch (1668)

Grimmelshausen (um 1622–1676) hat die Gräuel des Dreißigjährigen Krieges im Kindes- und Jugendalter mit eigenen Augen gesehen. Die Eltern, die er früh verlor, waren vermutlich auch Opfer dieser Zeit. Er selbst war bis zum Friedensschluss 1648 Soldat. Danach wirkte er als Bürgermeister im schwarzwäldischen Renchen, wo auch sein umfangreiches Romanwerk entstand: der „Satirische Pilgram", der „Keusche Joseph" und als dritter der „Simplicissimus". Nur dieser wurde auf Anhieb berühmt und überdauerte die Zeiten, wobei man sich klarmachen muss, dass im Barockzeitalter nicht der Roman, sondern Lyrik und Drama die beherrschenden literarischen Gattungen waren.

Leben eines seltsamen Vaganten

Der Roman ist als Ich-Erzählung angelegt. Simplicius (lateinisch: Einfalt) erlebt als Zehnjähriger den Überfall auf den Bauernhof seines Ziehvaters, bei dem die Soldaten plündern, morden und vergewaltigen. Vertrieben erhält er zunächst bei einem Eremiten (der sich später als sein leiblicher Vater herausstellt) eine Erziehung. Nach dessen Tod kommt er in die Obhut verschiedener Personen, die seine Einfalt ausnutzen. Einmal muss er die Rolle eines in ein Kalb verwandelten Menschen spielen, ein andermal Frauenkleider anlegen.
Erwachsen geworden, geht Simplicius in den Krieg und wird als „Jäger von Soest" berühmt.

Dabei fällt er dem Feind in die Hände und wird zu einer Heirat gezwungen. Später kommt er durch ganz Europa, unter anderem nach Paris, wo er erkrankt und geheilt wird. Nach einem spektakulären Abenteuer im Venusberg schlägt er sich als Quacksalber durch und gewinnt ein Vermögen, das er jedoch bald wieder verliert. Mit seinem Freund Herzbruder, der zwischenzeitlich verloren geht, macht er eine Wallfahrt, nimmt erneut Kriegsdienste an, ehe er sich resigniert im Schwarzwald als Bauer niederlässt. Dort erfährt er seine wahre Herkunft: nämlich die adlige Abstammung (er war Findelkind). Noch einmal bricht er in die Welt auf, kommt diesmal bis Moskau, ehe er zuletzt sein Leben als Einsiedler im Schwarzwald beschließt.
In einer vom Verleger abverlangten Fortsetzung, der „Continuatio", bricht Simplicius wieder in die Welt auf, bevor er sich diesmal auf eine einsame Insel zurückzieht. Noch drei weitere Fortsetzungen dieser Art sowie weitere Einzelwerke hat Grimmelshausen folgen lassen, die dann in die „Simplicianischen Schriften" eingingen, darunter besonders: „Trutz Simplex: Oder Ausführliche und wundersame Lebensbeschreibung der Erzbetrügerin und Landstörzerin Courasche" (1670), „Der seltsame Springinsfeld" (1670) und „Das wunderbarliche Vogelnest" (1672).

Geschichte eines Toren

Die Welt mit den Augen eines Toren zu erleben, hat ihr Vorbild im spanischen Schelmenroman, aus dem schon der „Don Quijote" (1605, 1615) von Miguel de Cervantes als literarische Großtat hervorging. Dort war es der Landjunker, der zu viele Ritterromane gelesen hat und nun in verrosteter Rüstung und begleitet von seinem dicklichen Bauernburschen Sancho Panza auf Abenteuer auszieht, in denen er stets an der Realität scheitert. Grimmelshausen hat diese Tradition entscheidend abgewandelt, denn es ist weniger *ein Fantasiereich, in das sein Held eintaucht als die harte Realität des Dreißigjährigen Krieges. So wurde dieses Werk denn auch als literarische Darstellung des Grauens und des wechselnden Glücks verstanden. Vor allem wird das Vertrauen in die göttliche Weltordnung schwer erschüttert, der Held auf die Selbstbehauptung in einer widrigen Wirklichkeit zurückgeworfen. Im ersten Kapitel der „Continuatio" (der Fortsetzung) hat Grimmelshausen programmatisch davon gesprochen, moralische Lehren in überzuckerter Form darzubieten.*

Abenteuerlicher
Simpliciſſimus

Ich ward gleich wie Phoenix durch ſFaier geboren,
Ich flog durch die Lüffte? ward doch nicht verloren,
Ich wandert im waſer ich ſtreiffte zu Land,
in ſolchem Umſchwermen macht ich mir bekant
was offt mich betrübet und ſelten ergetzet.
was war das? Ich habs in dies Buch hier geſetzet.
Damit ſich der Leſer gleich wie ich ſt thu,
entferne der Thorheit, und Lebe in Ruh.

Neueingerichter und vielverbeſſerter
Abentheurlicher
SIMPLICISSIMUS
Das iſt:
Beſchreibung deß Lebens eines ſel-
tzamen Vaganten/genant Melchior Stern-
fels von Fuchshaim / wie / wo und welcher ge-
ſtalt Er nemlich in dieſe Welt kommen / was
er darin geſehen / gelernet / erfahren und auß-
geſtanden / auch warum er ſolche wieder
freywillig quittiret hat.
Uberauß luſtig/und männiglich
nützlich zuleſen.
An Tag geben
Von
GERMAN SCHLEIFHEIM
von Sulsfort.

Mompelgart/
Gedruckt bey Johann Fillion,
Im Jahr M DC LXIX.

*Die Abbildung zeigt das Titelblatt einer frühen
Ausgabe von Grimmelshausens „Simpliccismus".*

Der erste deutsche Frauenroman
Sophie La Roche: Das Fräulein von Sternheim (1771)

Sophie La Roche (1730–1807) war die Tochter eines Augsburger Arztes. Eine erste Verlobung wurde aus konfessionellen Gründen aufgelöst, auch eine schwärmerische Freundschaft mit Christoph Martin Wieland musste sie aufgeben. Sie heiratete den unehelichen Sohn eines Mainzer Staatsministers, der nach seiner Mutter La Roche hieß. Darauf führte die junge Ehefrau das Leben einer Hofdame auf dem Schloss ihres Schwiegervaters bei Biberach. Ihr Mann wurde Oberamtmann des Bönnigheimer Schlosses, wo „Das Fräulein von Sternheim" entstand. 1771 wechselte ihr Mann als trierischer Geheimrat nach Koblenz, wo La Roche in Ehrenbreitstein einen literarischen Salon unterhielt, den u. a. Goethe besuchte. Als ihr Mann wegen kirchenkritischer Äußerungen entlassen wurde und bald danach starb, bestritt La Roche ihren Lebensunterhalt mit dem Schreiben weiterer Romane.

Leben einer standhaften Dame

Im Mittelpunkt des als Briefroman angelegten Werkes steht die Heldin, die den gleichen Vornamen wie die Autorin trägt. Sophie verliert früh ihre Mutter, die eine unstandesgemäße Ehe mit einem Bürgerlichen eingegangen war, der erst später für seine Verdienste geadelt wurde. Ihre Erziehung verläuft der Zeit entsprechend. Sophie lernt Musizieren wie Handarbeiten und liest viel. Als sie zu ihren adligen Verwandten in die Stadt kommt, leidet sie unter den Förmlichkeiten und nichtigen Vergnügungen, man nimmt ihr sogar ihre Bücher weg.

Dann kommt es zur Zuspitzung. Die Verwandten glauben, Sophie wegen ihrer nicht ganz standesgemäßen Herkunft dem Fürsten als Mätresse zuführen zu können, um damit selbst Vorteile zu ergattern. Sophie weist dieses Ansinnen in aller Öffentlichkeit empört zurück, was dem Fürsten imponiert. Darauf heiratet sie einen englischen Lord, doch erweist sich die Eheschließung als Betrug. Der Ehemann ist in Wirklichkeit nur der Bediente des Lords, der sie auch noch verlässt. Er verachtet erstens ihre Tugendhaftigkeit und kommt zweitens dahinter, dass Sophie insgeheim Lord Seymour liebt, der einer Verbindung nur ausgewichen war, weil er die Intrigen am Hof nicht durchschaute.

Verlassen zieht sich Sophie schließlich als Madam Leidens vom Hofleben zurück und widmet sich guten Taten. Sie eröffnet eine Schule für arme Mädchen und unterrichtet diese selbst. Von überall wird ihr Rat gesucht. Als sie einer englischen Witwe jedoch von sich aus zu neuer Ehe rät, lehnt diese die Einmischung mit dem Hinweis ab, dass sie nicht noch einmal ihr Haupt unters Joch beugen wolle. Die Ehe ist also für die Frau immer noch prekär. Auch die Mädchen werden nur auf eine dienende Rolle hin erzogen, wenn ihr Wissen dazu dienen soll, die Ehemänner „ohne Langeweile" unterhalten zu können.

Empfindsamkeit

*Sophie La Roches Roman, der von Wieland herausgegeben und mit einer Einleitung versehen wurde, löste sofort Begeisterung aus. Herders Verlobte Caroline Flachsland sah in der Heldin ihr „ganzes Ideal von einem Frauenzimmer! Sanft, zärtlich, wohltätig, stolz und tugendhaft". Der Grund lag darin, dass die Autorin das Konzept der Empfindsamkeit getroffen hatte, das die Zeit damals be-herrschte. Damit war eine Kultur des Gefühls und der Emotionalität gemeint, die bis zu Rührung und Tränenseligkeit führen konnte. Bislang war dies die Domäne von Männern wie Laurence Sterne („Yoricks empfindsame Reise durch Frankreich und Italien", 1768) in England oder Christoph Fürchtegott Gellert („Leben der schwedischen Gräfin von G***", 1747/48) in Deutschland gewesen. Nun schrieb erstmals eine Frau für Frauen.*

Porträt der Autorin Sophie La Roche
von 1776 nach dem Gemälde von
Georg Oswald May (1738–1816).

Lyrische Briefeinlagen verändern das Bild des Dichtens

Johann Wolfgang Goethe: Sesenheimer Lyrik (1771)

Gut zwei Jahrtausende lang stand das Dichten im Zeichen rhetorischer Kunst – mit einem letzten Höhepunkt im Barockzeitalter. Seit der Mitte des 18. Jahrhunderts regen sich jedoch neue Kräfte. Johann Gottfried Herder beginnt, Volkslieder zu sammeln und begrüßt sprachliche Wendungen wie das „Röslein rot", das noch Opitz in seiner Poetik ausdrücklich als ungrammatisch verurteilt hatte. Die große Wende aber vollzog sich in der Stille. Als sich der junge Goethe zum erstenmal unsterblich verliebt, schreibt er Friederike Brion Briefe, in die er kleine Gedichte einlegt. Sie zeigen einen Ausdruck des inneren Gefühls, der in dieser Unmittelbarkeit noch nie gewagt wurde. Die Natur ist nicht wie noch bei Gryphius allegorischer Träger der Gedanken, sondern wird zum Gegenüber der leidenschaftlichen Rede. „Willkommen und Abschied" schildert auf diese Weise die Aufgewühltheit des Liebenden. Der Text wurde in Friederike Brions Nachlass in seiner Urfassung gefunden, Goethe selbst hat ihn etwas bearbeitet in eine frühe Ausgabe seiner Lyrik aufgenommen.

Willkommen und Abschied

Charakteristisch ist die Wiedergabe des Gefühls beim Ritt zur Geliebten: „Es schlug mein Herz. Geschwind, zu Pferde! / Und fort, wild wie ein Held zur Schlacht." Die Natur wird gleichsam zur Zeugin des Erlebens:
„Schon stund im Nebelkleid die Eiche / Wie ein getürmter Riese da, / Wo Finsternis aus dem Gesträuche / Mit hundert schwarzen Augen sah."
Das Herz, in der Barocklyrik so oft als das metaphorische steinerne Herz der Geliebten apostrophiert, ist nun das ganz persönliche, das empfindende Organ:
„Die Nacht schuf tausend Ungeheuer, / Doch tausendfacher war mein Mut, / Mein Geist war ein verzehrend Feuer, / Mein ganzes Herz zerfloß in Glut."
Und so kommt es zur stürmischen Begegnung, in der wieder Natureindrücke die überwältigenden Empfindungen ausdrücken müssen: „Ich sah dich, und die milde Freude / Floß aus dem süßen Blick auf mich.../ Ein rosenfarbnes Frühlingswetter / lag auf dem lieblichen Gesicht..." Den Höhepunkt aber stellt der Abschied dar, die Beschreibung des Schmerzes:
„Der Abschied, wie bedrängt, wie trübe! / Aus deinen Blicken sprach dein Herz. / In deinen Küssen welche Liebe, / O welche Wonne, welcher Schmerz! / Du gingst, ich stund und sah zur Erden / Und sah dir nach mit nassem Blick. / Und doch, welch Glück, geliebt zu werden, / Und lieben, Götter, welch ein Glück!"
Neben diesem Typus des Naturgedichts der Sesenheimer Zeit hat Goethe die neue Gefühlsaussprache in seinen großen Hymnen erprobt, die auf volksliedhafte Reime verzichten und sich in freien Rhythmen bewegen. „Der Prometheus" mit seinem Aufbegehren gegen Gott ist dafür das berühmteste Beispiel.

Ausdruckskunst

Was sich Goethe in den frühen siebziger Jahren erarbeitete, wird heute als „Ausdruckskunst" bezeichnet. Nicht „etwas" nach festen Regeln der Kunst auszudrücken, ist das Prinzip (wie in der Barocklyrik), sondern „sich selbst" auszudrücken, sein augenblickliches Gefühl zur Aussprache zu bringen. Damit beginnt in der Lyrik der Sturm und Drang, der auch in allen anderen Gattungen zu einer Sprengung vorgegebener Formen führt. In seinem „Götz von Berlichingen" (erste Fassung 1771/72) hat Goethe konsequenterweise die Versform aufgegeben und Prosa geschrieben. Gesprochene Sprache bis zum Umgangston sollen den Gefühlen Ausdruck geben. Nicht zufällig endet dies in dem bekannten vulgären „Götz"-Zitat, mit dem der Held seinem Gegner zu verstehen gibt, was er von ihm hält.

*Das zeitgenössische Relief zeigt
Friederike Brion (1752-1813), Pfarrerstochter
aus dem elsässischen Dorf Sesenheim, mit
einer anderen Dame in Begleitung Goethes.*

Den Nerv der Zeit getroffen
Johann Wolfgang Goethe: Die Leiden des jungen Werthers (1774)

Goethes „Werther" ist noch heute berühmt aufgrund seiner Wirkung. In ganz Europa brach das „Wertherfieber" aus, der blaue Rock des Helden wurde Mode, Selbstmorde häuften sich. Als Napoleon mitten auf seinen Feldzügen den Dichter in Weimar traf, unterhielt er sich mit ihm über dieses Werk, das er mehrfach gelesen hatte. Dabei war Goethe damals erst fünfundzwanzig und nur mit seinem „Götz"-Drama im Jahr zuvor bei einem größeren Publikum bekannt geworden. Einen Verleger hatte er nur mit Mühe gefunden. Dies sollte sich danach gründlich ändern. Der Durchbruch war gelungen, der Aufstieg unaufhaltsam. Allerdings verlief er zunächst über Lyrik und Drama (die versgebundenen Gattungen).

Außenseiter zerbricht an den Zwängen der Wirklichkeit

In seinen ersten Briefen stellt Werther sein Naturgefühl dar. Er spricht von der „Gegenwart des Allmächtigen", die er spürt und mitteilen möchte, ohne dafür im Alltag Resonanz zu finden. Aber er fühlt sich allein in der Welt, sieht sich mit „Einschränkungen" konfrontiert, die eine Entfaltung seiner Kräfte nicht zulassen. In dieser Stimmung lernt er auf einem Ball „auf dem Lande" Lotte kennen. Dass sie verlobt ist, übersieht er, weil er sein Herz zum ersten Mal

> ### Briefromane in ganz Europa
> *Als Goethe den Werther schrieb, kannte er die englischen Romane und schloss erkennbar an einen Typus an, der in ganz Europa Furore gemacht hatte: den Briefroman Samuel Richardsons. Dieser hatte in seiner „Pamela" (1740), die übrigens aus einem Briefsteller hervorgegangen war, den Typus des einseitigen Briefromans verwirklicht (die verfolgte Unschuld stellt ihr Schicksal dar), in seiner „Clarissa" (1747/48) den polyperspektivischen (mit einem Nacheinander von Sender- und Empfängerbriefen). Rousseau etwa lehnte sich in seiner „Neuen Héloise" (1761) an den polyperspektivischen Typus an, Goethe entschied sich für den einseitigen, um sich ganz und gar auf die Gefühlswelt des Helden zu konzentrieren.*

„sprechen" hört. Wie in Trance geht der Sinn für Realität verloren, bei immer neuen Begegnungen steigert er sich in eine gemeinsame Welt der Gefühlsaussprache hinein.

Aber der Verlobte, Albert, kehrt zurück. Damit wird das Glück zur Quelle des Unglücks. In einem Gespräch mit Albert verteidigt Werther den Selbstmord, was jener bestürzt als unmoralisch zurückweist. Um seine Qual zu beenden, verlässt Werther die Verlobten schließ-

lich überstürzt und ohne Abschied. In seiner neuen Umgebung der „bürgerlichen Verhältnisse" trocknen jedoch seine Sinne aus. Die Verstoßung aus einer adligen Tischgesellschaft, an der er als Bürgerlicher teilnimmt, macht schließlich das Maß voll. Er gibt seinen Beruf auf und kehrt zu Lotte zurück. Dabei wird rasch deutlich, dass die Situation ausweglos ist. Nur Wahnsinn oder Selbstmord scheinen offenzustehen.

In diesem Stadium schaltet sich der fiktive Herausgeber der Briefe ein und schildert das weitere Schicksal: Noch einmal fühlt Werther höchstes Glück, als er mit Lotte zusammen Verse liest. Er küsst sie, wirft sich vor ihr nieder und reißt sich los, um sich einzuschließen. Er schreibt einen Abschiedsbrief an Lotte und leiht sich unter einem Vorwand von Albert Pistolen aus. Dann legt er die Kleider an, die er bei der ersten Begegnung mit Lotte getragen hatte, und erschießt sich. Der Herausgeber notiert zum Schluss die Folgen der Tat, wie sie damaligen Wertvorstellungen entsprachen: Werther wird zu Grabe getragen, ohne dass ihn ein Geistlicher begleitet.

Dies ist das Titelblatt und die erste Textseite der Erstausgabe Johann Wolfgang von Goethes „Die Leiden des jungen Werthers" (1774).

Die Leiden des jungen Werthers.

Erster Theil.

Leipzig,
in der Weygandschen Buchhandlung.
1774.

*

am 4. May. 1771.

Wie froh bin ich, daß ich weg bin! Bester Freund, was ist das Herz des Menschen! Dich zu verlassen, den ich so liebe, von dem ich unzertrennlich war, und froh zu seyn! Ich weis, Du verzeihst mir's. Waren nicht meine übrigen Verbindungen recht ausgesucht vom Schicksaal, um ein Herz wie das meine zu ängstigen? Die arme Leonore! Und doch war ich unschuldig! Konnt ich dafär, daß, während die eigensinnigen Reize ihrer Schwester mir einen angenehmen Unterhalt verschafften, daß eine Leidenschaft in dem armen Herzen sich bildete! Und doch — bin ich ganz unschuldig? Hab ich nicht

A 3

ihre

Plädoyer für Toleranz in der Ringparabel

Gotthold Ephraim Lessing: Nathan der Weise (1779)

Gotthold Ephraium Lessing (1729–1781) hatte in Leipzig studiert und versuchte sich anschließend als freier Schriftsteller in Berlin, Leipzig und Hamburg, ehe er als Bibliothekar in Wolfenbüttel ein Auskommen fand. Früh entstanden erste Dramen: Charakterkomödien, wie sie damals Mode waren. „Miß Sara Sampson" wurde sein erstes bürgerliches Trauerspiel, „Minna von Barnhelm" (1767) sein erstes Lustspiel. 1771 kam „Emilia Galotti" heraus. Verwicklungen in Religionsstreitigkeiten ließen ihn in theoretischen Beiträgen zur Feder greifen, regten ihn aber auch noch einmal zu einem Drama an: dem „Nathan".

Die Weltreligionen als Familienstreit

Die Handlung spielt zur Zeit der Kreuzzüge in Jerusalem. Der reiche Jude Nathan kehrt gerade von einer Geschäftsreise zurück. Da hört er, dass seine Tochter Recha fast im Haus verbrannt ist, aber von einem christlichen Tempelherrn gerettet wurde. Jeder betrachtet dies als ein Wunder, zumal der Tempelherr als Gefangener des Sultans Saladin eigentlich hingerichtet werden sollte. Nur weil er den Sultan an seinen toten Bruder erinnerte, ließ der ihn am Leben. Merkwürdigerweise will der Tempelherr keinen Dank annehmen, mit Recha nicht einmal reden. Doch Nathan gelingt es

schließlich, ihn umzustimmen. Unterdessen befiehlt der Sultan Nathan zu sich, weil er von ihm Geld borgen will. Bevor Saladin jedoch zur Sache kommt, stellt er seinem Gast die Frage nach der richtigen Religion. Darauf trägt Nathan die Ringparabel vor:
Ein Herrscher besaß einen wertvollen Ring, der seinen Träger vor allen Menschen beliebt machte. Vor seinem Tod kann er sich nicht entscheiden, welchem seiner drei Söhne er diesen Ring schenken soll. So lässt er zwei weitere, völlig gleich aussehende, herstellen und übergibt jedem Sohn einen der drei. Als die sich um den echten streiten, gibt ein kluger Richter die Auskunft, jeder möge um die Wette nach der Wirkung des Ringes streben.

Der Sultan, der eine Entscheidung über die einzig richtige Religion hören wollte, sieht sich mit der Lösung betrogen. Von der Moral der Geschichte aber ist er gerührt.
Dann überstürzen sich die Ereignisse. Der Tempelherr ist mittlerweile in Recha verliebt. Die stellt sich als christliches Findelkind Nathans heraus, und zwar als Schwester des Tempelherrn, der wiederum der Neffe des Sultans (d.h. der Sohn dessen verstorbenen Bruders) ist. Die Spannung löst sich zuletzt in den Umarmungen von Personen, die allen drei Religionen angehören. Das Fazit ist der Triumph der Humanität sowie der Beweis, dass nicht Gewalt, sondern Vernunft alle zwischenmenschlichen Probleme löst.

Die Religion in Zeiten der Aufklärung

In den „Fragmenten eines Wolfenbüttelschen Ungenannten" (1774-77) hatte Lessing ein brisantes Werk gleichsam doppelt anonym ediert, indem er den Verfasser wie den Herausgeber verschwieg: die historische Kritik an den Evangelien von Hermann Samuel Reimarus. Die scharfe Attacke des Hamburger Hauptpastors Goeze erwiderte Lessing mit elf Beiträgen, dem „Anti-Goeze" (1778). Darin wird auf häufig witzige Weise die Ketzer- *macherei des Theologen bloßgestellt und mit einer Aufforderung zur Toleranz begleitet, die auch eine sachliche Untersuchung der Quellen zulässt. Wie Lessing selbst über Religion dachte, nämlich im Sinne einer Art Zwischenstufe auf dem großen Weg der Aufklärung, hat er in seiner geschichtsphilosophischen Schrift „Die Erziehung des Menschengeschlechts" (1780) dargelegt. Der kurz zuvor vollendete „Nathan" sollte in diesem Zusammenhang als poetische Verklärung der Toleranzidee dienen.*

In seinem Gemälde „Die Betrachtung der Ringe" (1845) interpretiert der Maler Moritz Daniel Oppenheim (1800–1882) Lessings Ringparabel auf eigene Weise: Während im „Nathan" zwischen den Religionen Judentum, Islam und Christentum gewählt werden soll, sind hier ein evangelischer, ein katholischer und ein jüdischer Geistlicher dargestellt.

Inbegriff des Sturm und Drang
Friedrich Schiller: Die Räuber (1781)

Friedrich Schiller (1759–1805) wird in Marbach geboren und macht 1773 auf Geheiß seines Vaters eine Ausbildung zum Militärarzt, beginnt aber auch insgeheim zu schreiben. 1781 entstehen so „Die Räuber", die er im Januar 1782 am Mannheimer Nationaltheater zur Uraufführung bringt. Der Erfolg ist überwältigend. Weil sich Schiller jedoch unerlaubt von der Militär-Akademie entfernt hatte, erhält er ein Verbot jeder dichterischen Tätigkeit. Dem entzieht er sich durch eine abenteuerliche Flucht, die zu seiner steckbrieflichen Verfolgung führt. An verschiedenen Orten nehmen Freunde ihn auf und es entstehen weitere Dramen des Sturm und Drang: „Die Verschwörung des Fiesko zu Genua" (1783) und „Kabale und Liebe" (1784).

Gegensatz von Verstand und Herz

Franz Moor ist der zweitgeborene Sohn in einem Grafenhaus. Mittels einer Intrige sucht er den vom Schicksal bevorzugten Bruder Karl beim Vater anzuschwärzen. Er fälscht einen Brief, in dem Karl dem Vater seine Umkehr vom liederlichen Leben ankündigt, ins Gegenteil und schreibt umgekehrt angeblich im Namen des Vaters einen verurteilenden Brief an Karl. Dieser verzweifelt darüber und wird Räuberhauptmann, um sich am Menschengeschlecht zu rächen. Später kehrt er noch einmal unerkannt ins Elternhaus zurück. Dort findet er den Vater in ein Turmverlies gesperrt und seine Geliebte, Amalia, von Franz umworben.

Im Gegensatz zu Amalia erkennt Franz den verkleideten Bruder und dingt einen Mörder. Karl beauftragt seine Räuber damit, den Bruder seinerseits in den Turm zu bringen, doch Franz begeht angesichts der ausweglosen Lage Selbstmord. Der Vater stirbt vor Schmerz, nachdem er vom Räuberleben seines Sohnes erfahren hat. Amalia aber, die Karl immer noch liebt, kann dieser nicht als Braut annehmen, weil er zuvor den Räubern einen unbedingten Treueschwur geleistet hat. So tötet er sie und liefert sich anschließend einem armen Tagelöhner aus, der sich das auf ihn ausgesetzte Kopfgeld verdienen soll.

Der Weltordnung ist damit Genüge getan, die Gerechtigkeit hat zuletzt gesiegt. Skrupellose Planung kann Menschen physisch zugrunde richten, aber im Untergang zeigt sich die Überlegenheit des moralischen Charakters, der die Schuld auf sich nimmt.

Matthias Schweighöfer als Friedrich Schiller in der Uniform eines Regimentsarztes in dem gleichnamigen Fernsehfilm (2004, Regie: Martin Weinhart).

Materialistische Menschenseelenkunde

In der Akademie hörte Schiller von einem seiner Lehrer etwas über die damals modernste Art von Philosophie: einer „Menschenseelenkunde" auf materialistischer Grundlage. Motivationen, Entscheidungen verdanken sich danach nicht nur vernünftiger Planung, sondern Affekten, die alles Handeln leiten. Die große Frage war, wie sich dies ausnutzen ließ, wieweit der Wille gelenkt und moralische Überlegung ausgeschaltet werden kann. Mit Karl Moor entwickelt Schiller einen Charakter, *der sich sicher ist, dank seiner Kenntnisse um die menschliche Seele alles Handeln seiner Mitmenschen lenken zu können. Machiavellistische Ideen einer grundsätzlichen Freiheit von Verantwortung angesichts des Kampfs aller gegen alle flossen dabei zusammen mit neuartigen Ansichten einer mechanistischen Vorstellung von der Seele, wie sie schon Descartes entwickelt hatte („Abhandlung über die Leidenschaften der Seele", 1646). Schillers Haltung war dabei eindeutig: Er glaubte an die Kräfte der Moral gegen alle Behauptungen von Determination.*

Ein psychologischer Roman
Karl Philipp Moritz: Anton Reiser (1785–90)

Karl Philipp Moritz (1756–1793) stammte aus ärmlichen Verhältnissen, wurde aber in seiner Begabung entdeckt und nach der Begegnung mit dem sieben Jahre älteren Goethe in Italien (der Goethe wichtige Einsichten in die Klassizität verdankte) in Weimar gefördert. Darauf ging auch die Professur an der Königlichen Akademie der Künste in Berlin zurück, die Moritz zu einem geschätzten Lehrer (u. a. von Alexander von Humboldt) machte.

Sein Roman „Anton Reiser" wurde vielfach als Vorläufer von Goethes „Wilhelm Meister" angesehen, weil er ebenfalls eine Entwicklung schildert. Aber Moritz' Interesse galt nicht der Entfaltung eines Individuums, sondern geradezu umgekehrt den Hemmnissen, die einer solchen Entfaltung entgegenstehen. Bei stark autobiografischer Färbung der Geschehnisse in Kindheit und Jugend des Helden entstand auf diese Weise ein psychologisches Gemälde, bevor die Psychologie als Wissenschaft begründet wurde. Die Grundlagen verdankte Moritz dabei der Aufklärung, deren spekulative Elemente er durch die „moderne" Empirie zu überwinden half.

Von der Verwahrlosung und Demütigung eines Heranwachsenden

Im ersten der insgesamt vier Teile wird die Situation im Elternhaus geschildert. Schon Antons Vater erscheint als fanatischer Sektierer, viel schlimmer aber gestaltet sich das Leben beim ersten Arbeitgeber, einem Hutmacher, bei dem Anton schwer gedemütigt wird. Erst ein Selbstmordversuch bereitet dem ein Ende. Aber auch nach der Rückkehr ins Elternhaus im zweiten Teil verschärfen sich die Probleme. Anton – dessen Vater aus beruflichen Gründen wegzieht – findet nun alleingelassen in der Schule keinerlei Förderung, sein Hang zu Theater und Schauspielerei machen ihn vollends zum Außenseiter.

Den dritten Teil bestimmen Wanderungen, die Anton durch Deutschland führen (und mit Kriminellen in Berührung bringen). Wieder prägen Theaterbesuche seinen Alltag, und unter dem Eindruck von Goethes „Die Leiden des jungen Werthers" beginnen eigene dichterische Versuche mit Versen und Schauspielprojekten, die jedoch ohne Erfolg bleiben. So kommt es im vierten (nach der Italienreise entstandenen) Teil erneut zu einer Flucht und wieder zu künstlerischen Versuchen, die zum Scheitern verurteilt sind, weil sich Anton seines Dilettantismus bewusst wird.

Alle vier Teile werden von Reflexionen eingeleitet, die den Roman als eine Art Fallstudie charakterisieren. Fast ist die Konstellation des späteren Naturalismus erreicht: das Experiment, wie ein Charakter im Zusammenstoß mit einem bestimmten Milieu reagiert. Im Falle Antons ist dieser Charakter durch mangelndes „Selbstzutrauen" bestimmt, das angesichts der widrigen äußeren Umstände zum Scheitern aller Bemühungen führt.

Erfahrungsseelenkunde

Seine psychologischen Interessen hat Moritz schon vor dem „Anton Reiser" in einem Werk zu dokumentieren begonnen, das die Abgründe der Seele in empirischen Studien darzulegen versucht: im „Magazin der Erfahrungsseelenkunde" (1783-93). Unter dem Motto „Erkenne dich selbst" wird in der Einleitung erklärt, dass es um „Fakta" und nicht „moralisches Geschwätz" gehe.

Tatsächlich sind Beiträge aufgenommen, die entweder Grundfragen der empirischen Psychologie behandeln („Hat die Seele ein Vermögen, künftige Dinge vorher zu sehen?") oder direkt Falldarstellungen sind („Selbstgeständnisse des Herrn Basedow von seinem Charakter"). Von großer Bedeutung ist dabei der Akzent auf dem abweichenden Verhalten, wie es etwa in den Beiträgen zur „Seelenkrankheitskunde" zum Ausdruck kommt.

Karl Philipp Moritz auf einem Gemälde
von Friedrich Rehberg (1758–1853).

Klassisches Humanitätsideal
Johann Wolfgang von Goethe: Iphigenie auf Tauris (1787)

1779, im fünften Jahr seiner Tätigkeit in Weimar, schrieb Goethe aus Anlass der Geburt einer Tochter des Herzogspaares ein Schauspiel mit (dem Anlass entsprechendem) untragischem Ende: „Iphigenie auf Tauris". Er selbst spielte bei der Aufführung im Hoftheater den Orest. Dabei handelte es sich nicht um einen eigenen Stoff, sondern um die Umarbeitung einer antiken Vorlage: der „Iphigenie bei den Taurern" von Euripides, dem jüngsten der drei großen klassischen Dramatiker (neben Aischylos und Sophokles). Die Abfassung war in Prosa gehalten, wie es noch den Zeiten des Sturm und Drang entsprach. In Italien schrieb Goethe den Text 1786 in Verse um, die 1787 veröffentlicht wurden, allerdings erst 1802 von Schiller in Weimar zur Aufführung kamen. Das (für griechische Verhältnisse eher untypische) untragische Ende des Stücks hat dazu beigetragen, gerade in ihm die Idee der Humanität auf geradezu überzeitliche Weise verwirklicht zu sehen.

In schwerem Gewissenskonflikt Entscheidung für die Wahrheit

Iphigenie lebt, von der Göttin Diana gerettet, im fernen Tauris als Priesterin, nachdem ihr eigener Vater sie opfern wollte, um in Troja siegen zu können. Sie weiß nicht, dass inzwischen – einem Fluch über ihrem Geschlecht gehorchend – ihre Mutter aus Rache für den vermeintlichen Kindsmord den Vater und ihr Bruder wiederum die eigene Mutter getötet hat. Im Augenblick wirbt König Thoas um sie, aber Iphigenie lehnt ab. Da befiehlt dieser ihr, zwei junge Männer zu opfern, die gerade aufgegriffen wurden, obwohl Iphigenie Opfer dieser Art längst abgeschafft hat. Was sie noch weniger weiß: Einer dieser Männer ist Orest, ihr Bruder, der sich nach der Ermordung der Mutter auf der Flucht befindet und die Weissagung erhalten hat, er werde in Tauris die Erlösung vom Fluch finden. Da gibt sich Orest Iphigenie zu erkennen.

Orests Freund Pylades ersinnt eine List, um zu entkommen. Zunächst will Iphigenie darauf eingehen, aber dann entschließt sie sich nach schwerem Ringen, Thoas die Wahrheit zu sagen, obwohl damit die Möglichkeit verbunden ist, dass sie den eigenen Bruder töten muss. Dabei spielen keine komplizierten Reflexionen eine Rolle, sondern eine schlichte innere Verpflichtung zur Menschlichkeit. Thoas ist davon so beeindruckt, dass er die Fremden ziehen lässt – zunächst widerwillig: „So geht!"

Als Iphigenie sein wirkliches Einverständnis fordert, lautet das letzte Wort: „Lebt wohl!" Freiheit soll auf beiden Seiten herrschen, aber es zeigt sich auch, dass moralisches Handeln mit inneren Opfern verbunden ist. Wahre Humanität verbindet sich mit einem weiteren Schlüsselwort: mit Entsagung. Ausgerechnet der „Barbar" Thoas bezeugt sie.

Klassizität und Form

Goethes Entscheidung für die Umarbeitung des Stückes zum Versdrama ist in Italien gefallen, buchstäblich angesichts der Überreste der klassischen Antike (und nicht zuletzt im Gespräch mit seinem damaligen Mentor Karl Philipp Moritz, der ihn in die Mythologie einführte). Den an antikem Geist orientierten Idealen einer in sich selbst gegründeten Menschlichkeit sollte eine klassische Form entsprechen. Die Wahl fiel jedoch nicht auf den griechisch-römischen Hexameter oder den Alexandriner der französischen Klassik, sondern auf jene fünfhebigen Jamben, die Lessing im „Nathan" verwendet hatte („Heráus in éure Schátten, rége Wipfel"). Tatsächlich erzeugt dieser Vers eine besonders flüssige Darstellung (der sechshebige Alexandriner mit seinen Halbzeilen tendiert zu Antithetik und damit Unanschaulichkeit). Auch Schiller verwendete diese Jamben in seinen klassischen Dramen bis hin zum „Wilhelm Tell".

Das Gemälde „Iphigenie und Orest" (1788)
stammt von Johann Heinrich Wilhelm Tischbein
(1751-1829) und gibt die Uraufführung des
Dramas „Iphigenie auf Tauris" wieder,
in der Goethe selbst den Orest spielte.

Deutsche Erzählspezialität: der Bildungsroman
Johann Wolfgang von Goethe: Wilhelm Meisters Lehrjahre (1796)

Mit dem „Wilhelm Meister"-Stoff hat sich Goethe schon früh beschäftigt. Bis 1777 reicht die Entstehung von „Wilhelm Meisters theatralische Sendung" zurück, die nach der Italienreise dann lange liegenblieb. Goethe wandte sich damals dem Drama, und zwar dem Versdrama zu, das allein ihm für die Ausbildung „klassischer" Ideen geeignet erschien. Über der Prosa lag immer noch der Hauch des „Prosaischen", des Unpoetischen. Erst 1795 begann er mit der Überarbeitung der frühen Versuche, 1796 war der erste Teil fertig: „Wilhelm Meisters Lehrjahre". Die Fortsetzung mit „Wilhelm Meisters Wanderjahren" (1821, erweiterte Fassung 1829) ging schon wieder neue Wege, besteht letztlich aus einem Bündel von Einzelgeschichten, Novellen und philosophischen Reflexionen.

Wie erwirbt ein Bürger Bildung?

Wilhelm Meister sehnt sich danach, die bürgerliche Enge seines Elternhauses zu durchbrechen und, statt einem Brotberuf nachzugehen, wie ein Adliger Menschen und Welt kennenzulernen. Da begegnet er einer Schauspielertruppe und schließt sich ihr an. Es entsteht eine seltsam zusammengewürfelte Gesellschaft (darunter der Harfner und Mignon). Als die Truppe zu ständigen Aufführungen auf einem Schloss eingeladen wird, scheint das Glück vollständig. Jarno, der fähigste Mann der Truppe, führt Wilhelm in die Schauspielkunst ein und gibt ihm als Rolle den Hamlet. Komplikationen ergeben sich durch die Liebe Wilhelms zur flatterhaften Philine.

Beim Versuch, sich für ein Mitglied der Schauspieltruppe einzusetzen, kommt Wilhelm in einen neuen Kreis von Menschen: die (nach ihrem geheimen Versammlungsort so genannte) Turmgesellschaft. Er erfährt, dass sie von Anfang an sein Schicksal geleitet hat. Lothario, sein neuer „Erzieher", ist der Typ des „heroisch-aktiven" Menschen, der gegenüber dem Künstlertum eine neue Welt repräsentiert. Wilhelm braucht seinen bisherigen Weg jedoch nicht als Irrweg zu begreifen. Vielmehr gilt, dass es eben all dieser Erfahrungen bedurfte, um der Devise gerecht zu werden, „mich selbst ganz wie ich da bin, auszubilden". Alle Figuren nehmen an dieser Ausbildung teil, die sich gelegentlich in bizarren Formen vollzieht, wenn Werner erfährt, dass er einen Sohn besitzt, den er für das Kind Lotharios gehalten hatte. Bildung wird als Wachstums- oder Reifungsprozess beschrieben, in dem die Mitmenschen „Elemente", ja „Werkzeuge" der Vervollkommnung darstellen. Bildung ist so gesehen kein Weg zur Vollkommenheit, vielmehr ist das Ziel grundsätzlich unabschließbar.

Bildungsromane im Anschluss an den „Wilhelm Meister"

Goethes „Wilhelm Meister" löste eine Welle von Nachahmungen (allerdings auch Kritik wie die von Novalis an der fehlenden Einheit des Werkes) aus. Novalis selbst suchte in seinem „Heinrich von Ofterdingen" (1802) eine adäquate Verwirklichung. Auch Joseph von Eichendorff bemühte sich um eine romantische Alternative in „Ahnung und Gegenwart" (1815). Im 19. Jahrhundert folgten zahlreiche weitere Versuche, darunter Gottfried Kellers „Der grüne Heinrich" (1854/55). Noch

Robert Musils „Mann ohne Eigenschaften" (1930-32) steht in dieser Tradition, die so in Europa keine Parallele kennt. In England etwa stand an dieser Stelle der sozialkritische Roman, wie ihn besonders vorbildlich Charles Dickens (am bekanntesten: „Oliver Twist", 1838) entwickelte. Bildung und Sozialkritik wurden später (nicht ohne Kritik) als nationentypische Alternative gesehen: hier die Orientierung an der Innerlichkeit, dort der Bezug auf die soziale Umwelt – mit Auswirkungen bis in die politischen Katastrophen des 20. Jahrhunderts.

Das Ölgemälde „Goethe als Dichter und Künstler vor dem Vesuv" aus der Universitätsbibliothek Jena stammt von Heinrich Christoph Kolbe (1771–1836) und ist im Jahre 1826 entstanden.

Die andere Seite der Klassik
Friedrich Hölderlin: Hyperion (1797, 1799)

Friedrich Hölderlin (1770-1843) stammte aus einer stark pietistisch geprägten schwäbischen Familie. Seine Mutter, selbst Pfarrerstochter, bestimmte ihn zum Pfarrersberuf. Während seines Studiums der Philosophie und evangelischen Theologie in Tübingen befreundete er sich mit Hegel und Schelling, in Jena lernte er Goethe, Schiller und Fichte kennen. Beruflich schlug sich Hölderlin als Hauslehrer durch. Ihm Hause eines Frankfurter Bankiers fand er in dessen Ehefrau Susette seine große Liebe. Sie ging als Diotima in seinen Roman „Hyperion" ein (dessen erste Skizzen Schiller zu veröffentlichen half). Ab 1800 verschlechterte sich Hölderlins Gesundheitszustand. Bei seiner Mutter, später bei einem Freund fand er Unterstützung, ehe er 1807 geisteskrank in den Hölderlinturm am Neckar in Tübingen zog, wo er bis zu seinem Tod versorgt wurde.

1826 kamen seine Gedichte heraus, die Sophokles-Übersetzung war 1804 erschienen, das fragmentarische Drama „Der Tod des Empedokles" wurde erst lange nach seinem Tod in den 1890er Jahren veröffentlicht.

Leiden an der Gegenwart und Streben nach ursprünglicher Harmonie

„Hyperion" ist ein Briefroman in zwei Bänden, in dem der Held aus der Rückschau einem

Oden, Elegien, Hymnen
Wirkungsvoller noch als der Roman war Hölderlins Lyrik, die in der Zeit einzig dasteht. Der Autor griff auch hier auf Griechenland zurück, indem er die alten Formen der Ode, Elegie und der Hymne aufnahm, um in höchster Stilisierung seine Themen darzustellen. Oden wie „An die Deutschen" oder „An unsere großen Dichter", die „Hymne an die Freiheit" oder die „Friedensfeier" zeigen schon hinsichtlich der Themenwahl den feiernden Ton, der sich in freien Rhythmen Ausdruck schafft, wie etwa der Beginn von „An die Parzen" verdeutlicht:
„Nur einen Sommer gönnt, ihr Gewaltigen!
Und einen Herbst zu reifem Gesange mir,
Daß williger mein Herz, vom süßen
Spiele gesättiget, dann mir sterbe".

Freund sein Schicksal schildert: ein großes Scheitern seiner Wünsche, aber auch das Erreichen „seliger Einigkeit" als Erfahrung der Harmonie mit Natur und Welt. Nur im zweiten Band gibt es einen Briefwechsel mit der Geliebten, Diotima.

Zu Beginn zieht der junge Hyperion von seinem Geburtsort, einer griechischen Insel, in die Welt und trifft zunächst Alabanda, der als Revolutionär gerade gescheitert ist. Man diskutiert, wie die Welt zu verändern ist, wobei Alabanda auf Revolution, Hyperion auf Evolution setzt. Im Streit kehrt Hyperion auf seine Insel zurück und findet dort Diotima, die ihn – selbst als „schöne Seele" dargestellt – ebenfalls zur politischen Aktion auffordert.

So folgt Hyperion zu Beginn des zweiten Bandes einem Aufruf Alabandas und stürzt sich in den Befreiungskampf der Griechen gegen die Türken (historisch liegt der Aufstand von 1770 zugrunde). Aber Hyperion besinnt sich angesichts von Plünderungen und sagt sich von Gewalt los. Als Alabanda und Diotima beide sterben, verlässt er Griechenland und geht nach Deutschland. Dort ist Hyperion zwar noch mehr als zuvor von den politischen Verhältnissen enttäuscht, aber nun wird er Dichter, der seinen Glauben an den Sinn des Lebens, das Vertrauen in eine „göttliche Natur" hymnisch feiert.

Das große Leitwort ist „Versöhnung", Zusammenführung der Gegensätze statt Trennung – all dies in einem religiös gefärbten Bewusstsein, aus dem heraus Hyperion erzieherisch auf das „Volk" einwirken will. Der deutlich mit Blick auf die Französische Revolution geschriebene Text, der auch als jakobinischer Revolutionsroman gelesen wurde, endet in einer mystischen Gottesschau.

Der um 1870 angefertigte Holzstich entstand
nach einer Zeichnung von Norbert Schroedl
(1842-1912). Er stellt Hölderlin zusammen
mit Susette Gontard, einer Frankfurter Bankiers-
gattin, dar, die das Vorbild der „Diotima" war.

Die romantische Alternative: der Künstlerroman
Ludwig Tieck: Franz Sternbalds Wanderungen (1798)

Ludwig Tieck (1776–1851) stammte aus Berlin, studierte an verschiedenen deutschen Universitäten, gelangte jedoch zu seinen künstlerischen Überzeugungen auf gemeinsamen Wanderungen mit seinem Freund Wilhelm Heinrich Wackenroder. Wie es für Romantiker charakteristisch ist, schrieb er mit ihm zusammen ein Werk, die „Herzensergießungen eines kunstliebenden Klosterbruders". Schon darin geht es um die Problematik einer künstlerischen Musikerexistenz, deren Enthusiasmus mit der Wirklichkeit zusammenstößt – ein Entwicklungsroman ohne wirkliche Entwicklung. „Franz Sternbalds Wanderungen", ebenfalls als Gemeinschaftswerk geplant (was aufgrund von Wackenroders frühem Tod nicht zustandekam), nimmt dieses Leitmotiv auf. 1798 erschienen der erste und zweite Teil, während der geplante dritte liegenblieb.

Die Sehnsucht des Wanderers

Diesmal ist es kein Musiker, sondern ein Maler, der in schwärmerischer Sehnsucht seinen Meister Albrecht Dürer in Nürnberg verlässt, um seiner Suche nach Vollendung in Italien nachzugehen. Die „romantische" im Sinne der „romanhaften" Handlung mit unwahrscheinlichen Begegnungen (der bei Adoptiveltern Großgewordene findet seinen Vater, die flüch-

tige Unbekannte der Kindheit wird die Geliebte usf.) thematisiert die Sehnsucht als Suche nach dem Glück in einer bizarren Welt. Immerwährend wird diese Handlung dabei von Kunstgesprächen unterbrochen, in denen die romantischen Ideen erprobt werden. Immerwährend aber erklingen auch jene Waldhörner und der Vogelgesang, die fortan die romantischen Dichtungen kennzeichnen sollten. Sternbald hat dabei auf seiner Wanderung nach Italien einen Begleiter in dem sinnlichschlichten Florestan. In Italien kommt es jedoch keineswegs zur Erfüllung der Wünsche, sondern eher zur Krise. An Michelangelos Jüngstem Gericht in der Sixtinischen Kapelle erfährt Sternbald eine Art Bekehrung, die ihn zur „nordischen" Kunst zurückbringt. Dieser Rückweg sollte als eine Art Läuterung gestaltet werden und am Grab Dürers in Nürnberg enden. Ob Tieck diese Konzeption als gescheitert ansah oder das Fragmentarische ihn letztlich reizte (wie in so vielen Fällen romantischer Produktion), ist unklar. Die Aufnahme des Werkes war jedenfalls geteilt. Während Tieck bei seinen romantischen Weggefährten auf Begeisterung stieß, lehnte Goethe, mit dem Tieck auch persönlich zusammentraf, den Roman strikt ab.

Romantische Mittelalterbegeisterung

Die romantische Bewegung ist nur vor dem Hintergrund der Philosophie Kants zu verstehen, die die Erkennbarkeit der Wirklichkeit infrage stellte. Dies führt zur Sehnsucht nach einer Rückkehr zur ursprünglichen Einheit und Harmonie. Dafür trat das Mittelalter ein, in dem all dies noch von einem katholischen Glauben zusammengehalten wurde.

Nicht zufällig wird so Nürnberg als die Vorzeigestadt des Mittelalters zum Ausgangs- und (geplanten) Endpunkt der Handlung. Tieck hat diese Thematik in zahlreichen Dichtungen aufgegriffen und populär gemacht. Dazu gehört das Drama „Leben und Tod der heiligen Genoveva", vor allem aber mehrere Texte aus dem erzählerischen Werk wie „Der getreue Eckhart und der Tannenhäuser", „Die Geschichte von den Heymonskindern" (aus der Sage um Karl den Großen) sowie der Melusinen-Stoff. Bei seinen romantischen Mitstreitern fand dies breite Nachfolge. Auch die Sammlung von Märchen, wie sie von den Brüdern Grimm betrieben wurde, ist in diesem Zusammenhang als Aufarbeitung und Hereinnahme der Vergangenheit zu sehen.

*Die Skulptur von Ludwig Tieck
entstand 1834. Ihr Schöpfer war
Pierre-Jean David d'Angers (1788-1856).*

Die blaue Blume der Romantik
Novalis: Heinrich von Ofterdingen (1802)

Novalis, mit bürgerlichem Namen: Friedrich Freiherr von Hardenberg (1772–1801), stammte aus altem Adel, der Vater war Salinendirektor. Er studierte u. a. bei dem Kantianer Johann Gottlieb Fichte und war mit Friedrich Schiller befreundet.

Eine Lebenskrise bedeutete 1797 der Tod seiner Verlobten, die er zwei Jahre zuvor als Vierzehnjährige kennengelernt hatte. In dieser Phase vertiefte er sich in die mystischen und magischen Traditionen der frühen Neuzeit und schloss daneben ein Studium ab, das ihn zum Berghauptmann machte (mit anschließender beruflicher Praxis). In „Die Christenheit oder Europa" (entstanden 1799) entwarf Novalis das Bild eines im katholisch-universalistischen Sinne geeinigten Abendlandes. Sein „Heinrich von Ofterdingen", der wohl nur aufgrund des frühen Todes Fragment blieb, sucht den als „prosaisch" kritisierten „Wilhelm Meister" Goethes im Geist der Romantik fortzusetzen bzw. zu erneuern.

Eine andere Art von Bildung

Der Roman spielt im Mittelalter, in der Zeit der Minnesänger, aus der die legendenhafte Figur Heinrichs von Ofterdingen stammt. Der hört von einem Fremden von geheimnisvollen Ländern und einer Wunderblume, der „blauen Blume". In einem Traum entspringt dieser Blume das Bild eines schönen Mädchens, dem Heinrich voll Trauer nachsinnt. Seine Mutter nimmt ihn zur Ablenkung auf eine Reise zu seinem Vater nach Augsburg mit, wo er die bürgerlich-beschränkte Welt kennenlernt, aber auch in Kontakt mit einer höheren, poetischen Welt kommt. So trifft er die gefangene Morgenländerin Zulima – wir bewegen uns in der Zeit der Kreuzzüge –, die in ihren Liedern die Schönheit Arabiens beschreibt. Ein Einsiedler eröffnet ihm die geschichtliche Welt, wobei Heinrich in einer Chronik sein eigenes Leben liest. Schließlich lernt er den Dichter Klingsohr und dessen Tochter Mathilde kennen, in die er sich verliebt. Sie weist ihn in das Wesen der Poesie ein. Im Traum wird ihm klar, dass Mathilde das Mädchen der blauen Blume ist. Ihm wird auch mitgeteilt, dass er sie zuerst verlieren, dann wiedergewinnen wird.

Von der Wiederkehr des goldenen Zeitalters

Der Prolog des zweiten Teils, von dem nur der Anfang ausgeführt ist, kündigt an, dass aus der Vereinigung von Heinrich und Mathilde ein neuer „siderischer [gestirnischer] Mensch" hervorgehen werde. Ein Arzt vermittelt Heinrich die Sprache der Natur in den Pflanzen, die ein neues goldenes Zeitalter ankündigen. Nur anhand von Notizen lässt sich erkennen, dass Heinrich anschließend seine Bildung fortsetzen sollte, indem er ein Kloster besucht, die Welt des Bürgertums kennenlernt und Feldherr wird. Zum Schluss pflückt er die blaue Blume und gelangt damit von der wirklichen in die geheime Welt.

Einheit von Natur und Geist

Wie schon in Tiecks „Franz Sternbalds Wanderungen" ist es wieder eine Künstlerfigur, die die Ideale der Romantik ausdrückt, wieder ein Dichter. Nur ihm ist es möglich, die von der neuen Philosophie postulierte Zerrissenheit von Natur und Geist zur Einheit zurückzuführen. Und es ist auch klar, welche Macht dazu in der Lage ist: nicht die kritische Vernunft, sondern die Fantasie. Dazu bedarf es der „Welterfahrungen", die den Dichter mit verschiedenen Figuren und Lebensformen zusammenbringen. Stufenweise wird auf diese Weise das Ziel erreicht, aber es ist ausdrücklich nicht die Aneignung der äußeren Welt wie bei Goethe, sondern über diese äußere die innere. Was die Philosophie für unerfüllbar hält, die Sehnsucht nach der Einheit von Natur und Geist, findet in der Suche und Auffindung der blauen Blume Erfüllung – im romantischen Reich der Fantasie.

Ein Gemälde von Franz Gareis (1775–1803) im Novalis-Museum im Schloss Oberwiederstedt bei Mansfeld zeigt den frühromantischen Dichter Novalis (Friedrich von Hardenberg). Dieses Schloss beherbergt ein kleines Novalis-Museum und ist Sitz der Internationalen Novalis-Gesellschaft.

Drama eines Freiheitshelden
Friedrich Schiller: Wilhelm Tell (1804)

Die Entstehung des Dramas „Wilhelm Tell" ist eng verknüpft mit dem Umfeld in Weimar. Seit Dezember 1799 war Schiller endgültig in die Stadt gezogen, nachdem sich seit 1794 die Freundschaft mit Goethe herausgebildet hatte, der „Dichterbund". Schiller lieferte damals Drama auf Drama, und zwar nicht zuletzt für das Theater am Weimarer Hof, dessen Leitung Goethe seit 1791 innehatte. Mit „Wallensteins Lager" war 1798 der neue Bau in Weimar eingeweiht worden. In der „Braut von Messina" (1803) ließ Schiller nach griechischem Vorbild einen Chor auftreten. Goethe hatte sich mit lebhaftestem Interesse an diesem wie an all den anderen Experimenten beteiligt. Man war sich klar darüber, dass in Weimar die Klassizität zur Vollendung kam. Der „Wilhelm Tell" als letztes Werk war eine Art Vermächtnis.

Die Grenzen der Tyrannenmacht – und die Grenzen ihrer Bekämpfung

Zu Beginn des Dramas wird der Schweizer Baumgarten von kaiserlichen Reitern verfolgt. Er hat den Burgvogt des Kaisers erschlagen, weil der seine Frau vergewaltigen wollte. Statt Schutz kommt vom Kaiser Willkürherrschaft in ihrer krassesten Form. Tell wird in dieser Situation zum Retter, indem er trotz schweren Wetters den Bedrängten über den See rudert.

Aber Tell hat diese Tat aus rein menschlichen Gründen vollbracht, nicht aufgrund politischer Erwägungen. Als Stauffacher ihn beim Vorbeigehen an der Zwingburg zum Mitmachen bei einer allgemeinen Erhebung drängt, winkt Tell ab. Nur persönlich ist er zum Widerstand bereit, indem er den Hut des Landvogts Geßler nicht grüßt. Darauf zwingt ihn dieser, zur Rettung seines eigenen Lebens das Leben seines Kindes aufs Spiel zu setzen. Tell soll mit der Armbrust auf einen Apfel schießen, den sein Sohn auf dem Kopf balanciert.

Tell besteht die Probe. Hinterher eröffnet er Geßler jedoch, dass er ihn mit einem zweiten Pfeil getötet hätte, falls der erste fehlgegangen wäre. Daraufhin behält er zwar sein Leben, wird aber inhaftiert. Er kann jedoch fliehen und entschließt sich dabei endgültig zum Mord an Geßler. Sein persönlicher Aufstand fällt dann mit der Befreiungsbewegung der Waldstädte zusammen. Aber Mord kann für Tell nur auf Notwehr beruhen. Politische Gründe allein kommen nicht infrage (worin sich die kritische Einstellung zur Französischen Revolution ausdrückt), erst recht keine Rache. Dazu dient eine eigene kleine Szene. Parricida hat aufgrund einer willkürlichen Zurücksetzung einen Verwandten ermordet und bittet Tell um Schutz vor seinen Verfolgern. Der aber weist ihn zurück. Im klassischen Drama Schillers geht es um mehr als um eine Abschüttelung des Tyrannenjochs. Freiheit muss in Moral fundiert sein.

Das Schillerbild der jüngeren Vergangenheit

Der „Wilhelm Tell" war Schillers letztes großes Werk und wurde auf Anhieb einer seiner größten Erfolge. Dies gilt ebenso für die Uraufführung auf dem Weimarer Hoftheater wie für die Buchfassung. Es gilt aber auch für das Schiller-Bild insgesamt, das wesentlich von diesem Drama geprägt wurde. Schiller wurde im allgemeinen Bewusstsein der Dichter der Freiheit, und der Freiheitsheld Tell war sein größter Apostel. Schon der Blick in den Zitatenschatz Büchmanns zeigt es: Kein Schiller-Drama hat mehr geflügelte Worte beigetragen als der „Wilhelm Tell". Nicht nur die „hohle Gasse" hat es zur Unverwüstlichkeit gebracht, nicht nur Sprüche wie: „Früh übt sich, was ein Meister werden will" oder: „Die Axt im Haus erspart den Zimmermann". Es sind gerade die markigen Bekenntnisse zu Freiheit und bürgerlichem Gemeinsinn, die sich tief eingegraben haben. „Nein, eine Grenze hat Tyrannenmacht ...", heißt es, und: „Wir wollen sein ein einig Volk von Brüdern".

Das Telldenkmal (1895 von Richard Kissling)
vor dem Rathaus in Altdorf im Schweizer Kanton
Uri bezeichnet die Stelle des Apfelschusses.

ERZÆHLEN·WIRD·MAN·
VON·DEM·SCHÜZEN·
TELL·

SO·LANG·DIE·BERGE·
STEHN·AUF·IHREM·
GRUNDE·

·1307·

Komödiantisches Spiel mit dem unausweichlichen Schicksal
Heinrich von Kleist: Der zerbrochene Krug (1806)

Als Heinrich von Kleist (1777–1811) zwischen 1803 und 1806 am „Zerbrochenen Krug" arbeitete, war sein Leben längst in eine schwere Krise geraten. Über einem Kant-Studium zu grundsätzlichen Zweifeln über die Erlangung von Wahrheit in dieser Welt gelangt, schwankt er zwischen Rückzug in ein Dasein als Bauer und der Suche nach dem Tod in der napoleonischen Armee. Künstlerisch ist er dabei dennoch produktiv, es entstehen in rascher Folge Dramen und Novellen. Aber der Erfolg bleibt aus. Der „Zerbrochene Krug" fällt in Weimar 1808 aufgrund einer unglücklichen Regie Goethes durch. Danach versucht er sich als politischer Schriftsteller, weiter als Redakteur der

„Berliner Abendblätter". Sein letztes dramatisches Werk, „Prinz Friedrich von Homburg", findet wiederum keine Anerkennung. In völliger Resignation erschießt er sich schließlich zusammen mit seiner Geliebten am Berliner Wannsee.

Über die eigene Verfehlung zu Gericht sitzen

Das Drama spielt in der Gerichtsstube, wo Dorfrichter Adam ohne Perücke und arg zerzaust auftritt. Er soll in Anwesenheit eines Gerichtsrats, der sich gerade auf Revisionsreise befindet, einen Prozess wegen eines Krugs führen, der in der Nacht in Eves Zimmer zer-

brochen wurde. Eve weigert sich, den Übeltäter zu nennen, ihre Mutter beklagt den Schaden. Der Richter behauptet, Eve habe ihm geschworen, ihr Verlobter Ruprecht, der ebenfalls mit seinem Vater anwesend ist, sei der Täter. Eve bestreitet Schwur und Verdacht. Ruprecht erzählt, er habe einen anderen Mann in der Kammer angetroffen, verjagt und geschlagen, ihn aber in der Dunkelheit nicht erkannt.
Als der Dorfrichter sich in immer neue Widersprüche verwickelt, kommt dem Gerichtsrat ein Verdacht. Aber immer noch scheitert die Überführung des Täters an Eves Weigerung, seinen Namen zu nennen. Da taucht die Tante auf, die Adams Perücke in ihrem Garten gefunden hat und auch noch Fußspuren im Schnee, die ins Haus des Richters führen. Eve gesteht nun, dass es Adam war, der sie in der Nacht aufgesucht und bei der Flucht den Krug zerbrochen hat. Zugleich wirft sie sich dem Gerichtsrat zu Füßen und erzählt, dass der Dorfrichter ihren Verlobten nach Ostindien bringen lassen wollte, falls sie das Geheimnis preisgebe. Darauf entbindet der Gerichtsrat den ungetreuen Richter seines Amtes, Ruprecht und Eve versöhnen sich, während die Mutter sich an die nächste Instanz wenden will, damit dem Krug endlich „sein Recht geschehe".

Eine Musterkomödie nach antikem Vorbild

Komödien sind in der deutschen Literatur eher eine Seltenheit, Lessings „Minna von Barnhelm" und Kleists „Zerbrochener Krug" stellen für lange Zeit die Ausnahmen dar. Dabei hat Kleist ein formales Meisterstück vollbracht. Das Vorbild ist nicht eine Komödie, sondern eine Tragödie, ja die antike Mustertragödie schlechthin: „König Ödipus" von Sophokles, auf den Kleist selbst hinwies. Dort geht es um ein unausweichlich ablaufendes tragisches Schicksal, nach dem Ödipus

jeweils ohne sein Wissen zuerst den eigenen Vater erschlägt und dann seine Mutter heiratet. Als Ödipus das von den Göttern wegen des Frevels über die Stadt verhängte Unglück aufzuklären versucht, entdeckt er schließlich den Verursacher – sich selbst.
Genauso aber verläuft die Handlung bei Kleist, auch dort ist der von Adam gesuchte Täter Adam selbst. Nur geht es nicht um Vatermord und Inzest, sondern um einen läppischen Krug. Die Unausweichlichkeit des Schicksals kann auf diese Weise zur Komödie statt Tragödie werden.

Der vor allem als Tatort-Kommissar bekannte Schauspieler Dietmar Bär (l., mit Ingeborg Wolff) spielt den Dorfrichter Adam in Heinrich von Kleists „Der zerbrochene Krug" während der Domfestspiele in Bad Gandersheim (2007).

Höhepunkt der Klassik

Johann Wolfgang von Goethe: Faust I und II (1808, 1832)

Die Entstehung von Goethes „Faust" ist verschlungen. Allererste Entwürfe reichen in die Zeit um 1772, als er sich mit der „Historie von Dr. Fausten" aus dem 16. Jahrhundert befasste. 1775 ist der „Urfaust" fertig, 1790, nach der ersten Italienreise, erscheint „Faust. Ein Fragment". Dann lässt Goethe das Werk liegen, arbeitet erst nach Schillers Tod 1805 weiter, bis 1808 der erste Teil des „Faust" erscheint. Und noch einmal gibt es eine lange Unterbrechung (mit „Wilhelm Meisters Wanderjahren", beendet 1821), dann nimmt Goethe die Arbeit endgültig auf und feilt bis zum Tod im Jahre 1832 am zweiten Teil dieses seines größten Werkes.

Streben, Schuld und Erlösung

„Faust I" beginnt im Himmel, mit dem Wechselgesang der Erzengel. Da tritt Mephisto, der Teufel, auf und wettet mit Gott, dass er Faust für sich gewinnen könne.

Die Handlung auf Erden beginnt mit Fausts Monolog im nächtlichen Studierzimmer. Er erklärt sein Wissen als hohl und will sich der Magie ergeben. Der Erdgeist verspottet ihn dafür. Da will Faust sich mit Gift umbringen, doch die Osterglocken halten ihn davon ab. Auf dem anschließenden Spaziergang mit seinem Schüler Wagner artikuliert Faust das Ungenügen der irdischen Existenz. In diesem Au-

genblick kommt Mephisto und schlägt Faust einen Pakt vor: Er will ihm die Welt zeigen, wenn ihm dieser dafür seine Seele verkauft. Faust schlägt ein mit der Klausel, einen Augenblick größter Seligkeit für immer verlängert zu bekommen. Darauf führt Mephisto Faust durch die Welt, zuerst in Auerbachs Keller, wo der Teufel Zauberkunststücke vorführt, dann in eine Hexenküche, wo Faust im Zauberspiegel das Bild Helenas erblickt. Dieses Bild aber wird Wirklichkeit in seiner Begegnung mit Gretchen. Er lässt sich bei der Verführung

von Mephisto helfen, Gretchen wird schwanger, gebiert ihr Kind und tötet es in Verzweiflung, weil Faust sie verlassen hat.

Im zweiten Teil begleitet Mephisto Faust an den kaiserlichen Hof, wo Faust Helena beschwört. Sie lässt sich jedoch nicht fassen. Erst im nächsten Akt kann Faust in der Walpurgisnacht Helena aus der Unterwelt hervorholen. Aus der Vereinigung entsteht ein Sohn, Euphorion, das Bild der Poesie. Der kann nicht überleben und Helena folgt ihm in den Tod. Danach drängt es Faust zu großen Taten. Er will dem Meer durch Dammbauten Land abgewinnen, brennt dazu die Hütte eines friedlich lebenden Paares ab, das dabei den Tod findet. Wieder ist Handeln mit schwerer Schuld verknüpft. Da sagt Faust resignierend den Satz, mit dem Mephisto seine Seele gewinnt. Aber er stirbt, ohne dass der Teufel triumphiert. Von „oben" wird er gerettet. Die Formel, mit der der Teufel betrogen wird, liegt in der Freisprechung Fausts von letzter Schuld: „Wer immer strebend sich bemüht, den können wir erlösen."

In der Schlussszene von „Faust I" sucht Faust Gretchen im Kerker auf, wird aber von Mephisto beiseite gedrängt: „Sie ist gerichtet." Die kolorierte Lithographie „Gretchen im Gefängnis" stammt von Josef Fay (1813-1875).

Dichtung des Volkes?
Jacob und Wilhelm Grimm: Die Kinder- und Hausmärchen (1812–57)

Jacob (1785–1863) und Wilhelm Grimm (1786–1859) stammten aus Hanau, wo der Vater Amtmann war. Beide Brüder studierten Rechtswissenschaft in Marburg. Ihr Interesse aber galt der Geschichte, speziell der germanischen Verwurzelung des deutschen Volkes. Dazu gehörten früh auch Märchen und Sagen, die sie gemeinsam in ihrer Kasseler Wohnung sammelten und herauszugeben begannen (seit 1812 die Märchen, seit 1816 die Sagen). Als Förderer wirkte dabei die Kurfürstin Wilhelmine von Hessen, nach deren Tod mussten sich die Privatgelehrten durchschlagen. Dabei entstand die Arbeit Jacob Grimms an der „Deutschen Grammatik" (1822–26), die eine historische Darstellung des Deutschen von seinen Anfängen bis zur damaligen Gegenwart bot. 1830 wurde Jacob Grimm, 1835 sein Bruder Wilhelm Professor in Göttingen. Während sich Wilhelm weiter auf die Märchen konzentrierte, schrieb Jacob die „Deutsche Mythologie" (1835). Ab 1838 arbeiteten wieder beide zusammen am „Deutschen Wörterbuch", das erst im 20. Jahrhundert fertig werden sollte. Nachdem die Brüder gegen einen Verfassungsbruch des Königs von Hannover protestiert hatten, wurden sie des Landes verwiesen und erst drei Jahre später vom neuen preußischen König Friedrich Wilhelm IV. nach Berlin geholt. Dort wirkten sie ca. 20 Jahre an immer neuen wissenschaftlichen Projekten.

Sammlung und Bearbeitung der Märchen

Die Anregung, Märchen zu sammeln, ging von der Volksliedersammlung aus, die Clemens Brentano und Achim von Arnim unter dem Titel „Des Knaben Wunderhorn" (1805–08) vorgelegt hatten. Allerdings stammen die Vorlagen durchaus nicht, wie es sich der Volksmund vorstellt, von alten Frauen als Vertreterinnen mündlicher Wiedergabe der Vorzeit. Die wichtigste Informantin war eine hochgebildete Frau namens Dorothea Viehmann, die ebenso längst Literarisiertes wiedergab wie der französische Sammler Charles Perrault, auf den man sich ebenfalls stützte. Die Zufuhr französischer Märchen wurde später allerdings wieder reduziert, wobei zum Beispiel „Der gestiefelte Kater" weichen musste, während „Rotkäppchen" mit ebenfalls französischen Wurzeln blieb.

Überhaupt entstand der heute geläufige Märchenton mit seinem „Es war einmal" und vielen anderen Charakteristika (etwa der Verwendung von Sprichwörtern) erst in der Bearbeitung, die vor allem Wilhelm vornahm. Auch Glättung spielte eine große Rolle. Sexuelle Anspielungen wurden getilgt, aus der Mutter von Hänsel und Gretel wurde eine Stiefmutter. Bis zur Ausgabe letzter Hand von 1857 hatte sich Schicht auf Schicht über die Märchen gelegt. Im Gegensatz zur Sammlung der Sagen fanden die Bände jedoch sehr bald eifrige Nachfrage. Die Kasseler Handexemplare der Brüder wurden 2005 von der UNESCO zum Weltdokumentenerbe erklärt.

Volksmärchen und Kunstmärchen
Die „Kinder- und Hausmärchen" oder kurz „Grimms Märchen" stellen trotz der von der Forschung herausgearbeiteten Entstehung den Prototyp dessen dar, was man heute als Volksmärchen bezeichnet. Immer noch sind sie von der Aura mündlicher Tradierung umgeben. Sofort nach der Herausgabe aber machten sich auch Dichter an die Arbeit und schufen eigenständige Kunstmärchen unter bewusstem Verzicht auf den Volkston. In Deutschland gehörten die Romantiker Wilhelm Hauff und Ludwig Bechstein zu den Herausgebern solcher Sammlungen. E.T.A. Hoffmanns „Goldener Topf" (1814) ist ebenfalls ein Beispiel. In der Gegenwart hat es sogar den Typus des Antimärchens gegeben, der jegliche märchentypische Moral unterwandert.

Kinder

und

Hausmärchen

gesammelt

durch

die Brüder Grimm.

Erster Band.

Große Ausgabe.

Siebente Auflage.

Göttingen.
Verlag der Dieterich'schen Buchhandlung.
1857.

*„Brüderchen & Schwesterchen". Titelblatt
der Märchensammlung der Brüder Grimm
mit koloriertem Stahlstich, Dieterich'sche
Buchhandlung (1. Auflage, 1857).*

Romantisches Märchen
Ernst Theodor Amadeus Hoffmann: Der goldene Topf (1814)

E. T. A. Hoffmann (1776–1822) hatte Rechtswissenschaften studiert und wurde Regierungsrat in Warschau. Als er 1807 nach dem Einmarsch Napoleons sein Amt verlor, versuchte er sich als Kapellmeister und Komponist, ehe er 1814 wieder in den Staatsdienst aufgenommen wurde. Zeitlebens aber litt Hoffmann an einer Art Doppelexistenz im bürgerlichen Brotberuf und als Künstler, die auf vielfältige Weise Thema seiner literarischen Werke wurde. Im „Goldenen Topf" ist es als „Märchen aus der neuen Zeit" gestaltet, wobei Hoffmann Motive der Bibel ebenso wie aus „Tausendundeine Nacht" verarbeitete. Es ist das erfolgreichste Werk des Autors geworden.

Fantastik prallt auf Realität
Der Held der Geschichte, der Student Anselmus, begegnet am Himmelfahrtstag in Dresden einem Äpfelweib, das ihm die düstere Prophezeiung macht, er werde „im Kristall" zu Fall kommen. Dann folgt eine wunderbare Erscheinung: In einem Holunderbusch tummeln sich drei goldgrüne Schlänglein, die ihn mit ihrem Gesang verwirren. Real scheint dann die Begegnung mit dem Archivarius Lindhorst zu sein, für den Anselmus arabische Handschriften kopiert. Aber Lindhorst eröffnet ihm eine Zauberwelt: Die Schlänglein seien seine drei

Töchter, in dessen jüngste, Serpentina, sich Anselmus verliebt. Er trifft sie im Wundergarten hinter Lindhorsts Haus, wo er auch den goldenen Topf als eine Art Glücksspender findet. Und die Welt wird immer fantastischer.

Märchen und Mythos
Vom Märchen ging in der Zeit der Romantik eine besondere Faszination aus, sofern es immer schon die Enge der natürlichen Welt überwunden hatte. Hoffmann greift dabei die Tradition des Kunstmärchens auf, führt es aber weiter, als es seine Vorgänger im Sinne eines Nachdichtens dessen getan hatten, was im „Volk" vorhanden war. Hoffmann verwandelt die Märchenwelt in einen komplizierten Mythos mit Figuren, die aus einer Urzeugung hervorgehen (wie der Salamander) und einer zerrütteten Welt Erlösung bringen sollen. Zum Symbol der Erlösung wird der goldene Topf, der die in Aussicht gestellte Harmonie versinnbildlicht (indem sich in ihm „in tausend schimmernden Reflexen" das Leben spiegelt). Nur läuft diese Erlösung nicht auf eine naive Utopie hinaus, wie das Ende mit dem Dichter in der Dachkammer zeigt. Die Märchenwelt erweist sich als tief ambivalent, die Poesie kann nur die Suche nach der Erlösung in Bilder fassen.

Serpentina enthüllt Anselmus die wahre Identität ihres Vaters: Er ist ein Salamander, ein Erdgeist, der für eine Verfehlung bestraft wurde und nun in der rauen Wirklichkeit darauf warten muss, dass seine Töchter Ehemänner finden, die „ein kindliches poetisches Gemüt" besitzen. Anselmus will Serpentina sofort heiraten, aber da tritt das Äpfelweib wieder in Erscheinung, das den goldenen Topf an sich bringen will.

Dann folgt ein jäher Umschwung: Anselmus befindet sich plötzlich in einer realen Welt, aus der alles Märchenhafte verschwunden ist und er Veronika heiraten soll, die Hofrätin werden will. Aber noch einmal kommt es zur Wende mit dem vom Äpfelweib einst angekündigten Fall „ins Kristall", bei dem sich die reale Umgebung wieder in eine Zauberlandschaft verwandelt und eine Art Abschlusskampf zwischen dem Äpfelweib und Lindhorst (dem Salamander) stattfindet. Dieser siegt und gibt Anselmus seine Serpentina zur Frau, nicht ohne ihm ein glückliches Leben als „ein Leben in der Poesie" in seiner „Heimat" Atlantis anzukündigen. Tatsächlich endet Anselmus' Leben allerdings als Dichter in seiner Dachkammer. Veronika heiratet unterdessen einen anderen und findet Erfüllung in ihrer bürgerlichen Existenz.

Kolorierte Kreidelithographie von
E. T. A. Hoffman, entstanden um 1850.

Verkörperung des deutschen Gemüts
Joseph von Eichendorff: Aus dem Leben eines Taugenichts (1826)

Joseph Freiherr von Eichendorff (1788-1857) stammte aus einer alten Adelsfamilie, wurde noch auf dem Stammsitz Schloss Lubowitz bei Ratibor geboren, den die Familie jedoch verkaufen musste. Eichendorff suchte und fand nach einem Studium, das ihn mit wichtigen Vertretern der Romantik zusammenbrachte, Anstellung im Staatsdienst (zuletzt im Kultusministerium). Vom Katholizismus der Familie tief geprägt, suchte er nach einer Verbindung von Poesie und Religion, ja sah in der Darstellung der Natur eine Möglichkeit, dem Göttlichen Ausdruck zu verschaffen. Immer wieder werden Handlungszüge in diesem Sinne symbolisch, zum Beispiel die Wanderschaft im „Taugenichts" als Suche nach der ewigen Heimat. Nicht zufällig wird die Geliebte mit Zügen der Jungfrau Maria versehen.

Leben als Wanderschaft
Zu Beginn der (etwas umfangreich geratenen) „Novelle" bricht ein Müllerssohn mit seiner Geige ohne festes Ziel in die Welt auf. Zwei Damen nehmen ihn mit in ein Schloss, wo er Anstellung als Gärtner und schließlich als Zolleinnehmer findet. Im Schlafrock und mit der Pfeife im Mund verbringt er den Tag ohne wirkliche Beschäftigung vor seinem Zollhäuschen. Gespräche führt er nur mit seinem Freund, dem Portier. Aber es bricht Verwirrendes in diese Welt ein. Der Taugenichts verliebt sich in eine der Damen (seine „allerschönste Frau"), die er für eine Gräfin hält. Täglich legt er Blumen für sie bereit, die er dem eigenen Garten entnimmt. Schockiert vom Anblick seiner Angebeteten in der Gesellschaft eines Offiziers, gibt er seine Stellung jedoch auf und geht erneut auf Wanderschaft – diesmal nach Italien.

Dabei gestalten sich die Ereignisse erneut verwirrend: Der Taugenichts trifft Freunde, die ihn ohne Abschied verlassen, aber Reisegeld für die Postkutsche hinterlegen, die ihn in ein verwunschenes Schloss bringt, in dem die Bewohner bereits auf ihn warten. Sogar ein Brief seiner Geliebten erreicht ihn, die ihn bittet zurückzukehren. Sofort macht er sich auf den Weg, der ihn jedoch statt nach Wien nach Rom führt. Dort findet er eine Spur seiner Geliebten, verliert sie wieder und bricht Hals über Kopf nach Wien auf.

Zufällig getroffene Studenten berichten ihm von einer Heirat im Schloss, was der Taugenichts missversteht. Als er dort ankommt, klärt sich eine verworrene Geschichte auf: Die Geliebte ist in Wirklichkeit keine Gräfin, sondern eine Nichte des Portiers, deren Mutter jedoch eine Hochzeit mit dem Taugenichts nicht billigte und deshalb Intrigen inszenierte. Im Gespräch werden sich die beiden rasch einig, der Hochzeit steht nichts mehr im Wege und danach soll es gemeinsam auf Reisen gehen – nach Italien.

Prosa und Lied

Eichendorff hat seine Hauptfigur mit allen Zügen einer poetisch-unbeschwerten Existenz ausgestattet, die deutlich von der Welt der Betriebsamkeit abgesetzt ist – von den Philistern, wie man damals polemisch sagte. Theodor Fontane hat von der „Verkörperung des deutschen Gemüts" gesprochen, dem Gegenbild gegen Bürokratismus und Sorge um das Brot, wie es Eichendorffs tatsächliches Leben durchaus prägte. Zur *Darstellung dieser Lebensform gehörte eine schlichte Sprache, aber auch etwas, was viele Romantiker in ihren Prosawerken benutzten: die Liedeinlage. Schon das Zusammentreffen des Taugenichts mit den Damen verdankt sich seinem von der Geige begleiteten Gesang von „Wem Gott will rechte Gunst erweisen…" Eine ganze Reihe seiner schönsten Lieder folgen: „Wohin ich geh und schaue …" und schließlich: „Wir bringen dir den Jungfernkranz …"*

*Zeitgenössisches Portrait des
Dichters Joseph Freiherr von Eichendorff*

Ein Wortakrobat auf der Wiener Vorstadtbühne

Johann Nestroy: Der böse Geist Lumpazivagabundus (1833)

Johann Nestroy (1801-1862) stammte aus einer Wiener Bürgerfamilie und sollte wie der Vater Jurist werden. Aber er wandte sich früh dem Theater zu, wurde Opernsänger (Bassist) in Wien und Amsterdam, dann Schauspieler an verschiedenen österreichischen Bühnen. 1826 debütierte er mit einem ersten eigenen Stück, 1831 engagierte ihn das Theater an der Wien, wo er rasch als Komödiant Erfolg hatte. Den schriftstellerischen Durchbruch erzielte er mit dem „Lumpazivagabundus", der auch nach zahlreichen weiteren „Possen" sein berühmtestes Stück blieb. Bei der Uraufführung spielte er selbst den Schuster Knieriem, was auch seine letzte Rolle im Leopoldstädter Theater war, das er seit 1854 leitete.

Wahre Liebe siegt über äußeres Glück

Vor dem eigentlichen Stück gibt es ein Vorspiel im Feenreich. Alte Zauberer beklagen sich bei ihrem König über den bösen Geist Lumpazivagabundus, der ihre Söhne zu einem liederlichen Leben verführe. Während sich die Glücksfee anheischig macht, die Verführten mit Reichtum zum rechten Weg zurückzuführen, verweist Lumpazivagabundus auf die Liebesfee: Sie sei stärker. Da wird ein Test beschlossen. Ein junger Zauberer will Fortunas

Tochter heiraten. Fortuna aber macht dies davon abhängig, ob es ihr gelingt, mit ihrem Geld vom Wege Abgekommene auf die rechte Bahn zurückzuführen. Gelingt dies nicht, sollen die Liebenden ein Paar werden.

Die Testpersonen sind rasch gefunden: das „liederliche Kleeblatt" aus dem trunksüchtigen Schuster Knieriem, dem braven Tischler Leim und dem prunkliebenden Schneider Zwirn. Im Traum erscheint ihnen die Glückszahl der nächsten Lotterie, sie kaufen zusammen ein Los und gewinnen natürlich. Zwirn eröffnet eine Werkstatt, wird aber von seinen Genossen über den Tisch gezogen, Knieriem vertrinkt alles, weil er glaubt, die Welt werde von einem Kometen getroffen. Nur Leim gründet eine bürgerliche Existenz in der Ehe mit

der Tochter seines Meisters. Am Jahrestag des Glückloses treffen die beiden inzwischen Mittelosen bei dem einzigen Erfolgreichen ein. Der testet sie mit einer vorgeschobenen Krankheit und bietet erst seine Hilfe an, als sich seine Kumpane als treu erweisen. Aber die wollen nicht auf ihr Vagabundenleben verzichten.

Die Wette ist jedenfalls für Fortuna verloren. Ihr Geld hat zwei nicht glücklich gemacht und den dritten erfüllt mehr als das Geld die Liebe zu seiner Frau. Fortunas Tochter bekommt also ihren Mann. Und die Liebesfee versorgt am Ende die beiden Vagabunden ebenfalls mit Mädchen, in die sie sich verlieben und sesshaft werden. Der Verführer Lumpazivagabundus, der im Stück kaum auftritt, ist also gebannt.

Von der Zauberposse zur Sozialkritik

Die Zauberposse war auf den Wiener Vorstadtbühnen eine Institution, zu der zahlreiche Autoren beitrugen (darunter Ferdinand Raimund und Anzengruber). Nestroy reduzierte jedoch den Anteil des beliebten Zauberapparats und verlagerte das Gewicht auf Sozialkritik, Parodie, Satire. In derb realistischer Zeichnung kommen Charaktere auf die Bühne, die zeittypische Laster verdeutlichen

und auf soziale Probleme verweisen. Dabei versteht es Nestroy, die Kritik jenseits simpler Didaktik in eine sprachliche und darstellerische Virtuosität zu verpacken, die vom Wortwitz und auch von Situationskomik lebt (die Gesangseinlagen, Couplets, konnten beliebig variiert und erweitert werden, womit man der Zensur ein Schnippchen schlug). Endlos lang ist die Liste berühmter Zitate wie: „Kunst ist's, wenn man's nicht kann, denn wenn man's kann, ist's keine Kunst."

*Attila Hörbiger in der Rolle des Knieriem
bei den Salzburger Festspielen 1962.
Bei der Uraufführung des Stückes hatte
Nestroy diese Rolle selbst gespielt.*

Vom gerichtsmedizinischen Gutachten zum Theaterstück
Georg Büchner: Woyzeck (um 1836)

Georg Büchner (1813-1837) studierte u.a Medizin in Gießen, lernte dabei einen führenden Oppositionellen kennen und beteiligte sich 1834 an sozialrevolutionärer Agitation. In Darmstadt entstand der „Hessische Landbote", in dem die Missstände des Absolutismus angeprangert wurden. Büchner wird steckbrieflich gesucht und erhält in Straßburg für das Drama „Dantons Tod" den Doktorgrad der Philosophischen Fakultät der Universität Zürich. Kurz nach seiner Ernennung zum Privatdozenten stirbt er an Typhus. Sein Theaterstück „Leonce und Lena" sowie die Erzählung „Lenz" erscheinen posthum. Der „Woyzeck", um 1836 entstanden, wurde erst 1879 auf sehr unvollkommene Weise aus dem Nachlass herausgegeben. Die Uraufführung als Theaterstück erfolgte 1913. Die moderne wissenschaftliche Philologie konnte die Entstehungsgeschichte weitgehend klären, ohne dass bis heute eine wirklich befriedigende Textfassung vorliegt.

Gelegenheitsarbeiter ersticht aus Eifersucht Rivalen

Wie auch die Erzählung „Lenz" beruht der „Woyzeck" auf einer zeitgenössischen Dokumentation, in diesem Fall auf zwei gerichtsmedizinischen Gutachten, die der Verurteilung eines Gelegenheitsarbeiters zum Tode zugrundelagen. Dieser hatte nach Ansicht der Anklage aus Eifersucht einen Rivalen erstochen. Büchner rekonstruiert die Tat in siebzehn locker miteinander verbundenen Szenen, die in vier Handschriften als Entwürfe vorliegen, ohne dass eine Reihenfolge feststeht. Dabei ging es Büchner um die Darstellung eines Menschen, der seiner Menschlichkeit mehr und mehr beraubt wird. Woyzecks „Tat" erfolgt jedenfalls nicht aufgrund klarer Überlegung, sondern ist determiniert, triebhaft. Zum erstenmal kommt damit ein Charakter aus der untersten gesellschaftlichen Schicht auf die Bühne („der geringste unter den Menschen"). Im Zentrum der Handlung steht Franz, der als einfacher Soldat beim „Doktor" zur reinen Versuchsperson wird, indem jener ihn mit Erbsen füttert, um die „Wirkung" zu verfolgen. Seine schlichte Liebe zu Marie wird zerstört, als sich Marie einem Mann zuwendet, der Franz in der militärischen Hierarchie überlegen ist. Franz ertappt die beiden im Wirtshaus beim Tanz, reagiert mit Eifersucht und denkt an Mord. Aber die Ausführung folgt keinem Plan, sondern ergibt sich unkontrolliert-automatisch, während Franz in einen geistigen Dämmer- oder Wahnzustand versinkt (in der Szene „Freies Feld"). Auch sonst wird die Motivation in einen Bereich jenseits bewussten Handelns verlegt.

In den beiden Märchen von den Sterntalern und den sieben Raben, die die Großmutter Maries in einer Szene vorträgt, ist angelegt, dass „unseins" weder in dieser noch in einer jenseitigen Welt einen Platz hat („ich glaub' wenn wir in Himmel kämen so müssten wir donnern helfen").

Offene Form im Drama

Der „Woyzeck" erinnert dramentechnisch an Goethes Götz, wo ebenfalls schon Gassensprache und eine lockere Szenenfolge zugrundelagen. Aber Büchner ist viel radikaler. Die Szenen erscheinen wie Splitter aus der „erbärmlichen Wirklichkeit" einer menschenunwürdigen Existenz. Damit wurde Büchner zum Vorbild im Naturalismus und Expressionismus, die beide auf ihre Weise das klassische Drama mit seiner fünftaktigen geschlossenen Form zu sprengen suchten.

Auch die Oper versuchte sich an einer Anverwandlung, wie Alban Bergs „Wozzeck" (Verlesung des in „deutscher" Schrift notierten y als z) von 1923 zeigt. Auf der Bühne erlebte kein anderes Werk Büchners einen vergleichbaren Erfolg.

DAS THEATER

ILLUSTRIERTE HALBMONATSSCHRIFT FÜR THEATER UND GESELLSCHAFT
HERAUSGEBER: ERICH KÖHRER

| Jahrgang VII – Heft 1 | Erscheint zweimal monatlich. Heft Mk. 2.-, | Schluß der Inseraten-Annahme |
| Erstes Januarheft 1926 | Vierteljährlich Mk. 11.-, Jahresabonnement Mk. 40.- | eine Woche vor Erscheinen |

phot. Rembrandt

„Wozzeck", Oper von Alban Berg, Staatsoper, Berlin
Sigrid Johanson (Marie) und Leo Schützendorf (Wozzeck)

*Titelblatt der Zeitschrift "Das Theater",
das ein Foto der Premierenaufführung der
Oper „Wozzeck" aus dem Dezember 1925 zeigt.*

Von sozialer Not und kollektiver Schuld
Jeremias Gotthelf: Die schwarze Spinne (1842)

Unter dem „sprechenden" Pseudonym Jeremias Gotthelf legte der Schweizer Pfarrer Albert Bitzius (1797-1854) ein breites erzählerisches Werk vor, in dem es stets um die Bewährung christlicher Tugenden im alltäglichen Leben geht. Als Pädagoge in der Tradition Pestalozzis stehend, engagierte sich Bitzius gegen Kinderausbeutung und bei der Organisation der Armenerziehung. In seinen Dichtungen gab er realitätsnahe Bilder vor allem des dörflichen Lebens seiner Heimat. Didaktik und Erzählkunst bilden eine Einheit. Nirgends aber wurde diese so bewundert wie in der kleinen Novelle „Die schwarze Spinne". Die heitere Rahmenerzählung vom Tauffest kontrastiert mit einer finsteren Geschichte, die die Traditionen der Schauerromantik aufleben lässt.

Vom Einlassen mit dem Teufel und gottesfürchtigem Opferwillen

Bei einem sonntäglichen Tauffest im Emmental wird der Großvater nach einem schwarzen Fensterpfosten gefragt, der auf eigenartige Weise im sonst so schmucken Haus stehenblieb. Dies löst die Erzählung einer alten Pestsage aus.

Der Ritter Hans von Stoffeln schindet seine leibeigenen Bauern in hartem Frondienst beim Schlossbau. Als dieses fertig ist, müssen sie auch noch eine Schattenallee pflanzen. Da geht die gottlose Christine mit Wissen der zunächst entsetzten Dorfbewohner einen Pakt mit dem Teufel ein: Für seine Hilfe verschreibt sie ihm die erste noch ungetaufte Neugeburt. Als der Fall eintritt, nimmt der Pfarrer des Ortes den Kampf auf und tauft das Kind.

Damit nimmt das Unheil seinen Lauf. Christine hat vom Teufelskuss ein Mal auf der Wange, aus dem tausend Spinnen hervortreten und alles Vieh verseuchen. Bei der zweiten Geburt wollen die Bauern auf jeden Fall den Pakt erfüllen, aber der Pfarrer geht erneut dazwischen. Nun verwandelt sich Christine selbst in eine riesige Pestspinne, die ein schreckliches Sterben unter den Menschen auslöst. Erst das Selbstopfer einer jungen Mutter, die die Spinne in einem Fensterpfosten verpflöckt, beendet die Not.

Dann aber kehrt das Unheil zurück. Im Übermut befreit das Gesinde des Bauern Christen (der ein Nachfahre der gottlosen Christine ist) die Spinne bei einem wilden Gelage und wieder kann erst das Selbstopfer diesmal eines Vaters deren Wüten beenden.

Damit kehrt die Erzählung in die Gegenwart zurück und ist noch nicht abgeschlossen. Ein Zweifler am Wahrheitsgehalt des Vorgetragenen (und Gegner der Erhaltung des Pfostens) wird vom Großvater zurechtgewiesen. Es komme nicht auf die historische Treue an, sondern auf die in der Erzählung steckende Moral: Immer sind Menschen bedroht, sich von Gott abzuwenden, aber immer gibt es auch jene Gottesfürchtigen, die mit ihrem Engagement die Gemeinschaft retten.

Bedrohung und Bewährung patriarchalischer Ordnung

Rahmenerzählungen sind bei Novellen nichts Neues. Aber selten ist einem Autor eine derart kunstvolle gelungen. Zweimal bricht Unheil in das Leben ein, einmal aufgrund des Hochmuts des Ritters, dann des Gesindes. In beiden Fällen war die patriarchalische Ordnung gestört worden und in beiden wird sie durch Gottesfurcht wiederhergestellt. Der didaktische Kern ist unüberhörbar, aber auch mit großer erzählerischer Geste präsentiert. Thomas Mann hat „das Homerische" dieser Darstellung hervorgehoben und das kleine Werk als ein einzigartiges Stück „Weltliteratur" gerühmt. Im Epochenkontext des Biedermeier zeigt es dessen beide Seiten: die konservativ auf Gottvertrauen und Bewahren setzende, aber auch das Bewusstsein von der Gefährdung durch soziale Not und kollektive Schuld.

Albert Bißius, gen. Jeremias Gotthelf, † 22. October.

Ein Sittengemälde voller Rätsel

Annette von Droste-Hülshoff: Die Judenbuche (1842)

Annette von Droste-Hülshoff (1797-1848), eine „Freiin", wie der korrekte Adelstitel lautet, stammte aus altem westfälischen Adel. Sie wuchs zurückgezogen und von einem Privatlehrer unterrichtet auf, zählte aber auch Autoren wie August Wilhelm Schlegel, die Brüder Grimm oder Levin Schücking zu ihrem Freundeskreis. Ab 1841 lebte sie zunächst bei ihrem Schwager auf Schloss Meersburg, dann im „Fürstenhäusle" mitten in den Weinbergen am gleichen Ort (heute als Museum eingerichtet). In dieser Zeit entstand der Hauptteil ihres beachtlichen Oeuvres, unter anderem die „Judenbuche". In Meersburg, das sie nur selten verließ, starb die ewig Kränkliche 1848 und fand ihr Grab auf dem örtlichen Friedhof.

Die unheimliche Geschichte des Friedrich Mergel

Als Anregung zu dieser Novelle diente Annette von Droste-Hülshoff eine wahre Begebenheit, die ihr Onkel August von Haxthausen 1818 veröffentlicht hatte. Das Entscheidende aber erfand sie hinzu: die Vorgeschichte mit dem Motiv der grausigen Tat, die in wichtigen Punkten moderne Vorstellungen (wie die Milieutheorie der Naturalisten) vorwegnimmt. Die Geschichte selbst spielt in der Mitte des 18. Jahrhunderts in einem westfälischen Dorf inmitten einer weitläufigen Waldlandschaft, in der seit jeher Waldfrevel begangen wurde. Dort wächst in der Obhut eines trunksüchtigen Vaters der kleine Friedrich Mergel auf. Auch eine Stiefmutter in der Familie ändert nichts an den verkommenen Verhältnissen. Mit neun Jahren erlebt der Kleine die erste große Katastrophe: Der Vater kommt nicht nach Hause und wird später im Brederholz erschlagen aufgefunden.

Darauf gerät Friedrich in den Kreis der „Blaukittel", einer besonders gefährlichen Holzfrevlerbande, in der er sich mit seiner Verwegenheit auszeichnet und für seinen „Hang zum Großtun" Bewunderung erntet. An der Erschlagung des Oberförsters Brandes im Brederholz ist er beteiligt, auch wenn ihm vor Gericht keine Schuld nachgewiesen werden kann. Als der Jude Aaron ihn wegen einer kleinen Restschuld öffentlich bloßstellt, ermordet er diesen. Friedrich flieht mit seinem Kumpan Johannes Niemand, sodass das Gericht in seiner Abwesenheit tagen muss. Die Glaubensgenossen des Ermordeten aber ritzen einen Spruch in die Buche: dass es dem Mörder bei Annäherung an diesen Tatort so ergehen möge wie seinem Opfer.

Tatsächlich kehrt Friedrich Mergel nach 28 Jahren Sklaverei in türkischer Gefangenschaft zurück und gibt sich als Johannes Niemand aus. Nachdem er lange das Brederholz gemieden hat, erhängt er sich schließlich an der Judenbuche. Ein Leben, in das von früh an das Unheimliche eingedrungen ist, geht so auf unheimliche Weise zu Ende. Dabei bleiben entscheidende Fragen offen. Nicht einmal die Identität von Johannes Niemand als Friedrich Mergel ist wirklich klar.

Annette von Droste-Hülshoff unternahm
nur selten Reisen, kümmerte sich stattdessen
um Kranke in ihrer Familie.
Dieser Druck wurde nach einem Gemälde
von Johann Sprick angefertigt.

Soziales Engagement mit listigem Titel
Bettina von Arnim: Dies Buch gehört dem König (1843)

Bettina von Arnim, geb. Brentano (1785–1859), hatte Kontakte zu den bedeutendsten Gelehrten, Literaten und Musikern ihrer Zeit. Ihre Großmutter Sophie La Roche, bei der sie nach dem Tod der Eltern lebte, war eine bekannte Schriftstellerin („Geschichte des Fräuleins von Sternheim", 1771) und Herausgeberin der ersten deutschen Frauenzeitschrift. Ihr Bruder Clemens gehörte ebenso wie ihr Ehemann Achim zu den großen Romantikern, die u.a. gemeinsam die Volksliedersammlung „Des Knaben Wunderhorn" vorlegten (1806 und 1809). Mit Goethe stand sie in einer Korrespondenz, die sie in bearbeiteter Form als „Goethes Briefwechsel mit einem Kinde" (1835) edierte. Nach dem Tod der mit ihren Gedichten (als „Sappho der Romantik") bekannt gewordenen Karoline von Günderode bearbeitete sie auch den Briefwechsel mit ihr: „Die Günderode" (1840). Schleiermacher und Tieck, Beethoven, Mendelssohn-Bartholdy, Schumann und Brahms kannte sie persönlich. Ihr erstes selbstständiges Werk aber wurde „Dies Buch gehört dem König", das sich weniger dem literarischen als dem sozialen Engagement verdankte.

Diesmal sind die zugrundeliegenden Gespräche rein fiktiv: im ersten Teil zwischen der Mutter Goethes und der Mutter des regierenden Königs Friedrich Wilhelm IV., im zweiten wiederum zwischen der „Frau Rat" (also der Mutter Goethes) sowie Bürgermeister und Pfarrer.

Ein Buch über Missstände in der Gesellschaft

Das Arrangement der beiden freundlich miteinander plaudernden alten Damen hohen bzw. höchsten Standes im ersten Teil sowie der Honoratioren im zweiten lässt kaum vermuten, wie brisant die gewählten Themen sind. Noch harmlos ist die Thematisierung der Hofbälle mit ihren Förmlichkeiten. Es geht sehr bald um Freiheit und eine ausgehöhlte Moral, um Pietisten und ein Christentum, das in seinen äußeren Formen erstarrt ist. Hinsichtlich des Gefängniswesens, der Armenfürsorge infolge von Arbeitslosigkeit oder Invalidität bietet die Autorin genaue Kenntnisse, die sie teilweise den Protokollen Heinrich Grunholzers, eines Schweizer Studenten, übernahm. Direkt werden politische Freiheit und Abschaffung von Privilegien verlangt, allerdings auch in einer Art, die nicht wirklich politisch wirkt: Der König soll das Glück auf Erden mit einem „Federstrich" verfügen.

Wirkung und Nachwirkung
In einem anderen Punkt war Bettina von Arnim allerdings mehr als geschickt: Um der Zensur vorzubeugen, hatte sie den König gefragt, ob er ein Buch von ihr anzunehmen bereit sei. Auf die Zusage hin ließ sie es dann unter dem entsprechenden Titel erscheinen.
Erst als der Publizist Adolph Stahr die Kernthesen in einem eigenen Buch als „Geistesbibel der Zukunft" veröffentlichte, wurden die Behörden tätig. Bettina von Arnim selbst knüpfte nach der gescheiterten Revolution von 1848 noch einmal an ihr Buch an und gab ihm in den „Gesprächen mit Dämonen" (1852) eine Art Fortsetzung (die

1919 mit dem Untertitel „Aufruf zur Revolution" erschien). Nicht mehr beenden konnte sie ihr geplantes Armenbuch, zu dem sie Recherchen durchführte, die bekannt wurden und die preußische Zensur bereits vor der Veröffentlichung zu einem Verbot bewogen.
Leben und Werk der bedeutenden Schriftstellerin werden heute von der 1985 gegründeten Bettina-von-Arnim-Gesellschaft betreut. Seit 1992 gibt es den Bettina-von-Arnim-Preis als Literaturpreis für Kurzgeschichten, der jährlich bzw. zweijährlich verliehen wird. Zu den (ganz überwiegend weiblichen) bisherigen Preisträgern zählen Doris Dörrie oder Andrea Wolff.

Bettina von Arnim, zeitgenössische Miniatur.

Ein Versepos kritisiert die politische Lage in Deutschland
Heinrich Heine: Deutschland. Ein Wintermärchen (1844)

Heinrich Heine (1797–1856) war Sohn eines jüdischen Tuchhändlers. Er arbeitete zunächst als Volontär bei einem Frankfurter Bankier, studierte später Jura und konvertierte zum Protestantismus, womit sich seine beruflichen Möglichkeiten trotzdem nicht verbesserten. 1831 ging er als Korrespondent der liberalen „Augsburger Zeitung" nach Paris, wo er bis zu seinem Tode lebte. Nur auf zwei Reisen, 1843 und 1844, kehrte er incognito (1835 waren die Schriften des „Jungen Deutschlands", dem er angehörte, verboten worden, er selbst mit Verfolgung bedroht) nach Deutschland zurück. Sein Ziel waren Verhandlungen mit seinem Verleger in Hamburg sowie ein Besuch bei seiner Mutter. Zwischen den Reisen entstand das „Wintermärchen". Den Erfolg der frühen „Gedichte" (1822), des „Buchs der Lieder" (1827) und der „Reisebilder" (1826/27) konnte er allerdings nicht mehr wiederholen, auch nicht mit den weiteren Dichtungen, die im Exil entstanden.

Reise über Aachen und Köln nach Hamburg in 27 Caputa

Im Vorwort bedauert Heine, dass aus Rücksicht auf die Zensur „die ernsten Töne mehr als nötig abgedämpft oder von den Schellen des Humors gar zu heiter überklingelt wurden". Tatsächlich führt er seine „Contrebande", die illegalen Gedanken, als Schmuggelgut ein. Schon gleich zu Beginn, bei der Ankunft in Aachen, setzt die Kritik ein, wenn ein kleines Mädchen vom irdischen Jammertal und den Freuden im Himmel singt, „das alte Entsagungslied, / Das Eiapopeia vom Himmel", dem er ein neues und besseres Lied entgegenstellen möchte: „Wir wollen hier auf Erden schon / Das Himmelreich errichten." Die preußischen Soldaten sind eine spezielle Zielscheibe mit ihrer pedantischen Starre („als hätten sie verschluckt den Stock, / Womit man sie einst geprügelt").

In Köln kommen ihm angesichts des gotischen Doms die Erinnerungen an mittelalterliche Scheiterhaufen in den Sinn, die ihm die Aussicht auf Vollendung der „Zwingburg" verleiden. Die Drei Könige („Wie Hampelmänner bewegten sie / Die längst verstorbenen Knochen") erscheinen ihm noch im Traum und werden ihm zu Bildern einer vermodernden Wirklichkeit. Im Teuteburger Wald erinnert er sich an die Hermannschlacht, in der die tyrannischen Römer vertrieben wurden, während er nun einer Panne wegen nur noch die Wölfe im Wald heulen hört.

Und so geht die Fahrt weiter mit immer neuen Reflexionen über ein Vaterland, das der Erlösung harrt, ohne dass es Hoffnung gibt. Zum Schluss, längst in Hamburg bei Verleger und Mutter, stellt er sich in die Tradition der großen europäischen Dichter und verlangt vom preußischen König deren Schutz: „Beleid'ge lebendige Dichter nicht, / Sie haben Flammen und Waffen, / Die furchtbarer sind als Jovis Blitz / Den ja der Poet erschaffen." Die letzten Zeilen aber sprechen die Drohung aus, diesen König in Dantes Hölle zu verdammen.

Probleme mit der Zensur

Die Schilderung der Unterdrückung und Reaktion im Bild des novemberlich-winterlichen Deutschlands (mit wenig Hoffnung auf das „Märchen" einer frühlingshaften Erneuerung) konnte nicht mit einer unbehelligten Veröffentlichung rechnen. Für den Verleger Campe gab es vorläufig nur den Weg, das Epos im Rahmen der „Neuen Gedichte" zu drucken, weil größere Texte wenigstens nicht der Vorzensur unterlagen. Tatsächlich erschien das Werk auf diese Weise, unterlag dann aber rasch der Nachzensur mit Beschlagnahmungen in allen deutschen Buchläden. Nur Käufer, die sofort bei Erscheinen ein Exemplar erworben hatten, besaßen also das Buch, das von seinen Kritikern als „Schandschrift" eines „Vaterlandsverräters" gebrandmarkt wurde.

Abbildung Heines auf einem Ölgemälde
von Moritz Daniel Oppenheim, entstanden 1831,
aufbewahrt in der Hamburger Kunsthalle.

Die Welt nicht mehr verstehen
Friedrich Hebbel: Maria Magdalena (1844)

Friedrich Hebbel (1813–1863) stammte aus einfachsten Verhältnissen, sein Vater war Maurer und starb früh. Hebbel arbeitete sich vom Laufburschen zum Schreiber eines Kirchspielvogts empor, griff auf dessen Bibliothek zurück und schrieb erste Gedichte. Später studierte er Geschichte, Literatur und Philosophie. Zahlreiche Reisen führten ihn durch ganz Europa. Mit seiner ersten Tragödie, „Judith" (1841), hatte er sogleich Erfolg. Aber erst „Maria Magdalena" (entstanden 1843, Erstaufführung 1846) brachte den Durchbruch zum modernen Realismus in der Tragödie, mit dem sich Hebbel im programmatischen Vorwort von der klassischen Tragödienkonzeption absetzte. Später entnahm Hebbel seine Stoffe der Geschichte, speziell der alttestamentlichen und antiken Welt („Herodes und Mariamne", „Gyges und sein Ring") sowie dem Mittelalter („Die Nibelungen," „Genoveva", „Agnes Bernauer"). Neben dem dramatischen Werk entstanden auch Novellen und Gedichte.

Vater-Tochter-Konflikt in bürgerlicher Familie

In der Familie des engherzigen Tischlermeisters Anton bahnt sich ein Konflikt an. Die Tochter Klara ist mit Leonhard verlobt, von ihm schwanger, aber ohne ihn zu lieben. Als ihre Jugendliebe, der Sekretär, in Erscheinung tritt, gibt sie sich ihm hin. Das Geschehen wird überlagert von der Verhaftung ihres Bruders, der Juwelen gestohlen haben soll. Die Mutter verkraftet dies nicht, stirbt an einem Schlaganfall, während der Vater Klara droht, sich umzubringen, falls auch sie Schande über die Fa-

milie bringe. Klara weiß, was eine uneheliche Geburt bedeuten würde, und will den ungeliebten Bräutigam heiraten. Da sagt sich dieser vorgeblich mit Hinweis auf den Bruder los, in Wirklichkeit aber, weil Anton die Aussteuer seinem alten Meister geschenkt hat.

Im zweiten Akt tauchen die Juwelen wieder auf, aber die Lage spitzt sich für Klara zu. Sie gesteht dem Sekretär ihre Liebe und will gleichzeitig auf ihn verzichten, um den Vater ihres Kindes zurückzugewinnen.

Der dritte Akt führt in die Ausweglosigkeit: Leonhard weist Klara endgültig zurück, auch als diese ankündigt, Selbstmord zu begehen, um nicht zur Vatermörderin zu werden. Da fordert der über die Hintergründe aufgeklärte Sekretär Leonhard zum Duell. Während der Bruder aus dem Gefängnis kommt und die Reputation der Familie wiederhergestellt ist, erscheint der Sekretär, der gerade seinen Nebenbuhler erschossen hat. Klara aber hat sich unterdessen im Brunnen ertränkt. Meister Anton beendet die Tragödie mit einer Bemerkung, die zum geflügelten Wort wurde: „Ich verstehe die Welt nicht mehr."

Auführung des Dramas „Maria Magdalena" am Berliner Maxim-Gorki-Theater (2007) mit Andreas Leupold, Ruth Reinecke (v.r.) und Anika Baumann.

Das letzte bürgerliche Trauerspiel
Das bürgerliche Trauerspiel war die große Errungenschaft der Aufklärung. Lessing hatte damit in „Miß Sara Sampson" und „Emilia Galotti" die Tradition der klassischen Tragödie mit ihren Standespersonen erneuert. Schiller knüpfte daran vor allem in „Kabale und Liebe" an. Hebbel wollte jedoch den tragischen Konflikt in den Charakter der handelnden Personen selbst legen, in den Zusammenstoß dieses Charakters mit einer widrigen Welt, wie sie philosophisch vor allem von Schopenhauer beschrieben worden war. Damit schuf Hebbel noch einmal ein bürgerliches Trauerspiel. Aber sehr bald sollte auch diese Konzeption überwunden werden. Schon Büchner wählte seinen tragischen Helden nicht aus bürgerlichem, sondern aus proletarischem Umfeld. Aus der bürgerlichen Tragödie wird so das soziale Drama der Moderne (wie etwa Hauptmanns „Die Weber").

Liebe und Entsagung
Adalbert Stifter: Brigitta (1847)

Adalbert Stifter (1805–1868), aus ärmlichen Verhältnissen stammend, erhielt seine Schulbildung bei den Benediktinern in Kremsmünster. Nach einem Studium der Mathematik und Naturwissenschaften schlug er sich als Kunstmaler und Hauslehrer durch, ehe er zuletzt Schulinspektor in Linz wurde. Seine literarische Tätigkeit begann mit Novellen, von denen er die ersten dreizehn nicht ohne gründliche Umarbeitung in den „Studien" (1847) sammelte. Daneben entstanden umfangreiche Romane: „Der Nachsommer" (1857) als Versuch eines Bildungsromans, der „Witiko" (1865–67) als historischer Roman in englischer Tradition. Alle diese Werke beherrscht das Thema von Liebe und Entsagung, Sichfügen in die Realität und Sichbescheiden mit dem Gegebenen. Von besonderer Bedeutung ist dabei die Darstellung der Natur (als Spiegel der Seele), in der es Stifter zu unerreichter Meisterschaft brachte.

Brigitta

In der Novelle „Brigitta", die 1844 entstanden war und dann in die „Studien" aufgenommen wurde, berichtet der Ich-Erzähler über einen Besuch bei einem alten Freund, der ihn nach vielen Jahren der Trennung überraschend eingeladen hatte. Es ist der Major Stephan Murai, der auf einem großen Gut in Ungarn lebt. Ta-

gelang zeigt er auf Ritten dem Freund sein Werk: die Anlage von Gewächshäusern und Straßen, die Trockenlegung von Sümpfen und die Anpflanzung von Wein und Mais.
Dabei tritt die Gutsnachbarin, Brigitta Marosheli, in Erscheinung, mit der der Major auf vertraute Weise umgeht. Erst allmählich enthüllt sich die Vergangenheit: Stephan Murai hatte sich in diese Brigitta verliebt, obwohl sie hässlich von Gestalt war. Sie wird schwanger und erfährt von einem Seitensprung ihres Bräutigams. Da sagt sie sich von ihm los, bringt einen Sohn zur Welt und zieht ihn allein groß. Nach fünfzehn Jahren taucht Stephan wieder auf und lässt sich als ihr Nachbar nieder. Die beiden schließen einen „Vertrag der bloßen Freundschaft" und bewirtschaften gemeinsam auf vorbildliche Weise ihre Güter.
Dann bricht ein Unglück ein. Wölfe fallen Brigittas Sohn an, der gerade noch von Stephan gerettet werden kann. Die Mutter besucht den Verwundeten auf Stephans Gut, wobei die alte Liebe wieder aufflackert. Endlich werden sie ein Paar.

Lebenslängliches Novellenschaffen

Das Thema der gestörten und in Entsagung mündenden Liebe gehört zu den Konstanten in Stifters Werk. In den „Studien" kommt es wiederholt zur Geltung, zum Beispiel im „Haidedorf", wo der Protagonist nach dem Scheitern seiner großen Liebe in die Einsamkeit der Heide zurückkehrt. Daneben gibt es die Schilderung erfüllter Liebe wie im „Waldsteig", wo ein ausgesprochener Hypochonder auf Empfehlung seines Arztes die Waldeinsamkeit aufsucht und dort seinem „Erdbeermädchen" begegnet, das er schließlich heiratet.
Noch sechs weitere Novellensammlungen sollten den „Studien" folgen, darunter die wichtigen „Bunten Steine" (1853). Einen Sonderfall stellt die „Mappe meines Urgroßvaters" dar, die Stifter zum ersten Mal in den Studien vorlegte, dann mehrfach neu behandelte und zuletzt die Umarbeitung zum großen Roman plante (den er jedoch nicht mehr vollenden konnte). In diesem Fall ist die Liebe des Arztes Augustinus zu Margarita geschildert, die an der Eifersucht von Augustinus scheitert, zum Selbstmordversuch führt, der jedoch von einem Obristen verhindert wird. Nach Schilderung der Lebensgeschichte dieses Retters kommt es auch für Augustinus und Margarita zum Happy end. Wie immer bei Stifter, dringt Verwirrung ins Leben, aber es gibt auch einen versöhnlichen Ausklang. Nicht umsonst spricht man angesichts dieser Literatur vom Biedermeier.

*Abbildung Stifters für eine Ausgabe von dessen
„Studien" (Pest, 1870). Der Stich von Carl
Mahlknecht entstand 1846 nach einem Aquarell
von Moritz Michael Daffinger (1790–1849).*

Ein Historiker erhält den Nobelpreis für Literatur
Theodor Mommsen: Römische Geschichte (1854-56, 1885)

Theodor Mommsen (1817–1903) war der Sohn eines protestantischen Pfarrers. Er studierte Jura und Philologie in Kiel und ging danach für vier Jahre nach Italien, um sich an Ort und Stelle mit den Altertümern zu beschäftigen. 1848 wurde er Professor für Römisches Recht in Leipzig, später in Zürich und Breslau, wo die ersten drei Bände seiner „Römischen Geschichte" erschienen. 1858 ging er nach Berlin an die Preußische Akademie der Wissenschaften und nahm 1861 eine Professur für römische Geschichte an.

Neben seinen wissenschaftlichen Studien engagierte sich Mommsen im Berliner Abgeordnetenhaus (als Nationalliberaler), wo er als Gegner Bismarcks republikanische Ideale gegen den absolutistischen Staat vertrat. Ein Jahr vor seinem Tode, 1902, erhielt er den erst seit 1901 bestehenden Nobelpreis für Literatur.

Ciceronianischer Stil ohne Sympathie für Cicero

Mommsens „Römische Geschichte" wirkt äußerlich wie ein Torso, weil nach den ersten drei Bänden der fünfte folgt. Aber dies täuscht. Der erst 1885 erschienene fünfte Band schildert das Leben in den Provinzen der römischen Kaiserzeit, während die ersten drei auf ein klares Ziel hinauslaufen: auf die an Verherr-

lichung grenzende Darstellung von Cäsars Monarchie. Mommsen sah darin mit deutlichem Blick auf seine eigene Zeit die Verwirklichung eines Staates mit starker Spitze, aber wurzelnd im Volk, während ihm Ciceros republikanische Ideen als rückwärtsgewandt, ja verräterisch erschienen. Als Historiker ist Mommsen dabei ein Vertreter quellenkritischer Darstellung und kennt sich aus in allen Einzelheiten etwa der Ackergesetzgebung oder der Verwaltung des Riesenreichs.

Dabei ist die Darstellung nicht spröde, sondern bietet ein glänzendes Beispiel von Erzählkunst. 1885, als er die Arbeit an seinem Mammutwerk wieder aufnahm, schrieb er: „Die

Phantasie ist wie aller Poesie so auch aller Historie Mutter." Der erste Satz der Einleitung von 1854 lässt erahnen, weshalb sich die Juroren des Nobelpreiskomitees für Mommsen entschieden: „Rings um das mannigfalt gegliederte Binnenmeer, das tief einschneidend in die Erdfeste den größten Busen des Ozeans bildet und, bald durch Inseln oder vorspringende Landfesten verengt, bald wieder sich in beträchtlicher Breite ausdehnend die drei Teile der Alten Welt scheidet und verbindet, siedelten in alten Zeiten Völkerstämme sich an, welche, ethnographisch und sprachgeschichtlich betrachtet, verschiedenen Rassen angehörig, historisch ein Ganzes ausmachen."

Stil in der Wissenschaft

Dass wissenschaftliche Darstellung der Eleganz bedarf oder Eleganz der Wissenschaft gut ansteht, war jahrhundertelang eine Selbstverständlichkeit. Erst die moderne Ausdifferenzierung, speziell die der Naturwissenschaften, brachte jene Nüchternheit in die Darstellung, die heute selbstverständlich erscheint. Buffons berühmtes Diktum „Der Mensch ist der Stil" fiel 1753 in einer Rede vor der französischen Akademie und will auf dem Wort Stil betont sein: Nicht die wissenschaftliche Entdeckung oder Beschreibung (in

Buffons Fall: der Pflanzenwelt in 44 Bänden) ist entscheidend, sondern deren unverwechselbare Darstellung. Das war auch im 19. Jahrhundert unbestritten, ja galt noch länger. Sigmund Freud, der Begründer der Psychoanalyse, legte höchsten Wert auf geschliffenen Stil und war besonders stolz auf seinen Aufsatz „Totem und Tabu" (1913), den er der brillanten Darstellung wegen für sein gelungenstes Werk hielt. Dann allerdings ging diese Forderung mehr und mehr verloren, wobei immer größere Zumutungen an die Verständlichkeit auftraten.

Theodor Mommsen in seinem Arbeitszimmer;
nach einem Gemälde von Ludwig Knaus
(1829–1910), entstanden im Jahre 1881.

Bürger und Künstler im 19. Jahrhundert
Gottfried Keller: Der grüne Heinrich (1854/55, Umarbeitung 1879/80)

Gottfried Keller (1819-1890) wurde in Zürich geboren, sein Vater war Drechslermeister, starb jedoch früh. Wegen eines Jungenstreichs musste Keller die Schule verlassen und wurde Malerlehrling. Die Mutter finanzierte ein Studium an der Münchener Kunstakademie, das jedoch nicht von Erfolg gekrönt war. Nach Zürich zurückgekehrt, veröffentlichte Keller politische Gedichte. Zwischen 1850 und 1855 lebte er in Berlin als freier Schriftsteller, wo die erste Fassung des „Grünen Heinrich" erschien. Nach seiner Rückkehr nach Zürich lebte er ohne Einkünfte bei seiner Mutter und seiner Schwester. In dieser Zeit entstand der Novellenzyklus „Die Leute von Seldwyla" (1856, erweitert 1874). 1861 wurde er Stadtschreiber in Zürich, legte das Amt jedoch 1876 nieder, um sich nur noch der literarischen Tätigkeit zu widmen. Nach der Umarbeitung des „Grünen Heinrich" erschie-

nen bis zu seinem Tode weitere Novellenzyklen und Gedichte sowie der Roman „Martin Salander" (1886).

Autobiografisches Scheitern

Kellers größter Roman ist wie schon so oft im 19. Jahrhundert wieder der Versuch, dem Bildungsroman eine neue Fassung zu geben – mit stark autobiografischen Zügen. Heinrich ist Halbwaise und hat von seinem Vater kaum mehr als die grüne (ironisch: für Hoffnung) Kleidung erhalten. Die Mutter zieht ihn auf, so gut es eben geht. In der Liebe steht er zwischen zwei Frauen, von denen die mädchenhafte Anna früh stirbt, während die sinnliche Judith nach Amerika auswandert. Heinrichs Traum aber ist eine Existenz als Künstler. So sucht er eine Ausbildung als Maler bei unterschiedlichen, aber problematischen Meistern. Der Ver-

such, in München von seinen Bildern zu leben, endet katastrophal. Ohne jedes Auskommen, lässt er sich von der Mutter unterstützen, die schließlich in größter Armut lebt. Als er zurückkehrt, lernt er einen Grafen kennen, der ihn finanziert und in dessen Pflegetochter Dortchen er sich verliebt. Die Mutter starb jedoch inzwischen.

Bei der Umarbeitung des Romans hat Keller die Ich-Form gewählt, die autobiografische Tendenz also verstärkt. Gleichzeitig sind die tragischen Züge gemildert. Heinrich trifft die Mutter noch lebend und erhält Verzeihung für sein verpfuschtes Leben. Vor allem aber erscheint das Scheitern im Licht einer Existenz, die auch ohne Genialität gegen die „Prosa" der Welt aufbegehrt, auch ohne Erfolg die Welt der Kunst verteidigt. Am Ende steht so wie bei Goethe ein „gereifter" Mensch, wenn es diesmal auch kein allseitig ausgebildeter ist, sondern einer, der zum nützlichen Glied der Gesellschaft wurde. Unter diesem Gesichtspunkt hat man auch von einem Abschluss der Tradition des Bildungsromans gesprochen.

Schreibunterlage Kellers während seiner Arbeit an „Der grüne Heinrich". Mehrfach ist der Name „Betty" notiert: Damit ist Betty Tendering gemeint, die das Vorbild für die Figur Dortchens bildete.

Poetischer Realismus

Besonders mit der Umarbeitung des „Grünen Heinrich" wurde literarisch das erreicht, was unter dem Schlagwort des poetischen Realismus als Kennzeichen der Epoche gilt. Nicht sozialkritische Analyse (wie im Vormärz), nicht Rückzug in die Innerlichkeit (wie im Biedermeier), sondern heiterironische Verklärung der faktischen Prosai des *Lebens wäre ein Hauptkennzeichen. Keller hat dem vor allem auch in seinem Novellenschaffen Ausdruck verliehen. Im Zyklus „Die Leute von Seldwyla", erwachsen sämtliche Geschichten in irgendeiner Form aus dem Ungeist des Spießertums – und enden doch oft heiter wie im berühmtesten Beispiel „Kleider machen Leute", wo der arme, aber pfiffige Schneider sein Glück macht.*

Betty!
bettibettibetty
BETTY BETTY
Ungeduld Ungeduld
April 1855
Bettchen?
Bettibetty
Regula Keller
Regula
Betty
BETTY Betti
bettibettibetti

Die Problematik künstlerischer Existenz
Eduard Mörike: Mozart auf der Reise nach Prag (1855)

Eduard Mörikes (1804-1875) Leben verlief wenig glücklich. Nach einem Theologiestudium am Tübinger Stift wurde er Pfarrer in Cleversulzbach, doch gab er das Amt aus gesundheitlichen Gründen auf. Später war er Literaturlehrer in Stuttgart. Seine Ehe zerbrach, eine Versöhnung fand erst auf dem Sterbebett statt. Dabei entstand ein facetten-, aber nicht umfangreiches Werk. Den Beginn macht der „Maler Nolten" (1832), ein Künstlerroman in der Tradition des „Wilhelm Meister", den Mörike selbst als Novelle bezeichnete. Seine Gedichte, darunter zahlreiche Balladen, zeigen eine meisterhafte Behandlung antiker Versmaße. Weiter entstand Idyllisches („Idylle vom Bodensee"), Märchenhaftes („Das Stuttgarter Hutzelmännlein") und – als Meisterwerk – die Novelle „Mozart auf der Reise nach Prag". Sie wurde auf 1856 vordatiert, um als Beitrag zum hundertsten Geburtstag des Komponisten zu dienen. Dabei gehörte Mozart und speziell dessen „Don Giovanni" zu den großen Eindrücken Mörikes, der selbst musikalisch und auch zeichnerisch begabt war.

Eine rauschende Musiknacht mit melancholischem Ende

Die Novelle zeigt Mozart mit seiner Frau auf der Reise von Wien nach Prag zur Urauffüh-

rung des „Don Giovanni". Als die Postkutsche Rast macht, betritt Mozart einen Schlossgarten und pflückt von einem Orangenbaum eine Frucht. Da erscheint der Aufseher und droht mit Verhaftung für den Frevel, denn die genau neun Früchte sollten am Abend bei einem Hochzeitsfest die neun Musen symbolisieren. Erst als der Schlossherr erscheint und erfährt, wer da verhaftet werden soll, kehrt sich die Situation völlig um. Man kennt Mozart, es ist der Lieblingskomponist der Braut. Sofort wird er zusammen mit seiner Frau zur Feier eingeladen.

Der Abend verläuft ausgelassen, vor allem Mozart ist in seinem Element. Die Braut singt aus der Oper „Figaros Hochzeit", deren Noten aufgeschlagen auf dem Klavier liegen, Mozart selbst spielt aus dem neuen „Don Giovanni". Das Hochzeitsgedicht ist auf die fehlende

Orange abgestimmt. Mozart erzählt, wie ihm unterm Orangenbaum eine fehlende Melodie zum neuen Werk einfiel und gibt auch eine weitläufige Erklärung, warum er die Orange pflückte. Sie erinnert ihn an ein glückliches Erlebnis in Neapel, wo junge Leute sich im Liebesspiel Orangen zuwarfen. In größter Heiterkeit geht die Nacht dahin. Die Postkutsche lässt man fahren, der Graf schenkt den Mozarts ein eigenes Gefährt für den nächsten Tag.

Dieser allerdings verläuft ganz anders als der vorherige. Eugenie, die Braut, sinnt am Morgen dem Erlebten nach, der sprühenden künstlerischen Produktivität, und schließt das Klavier, damit vorerst niemand mehr die Tasten berühren könne. Sie ahnt den Preis für die Genialität: einen frühen Tod. Ein Gedicht, mit dem die Novelle endet, nimmt den Leichenzug vorweg.

Schwäbische Innerlichkeit

Die Verbindung von Heiterkeit und Schwermut, das Spiel mit Bezügen und Anspielungen (beim Pflücken der Orange die Szene im Paradies etwa), gehört zu den Stärken eines Dichtens, das man als Ausloten der Innerlichkeit gesehen hat (als biedermeilicher Gegensatz zu politisch-sozialen Bezügen im Vormärz). Vielfältige Zeugnisse dafür

finden sich in Mörikes Lyrik, die sich gerne mit Naturphänomenen („Im Frühling", „Um Mitternacht"), aber auch mit „Dingen" befasst („Auf eine Lampe", „An eine Äolsharfe"). Am bekanntesten ist das Frühlingsgedicht „Er ist's":
„Frühling lässt sein blaues Band
Wieder flattern durch die Lüfte …"
Natürlich gibt es dazu zahlreiche Vertonungen.

Eduard Mörike nach einem
zeitgenössischen Porträt

Ein Dichterfürst mit Literaturnobelpreis geehrt
Paul Heyse: Novellen (1855)

Paul Heyse (1830–1914) studierte klassische, deutsche und romanische Philologie und hatte früh literarischen Erfolg. König Maximilian II. berief ihn nach München, wo er zum Haupt eines Dichterkreises wurde. Seine Produktivität war stupend: ca. 150 Novellen, 8 Romane und mehr als 60 Dramen. Mitstreiter erkannten die herausragende Bedeutung an. Obwohl mit Aufkommen des Naturalismus (der Moderne) Heyses Stern unter dem Vorwurf eines allzu glatten Epigonentums zu sinken begann, erhielt er 1910 den Literaturnobelpreis für sein Lebenswerk.

Heyse selbst stellte dabei sein Dramenschaffen am höchsten, bekannter aber wurde er durch die Novellistik, zu der er auch theoretisch auf einflussreiche Weise Stellung nahm. Im Vorwort zu dem zusammen mit Hermann Kurz 1871–76 herausgegebenen „Deutschen Novellenschatz" (24 Bände, fast 7500 Seiten) erklärt er die Falkennovelle des „Decamerone" von Boccaccio als Muster (ein armer Ritter setzt seiner Geliebten das einzige zum Mahl vor, was er hat – seinen wertvollen Falken), wonach auf nicht besonders glückliche Weise in jeder Novelle die Suche nach dem „Falken" programmiert war. Heyse legte seine Novellen in immer neuen Sammlungen vor. Seine erste hatte den schlichten Titel „Novellen". Daraus könnte man „L' Arrabbiata" als Musterbeispiel nehmen.

L' Arrabbiata

In der 1853 auf einer Italienreise geschriebenen Novelle „L' Arrabbiata (wörtlich: die Rabiate) lässt sich ein Priester von Antonio zu einer Beichte nach Capri rudern. Auch ein junges Mädchen ist mit dabei, in das Antonio sich verliebt hat. Es erzählt von ihrer Abneigung gegen Männer, weil sie erleben musste, wie ihre Mutter vor jedem Liebesakt von ihrem Vater geschlagen wurde. Als Antonio am Abend das Mädchen allein zurückrudert, versucht er sie zu vergewaltigen. Sie wehrt ihn jedoch ab, beißt ihn dabei in die Hand und springt über Bord. Nur widerwillig kehrt sie anschließend ins Boot zurück, wo Antonio sich zurückhält. Am Abend aber besucht sie Antonio zu dessen größter Überraschung in seiner Hütte, bringt ihm Heilkräuter und bietet offen ihre Liebe an.

Die Interpretation fällt vor dem Hintergrund des Gesamtwerks nicht schwer. Es geht wie fast immer bei Heyse um das Ausbrechen aus Konventionen im Zeichen unbedingter Liebe. Ausnahmesituationen und Ausnahmemenschen bilden stets das Grundgerüst, das im verbürgerlichenden 19. Jahrhundert offenbar sehr geschätzt wurde. Auch der Typus des südländischen „Rasseweibs", besonders in Form einer Begegnung deutscher Reisenden in Italien, kehrt bei Heyse häufig wieder.

Novellenboom im 19. Jahrhundert

Der Novellenboom im 19. Jahrhundert hat vielfältige Gründe. Einer der wichtigsten liegt ganz im Äußerlichen: in der Entstehung von Zeitschriften, die literarische Texte zur Unterhaltung der Leser benötigten und die Autoren weit besser dafür bezahlten, als sie es mit Romanen oder Dramen bislang gewöhnt waren. Keller, Meyer oder Storm stellten sich darauf ein und schufen umfangreiche Sammlungen. Zwar galt das Drama nach wie vor als die „edelste" Gattung, der Roman immer noch als die am wenigsten poetische. Aber Storms geschicktes Wort von der Novelle als „Schwester des Dramas" half bei der Aufwertung mit. Heyse setzte so gesehen auf die „richtige" Tendenz, als er Sammlung nach Sammlung erscheinen ließ: die „Moralischen Novellen" (1869), die „Neuen moralischen Novellen" (1878). Interessanterweise begann der Autor, der dem Naturalismus zum Durchbruch verhalf, ebenfalls mit einer Novelle: Gerhart Hauptmann im „Bahnwärter Thiel" (1888).

VOLK UND WISSEN
SAMMELBÜCHEREI
DICHTUNG UND WAHRHEIT
SERIE H • BAND 23

AUS GUTEN BÜCHERN

L'ARRABBIATA

EINE NOVELLE

VON PAUL HEYSE

„Komm nur, Kind", sagte der Pfarrer. „Er ist
ein braver Junge und will nicht reich werden
von deinem bißchen Armut. Da, steig ein" –
und er reichte ihr die Hand – „und setz' dich..."

VOLK UND WISSEN
VERLAGS GMBH · BERLIN/LEIPZIG

Titel eines Sammelbandes der Reihe „Aus guten Büchern" des Verlags Volk und Wissen Berlin, aus dem Jahr 1946. Theodor Fontane sprach angesichts der Produktivität und Bedeutung Heyses von einem „Heyseschen Zeitalter" – in Analogie zum einstigen Goetheschen.

Vom Bösen in dieser Welt
Wilhelm Busch: Max und Moritz (1865)

Wilhelm Busch (1832-1908) stammte aus einfachen Verhältnissen. Er studierte auf den Wunsch des Vaters an einem Polytechnikum, wandte sich jedoch früh der Malerei zu und besuchte verschiedene Kunstakademien. Als Künstler (mit mehreren Hundert Gemälden) ohne Erfolg, begann er mit der Abfassung von Bildergeschichten, zuerst in der satirischen Illustrierten „Fliegende Blätter" (1859), dann auch im „Münchner Bilderbogen", dem er lange Jahre treu blieb. „Max und Moritz" brachte den durchschlagenden Erfolg (auch wenn ihm sein Vertrag davon kaum Gewinn bescherte).

Der „Hl. Antonius von Padua" wurde aufgrund der Polemik gegen die Orthodoxie zunächst verboten. 1872 zog sich Busch nach Wiedensahl an der Porta Westfalica (heute Gedenkstätte) zurück, wo seine letzten bedeutenden Werke entstanden: vor allem „Fipps der Affe" und „Die fromme Helene". Trotz des tiefen Pessimismus der Bildergeschichten, hinter dem außer persönlichen Erfahrungen die Philosophie Arthur Schopenhauers steckt, wurden Buschs Bildergeschichten zu Klassikern der Kinderliteratur.

Max und Moritz. Eine Bubengeschichte in sieben Streichen

Schon „Max und Moritz" zeigt die typische Schräglage, in der Buschs Geschichten aufgenommen werden wollen: Im Vorwort ist von „bösen Kindern" und auch von einem „bösen Ende" die Rede, aber dem liegt keine wirkliche Moral zugrunde. Hier wird mit Vorsatz Schaden angerichtet und der Leser soll mit Genuss feststellen, wie schlecht es in dieser Welt zugeht.

Im 1. Streich gehen die Hähne in die Falle, was Witwe Bolte fast das Herz bricht. Im 2. werden die Hähne in gebratener Form auch noch gestohlen, wobei der unschuldige Hund Spitz dafür Prügel bezieht. Und so gehen diese Geschichten weiter: Mit dem Schneidermeister Böck, dem die Brücke angesägt wird, sodass er in den Bach stürzt, mit dem Lehrer Lämpel, der die mit Pulver gefüllte Pfeife gerade noch überlebt, mit Onkel Fritz, dem nur Maikäfer ins Bett gelegt werden. Aber dann kommt im 6. Streich die Wende. Das Brezelstehlen bei Meister Bäcker klappt nicht, Max und Moritz fallen in den Kuchenteig und werden gebacken. Sie können sich zwar herausfressen, aber dann fallen sie Bauer Mecke in die Hände, der das Aufschneiden der Getreidesäcke hart bestraft: In der Mühle werden die beiden geschrotet.

Nur will das abschließende: „Gott sei Dank! Nun ist's vorbei mit der Übeltäterei!" kaum überzeugen. In dieser Welt lässt niemand davon ab, sich auf Kosten der anderen durchzusetzen. Und es kommt ja noch viel schlimmer: Die fromme Helene begeht Ehebruch auf einer Wallfahrt und schiebt ihrem Mann die Zwillinge unter. Das letzte Kapitel aber – Helene säuft sich darin zu Tode – lautet: „Triumph des Bösen". Der scheinbaren Lebensweisheit: „Das Gute – dieser Satz steht fest - / Ist stets das Böse, was man lässt!" wird durchaus ernüchternd hinzugefügt: „Ei, ja – Da bin ich wirklich froh! / Denn, Gott sei Dank! Ich bin nicht so!!"

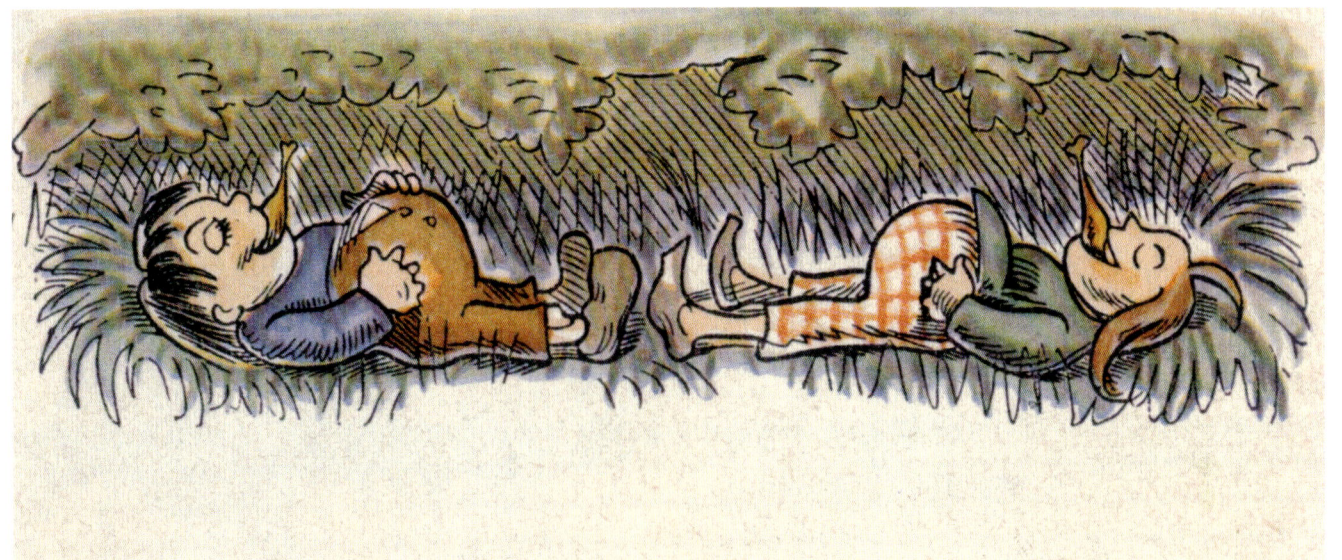

Max und Moritz im Verstecke
Schnarchen aber an der Hecke,
Und vom ganzen Hühnerschmaus
Guckt nur noch ein Bein heraus.

Die Originalillustrationen der
1. Auflage (1865) von „Max und Moritz"
schmücken heute noch die meisten Ausgaben
der „Bubengeschichte in sieben Streichen".

Von der Hilfe und vom Versagen eines Amuletts

Conrad Ferdinand Meyer: Das Amulett (1873)

Conrad Ferdinand Meyer (1825–1898) war Schweizer wie Keller, wuchs jedoch in begüterten Verhältnissen auf und konnte sich auf sein Dichten konzentrieren, ehe eine schwere Geisteskrankheit ihn zermürbte. Sein Interesse galt dabei der Geschichte bzw. geschichtlichen Persönlichkeiten, an denen ihn besonders das Problem von Treue und Untreue (Verrat) faszinierte. Figuren des Mittelalters wie die Thomas Becketts in „Der Heilige" (1879/80), der Renaissance wie in „Huttens letzte Tage" (1871) sowie des 17. Jahrhunderts wie des Schweizer Freiheitskämpfers Jürg Jenatsch im gleichnamigen Roman (1883) sind besonders charakteristisch.

Die Novelle Das „Amulett" führt in den französischen Religionskrieg mit seinem Höhepunkt der Bartholomäusnacht 1572, bei der der französische König Karl IX. sämtliche Hugenotten in Paris umbringen ließ. Bei der Darstellung folgt Meyer, der sich durchaus als „deutscher" Dichter sah, nachdem er anfangs zwischen deutscher und französischer Sprache geschwankt hatte, dem Streben nach „Objektivität" der Darstellung, wie sie dem zeitgenössischen Realismus entsprach.

Das Amulett

Die Novelle besitzt eine Rahmenerzählung, in dem der protestantisch (calvinistisch) erzogene Hans Schadau auf sein Leben zurückblickt, dabei besonders auf die dramatischen Ereignisse der Bartholomäusnacht. 1572 war er als junger Mann nach Paris gegangen, um auf der Seite des Hugenottenführers Admiral Coligny gegen das katholische Spanien zu kämpfen. Er verliebt sich in die schöne Gasparde, die sich als Nichte Colignys herausstellt, lernt aber auch den Katholiken Boccard kennen, mit dem er sich trotz des Glaubensgegensatzes anfreundet. Boccard glaubt fest an die Hilfe der Muttergottes von Einsiedeln und trägt ein Amulett mit ihrem Bild bei sich.

Dann überstürzen sich die Ereignisse. Schadau wird in ein Duell verwickelt, das er nur überlebt, weil der gegnerische Degen am Amulett abprallt, das der Freund ihm zusteckte (und an dessen Kraft Schadau eigentlich nicht glaubte). Anschließend heiratet er seine Geliebte und kann sie in den Wirren der Bartholomäusnacht vor ihren Verfolgern retten. Boccard versteckt den Freund vor den Katholiken im Louvre (was für den Katholiken ein Verrat ist), nachdem Schadau auf die Muttergottes geschworen hat (was für den Protestanten ein Verrat ist). Boccard selbst aber wird tödlich getroffen und küsst im Sterben das Amulett, das ausgerechnet ihm, der so sehr an dessen Kräfte glaubte, nicht geholfen hat.

Eine (undatierte) Aufnahme zeigt Conrad Ferdinand Meyer mit Frau und Tochter in seinem Schweizer Wohnort Kilchberg.

Die Füße im Feuer

Meyer hat den französischen Religionskrieg zwischen Katholiken und Protestanten (Hugenotten) noch einmal in einem berühmten Gedicht behandelt: der Ballade „Die Füße im Feuer". Auch darin geht es um eine verwirrende Form von Treue bzw. Untreue. Ein ehemaliger Hugenottenjäger sucht in einer fürchterlichen Gewitternacht Schutz in einem Schloss. Am Kamin wird ihm klar, wo er sich befindet. Genau hier hat er eine Frau getötet, um das Versteck ihres Mannes zu erfahren. Er sieht die Füße im Feuer wieder vor sich und merkt, dass man ihn erkannt hat. Aber man übt Gastfreundschaft auch gegenüber dem, der einem alles genommen hat. Der Mann, den seine Frau nicht verriet, begleitet den Gegner am nächsten Tag ins Freie mit den Worten:

„Gemordet hast du teuflisch mir
Mein Weib! Und lebst! ...
Mein ist die Rache, redet Gott."

Germanische Wurzeln
Felix Dahn: Ein Kampf um Rom (1876)

Felix Dahn (1834-1912) stammte aus einer Schauspielerfamilie. Er studierte Rechtswissenschaften und lehrte Deutsches Recht an den Universitäten München, Würzburg (wo er erstmals ordentlicher Professor wurde), Königsberg und Breslau. Sein wissenschaftliches Hauptwerk beschäftigt sich mit dem Königtum der Germanen (11 Bände, 1861-1909). Daneben war Dahn Mitglied von literarischen Zirkeln und veröffentlichte Gedichte in der populären Zeitschrift „Die Gartenlaube". Wirklich berühmt aber wurde Dahn mit seinem Roman „Ein Kampf um Rom", der nicht zufällig kurz nach der Gründung des Deutschen Reiches 1871 entstand. Mit dem (damals unglücklichen) Kampf der Ostgoten sollte der Mythos des Germanentums bekräftigt und dem noch „geschichtslosen" Reich eine Anbindung an die große Vergangenheit gegeben werden.

Sieg und Untergang der Ostgoten

Das Werk beginnt mit dem Ende des großen Königs der Ostgoten, Theoderich. Er hatte Norditalien erobert und dort ein germanisches Reich gegründet, das Byzanz die Stirn bieten konnte. Nach seinem Tod droht der Zerfall. Sowohl in Rom wie in Konstantinopel, wo Kaiser Justinian herrscht, plant man die Rückeroberung. Der junge Enkel Theoderichs, Athalarich, stürzt rasch über Intrigen. Mit der nun herrschenden Mutter hat der Kaiser leichtes Spiel. Sie lässt sich übertölpeln und wird dafür von ihrem eigenen Volk verurteilt. Zum neuen König wählt man Witichis, der sich mit dem byzantinischen General Belisar auseinandersetzen muss.

Als Witichis fällt, folgt ihm Totila im Königtum. Der gewinnt tatsächlich den italischen Besitz zurück, bereitet Belisar eine Niederlage und zieht in Rom ein, wo man ihn als Befreier feiert. Als Justinian nicht zu einem Frieden bereit ist, greift Totila Byzanz an und steht bald vor dessen Mauern. Die Entscheidungsschlacht in Italien aber verliert er aufgrund einer List des Gegners. Totila fällt. Der neue König Teja leitet daraufhin den Rückzug ein. Dabei kommt auch er ums Leben, aber eine Flotte des Nordvolkes nimmt die überlebenden Goten an Bord und bringt sie zurück in ihre alte Heimat Thule.

Viele Einzelheiten, auch die meisten Namen, hat Dahn der Geschichte entnommen, weshalb man vom Professorenroman gesprochen hat. Dabei verband Dahn mit der Handlung auch eine Mahnung: Das neugegründete Deutsche Reich solle sich nicht überheben und damit das Schicksal ihrer gotischen Schwestern und Brüder vor eintausenddreihundert Jahren teilen.

Abbildung von Felix Dahn
auf einer zeitgenössischen Postkarte.

Historische Romane

Die Mode der historischen Romane im 19. Jahrhundert geht auf Walter Scott zurück, der sich übrigens von Goethes „Götz von Berlichingen" hatte anregen lassen. In seinem „Waverley"-Roman (1814) schildert er den Kampf zwischen den Stuarts und dem Haus Hannover um 1745. Zahlreiche weitere Werke folgten, darunter auch Mittelalterstoffe wie die Geschichte des Kreuzritters „Ivanhoe" (1820). In Deutschland fand dies breite Nachfolge zum Beispiel bei Willibald Alexis mit seinen „vaterländischen" Romanen „Der Roland von Berlin" (1840), „Die Hosen des Herrn von Bredow" (1846), „Der Werwolf" (1848) und „Ruhe ist die erste Bürgerpflicht" (1852). Gustav Freytag reagierte wie Dahn mit seinem sechsbändigen Zyklus „Die Ahnen" (1872-80) auf die Reichsgründung. Auf diese Flut mit ihren gelegentlich allzu nationalistischen Tendenzen antworteten Werke wie etwa Adalbert Stifters „Witiko" (1865-67) oder Theodor Fontanes „Vor dem Sturm" (1878).

Überhebung des Menschen und Missachtung der Gemeinschaft
Theodor Storm: Der Schimmelreiter (1888)

Theodor Storm (1817-1888) wurde wie der Vater Jurist und amtierte zunächst in Husum. Als die Stadt vorübergehend dänisch wurde, wich er nach Potsdam und Heiligenstadt aus, kehrte später aber wieder in die alte Heimat zurück, wo er als Landvogt und Oberamtsrichter wirkte. Die letzten acht Jahre seines Lebens verbrachte er in Hademarschen. Bis auf einige Gedichte verfasste Storm ausschließlich Novellen, die er in bedeutenden Zeitschriften veröffentlichte. Die gelungensten entstanden in den letzten Jahren, zu seiner bekanntesten überhaupt wurde die allerletzte: „Der Schimmelreiter". Wie so häufig wählt Storm die Rahmentechnik, in der das Geschehen als „Erinnerung" zur Geltung kommt. Seine letzte Novelle ist in dieser Hinsicht mit einem dreifachen Rahmen die kunstvollste überhaupt.

Eine dreifach gerahmte Novelle

Der erste Rahmen nennt die Quelle der Handlung. Dann tritt ein Reisender auf, der von einem gespenstischen Reiter berichtet. Schließlich erzählt im Wirtshaus der Schulmeister die dazu passende Geschichte, die dem angeblichen Spuk eine rationale Erklärung gibt. Im Zentrum des Geschehens steht Hauke Haien, der sich schon in seiner Kindheit von seinen Kameraden unterscheidet, indem er sich lieber

Gesellschaftskritik und „Husumerei"

Die Thematik von Storms Novellen ist eng begrenzt und hat ihm (von seinem Kollegen Fontane) den Vorwurf der „Husumerei" eingetragen. Dabei trifft es zu, dass Storm seine Stoffe in der Heimat ansiedelt (obwohl sie oft aus fremden Quellen stammen: der Schimmelreiter aus einer westpreußischen Sage). Aber damit sollte einer übergreifenden Thematik nur ein „realistisches" Kolorit gegeben werden, Heimatliches der angestrebten „Objektivität" dienen. Die behandelten Grundfragen sind dagegen weit gespannt und beziehen sich auf die Probleme der Modernisierung einer Gesellschaft, zum Beispiel mit einer wissenschaftlichen Rationalität, die bewährte Normen und Werte bedroht. Dabei bezieht Storm höchst unterschiedliche Milieus ein: Künstlertum und Bürgertum in „Pole Poppenspäler" etwa oder die Hexenverfolgung in „Aquis submersus".

in Bücher vergräbt als zu spielen. Als Jugendlicher fällt seine Kaltherzigkeit auf, wenn er Tiere tötet. Später macht er überraschend Kariere. Er heiratet die Tochter des amtierenden Deichgrafen und folgt diesem im Amt nach. Aber die Ehe gestaltet sich unglücklich. Voller Ehrgeiz beschäftigt er sich ausschließlich mit einem neuen, zur Seeseite hin abgeflachten Deich und setzt gegen den Willen des Dorfes dessen Bau durch. Dabei setzt er sich auch über alten Aberglauben hinweg, wonach „etwas Lebendiges" im Deich verbaut werden müsse, und rettet einen Hund. Der Deich gilt fortan als verflucht, Hanke Haien verliert jeden Halt unter seinen Mitbürgern. Auf seinem Schimmel, den man als Gespenst auf einer Hallig zu erblicken glaubt, wirkt er wie vom Teufel besessen.

Da bringt seine Frau ein schwachsinniges Kind zur Welt und erkrankt selbst schwer. Haien aber vergräbt sich weiter in seine Projekte, kümmert sich nicht um den alten Deich, der von Mäusen zerfressen ist. Bei einer Sturmflut bricht der Deich, in den Wassermassen ertrinken Frau und Kind. Mitten in der Katastrophe springt Haien auf seinem Schimmel ins Meer, um die Schuld zu sühnen.
Was der Reisende vor Beginn der Geschichte gesehen hat, war der Wiedergänger, der immer noch auf die Gefahren von Selbstüberhebung und Missachtung der Gemeinschaft hinweist.

Filmplakat zu „Der Schimmelreiter", eine Verfilmung von Curt Oertel und Hans Deppe aus dem Jahr 1933.

„Der Schimmelreiter"   R. Fritsch-Produktion

33

Drama des Naturalismus
Gerhart Hauptmann: Vor Sonnenaufgang (1889)

Gerhart Hauptmann (1862-1946) stammte aus Schlesien und studierte in Dresden Bildhauerei. 1885 siedelte er in die Nähe von Berlin über, wo er Kontakt mit den wichtigsten damaligen Literatenkreisen bekam. Nach frühen historischen Dramen legte er mit „Vor Sonnenaufgang" das erste naturalistische vor, bei dem er sich auf die Novelle „Papa Hamlet" (1889) von Arno Holz und Johannes Schlaf als Vorbild bezog. Die Uraufführung war trotz Milderungen des Regisseurs mit einem Skandal verbunden (die konservative Presse verurteilte das Stück, während der siebzigjährige Fontane seine Bewunderung äußerte), wurde aber auch zur Initialzündung der Freien Bühne, die fortan dem Naturalismus verpflichtet war. Noch sechs weitere naturalistische Dramen (bis „Hanneles Himmelfahrt", 1893) sollten folgen, ehe sich Hauptmann anderen Sujets zuwandte (etwa mit „Der arme Heinrich" oder „Pippa tanzt"). 1912 erhielt er den Literaturnobelpreis „für sein fruchtbares und vielseitiges Wirken im Bereich der dramatischen Dichtung".

Alkoholismus und Determination

Im Zentrum der Handlung des Dramas „Vor Sonnenaufgang" steht die Familie des Bauern Krause, der mit dem Verkauf seiner Felder, unter denen man Kohle fand, reich wurde. Ohne weitere Beschäftigung ist er dem Alkohol verfallen und stellt seinen Töchtern nach. Während die ältere, verheiratet mit dem Ingenieur Hoffmann (der seine einstigen sozialistischen Ideale längst preisgegeben hat), ebenfalls alkoholsüchtig ist, erscheint die jüngere, Helene, wie ein unschuldiger Engel in dieser Umgebung.

Da taucht ein Jugendfreund Hoffmanns, Alfred Loth, auf, der an einer sozialkritischen Studie über das Kohlerevier arbeitet. Helene setzt ihre Hoffnung auf ihn, um ihrer Lage zu entfliehen, aber Loth denkt nur an seine „Aufgabe". Nach einer Liebesszene erfährt er vom Alkoholproblem der Familie und verlässt danach Helene ohne Skrupel, weil sich ihr Umfeld nicht mit seinen Vorstellungen vereinbaren lässt. Helene begeht daraufhin Selbstmord. Hauptmann hat seinem Drama Theorien über Vererbung und Determination zugrundegelegt, die damals in ganz Europa, speziell in Frankreich (mit Emile Zola), im Schwange waren. So gesehen schreibt er ein soziales Drama, in dem die Probleme eines durch Alkoholismus bestimmten Milieus thematisiert werden. So ist das erste Kind der älteren alkoholsüchtigen Krause-Tochter bereits an den Folgen gestorben, am Ende des Dramas wird ihr zweites Kind tot geboren. Aber Hauptmann hat auch eine eigene brutal-realistische Sprache gefunden, in der die Protagonisten die Konflikte austragen. Dass dies gerade im Theater gelang und das Theater revolutionierte, war die eigentliche Überraschung des Stücks.

Beginn der Moderne

Epochen lassen sich immer nur schwer abgrenzen. Es spricht jedoch viel dafür, die Epoche der Moderne mit dem Naturalismus beginnen zu lassen. Dazu hat man mit Recht auf mindestens zwei Punkte hingewiesen. Erstens war der Naturalismus eine Protestbewegung und hat in den nachfolgenden und teilweise ja auch gleichzeitigen Bewegungen etwa des Symbolismus in dieser Hinsicht Nachfolge gefunden. Alle modernen Strömungen eint dieses Aufbegehren. Zweitens gehört zum Naturalismus der Bezug auf wissenschaftliche Theorien, damals den Empirismus bzw. Positivismus mit seiner Milieu- und Vererbungstheorie. Alle bedeutenden naturalistischen Autoren haben nicht nur die wichtigen Texte gelesen, sondern sich teilweise auch selbst an der Diskussion beteiligt (etwa Wilhelm Bölsche in „Die naturwissenschaftlichen Grundlagen der Poesie", 1887).

Gerhart Hauptmann auf einem Gemälde von
Max Liebermann (1847–1935), entstanden 1912.

Deformierte Charaktere
Wilhelm Raabe: Stopfkuchen (1891)

Wilhelm Raabe (1831-1910) ist der Jüngste jener Erzählergeneration, deren Gesamtwerk dem Poetischen Realismus zugerechnet wird. Nach Buchhändlerlehre und Studium lebte er zuletzt in Braunschweig, wo in großer Zurückgezogenheit ein umfangreiches Romanwerk entstand. Die in dieser Zeit obligatorische Gesellschaftskritik äußert sich besonders in der Auseinandersetzung mit deformierten Charakteren, mit Außenseitern, deren „Rettung" oft Gegenstand der Erzählungen ist (man hat von „Rettungsgeschichten" gesprochen). Die Thematik ist dabei weit gespannt, bezieht sogar ökologische Probleme ein („Pfisters Mühle",

1884). Feste politische oder moralische Einstellungen sind dabei kaum auszumachen. Die Figur des eigentumsfrohen Heinrich Schaumann in „Stopfkuchen" hat ihr direktes Gegenbild im „eigentumsmüden" Velten Andres in „Die Akten des Vogelsangs" (1896).

Eine See- und Mordgeschichte

Die See- und Mordgeschichte, wie der Untertitel des „Stopfkuchen" lautet, verdankt sich einer Art Rahmenhandlung. Der Ich-Erzähler Eduard schreibt auf der Schiffsrückfahrt in seine Wahlheimat Südafrika nieder, was er auf einem Besuch in der alten Heimat von seinem ehemaligen

Freund Heinrich Schaumann über dessen Leben und die Rolle eines Mordes darin erfahren hat. Schaumann war ein dickes und träges Kind, das deswegen den Spitznamen „Stopfkuchen" erhielt. Mittlerweile lebt er auf der Roten Schanze, einem Hof außerhalb der Stadt mit ganz besonderem Ruf. Von dort hatten einst Truppen im Siebenjährigen Krieg die Stadt beschossen. Sein späterer Besitzer, Bauer Quakatz, soll den Viehhändler Kienbaum erschlagen haben, weshalb man ihm und seiner Tochter Valentine feindselig begegnete.
Nur Stopfkuchen kümmert sich nicht darum, kehrt nach abgebrochenem Theologiestudium zurück, hilft Valentine gegen das revoltierende Gesinde, nachdem der Vater schwachsinnig geworden ist, heiratet sie und bewirtschaftet nach dem Tod des Vaters erfolgreich den Hof. Als er dort Fossilien findet, beschäftigt er sich mit Paläontologie, zieht sich wie schon früher von der Gesellschaft zurück, entdeckt dabei aber den wahren Mörder des Viehhändlers (dessen Namen er Eduard erst bei der Abreise mitteilt). Es ist der Landbriefträger Störzer, der einst Eduards bester Freund war und den er auf dessen Rundgängen begleitete.

Die zeitgenössische Darstellung zeigt den Schriftsteller Wilhelm Raabe in seinem Arbeitszimmer.

Tragödie pubertierender Jugendlicher
Frank Wedekind: Frühlings Erwachen (1891)

Frank Wedekinds (1864-1918) Vater war Gynäkologe, der aus Opposition gegen das Wilhelminische Reich in die Schweiz auswanderte, 1864 nach Deutschland zurückkehrte, wo Frank auf dem angekauften Schloss Lenzburg aufwuchs. In der Schulzeit versuchte er sich an einem Kinderepos, studierte später Jura, arbeitete aber vor einem Abschluss als Werbefachmann bei der Firma Maggi. 1889 ging er nach München, wo er als Gründungsmitglied an der satirischen Zeitschrift „Simplicissimus" mitwirkte und für Majestätsbeleidigung einige Monate in Festungshaft zubrachte. In München entstand auch sein erstes ausgereiftes

---

Ein dramatisches Werk gegen bürgerliche Moralvorstellungen

Nach „Frühlings Erwachen" behandelte Wedekind in immer neuen Versionen das Thema unterdrückter Sexualität. Dabei wurde die Figur der Lulu am bekanntesten, nachdem Alban Berg die Dramen „Erdgeist" (1896) und „Die Büchse der Pandora" (1904) für seine Oper „Lulu" (Erstaufführung: Zürich 1934) verwendete. Auch verschiedene Verfilmungen haben sich des Stoffs angenommen. Die weiteren Dramen, in denen Wedekind stets selbst als Schauspieler auftrat, waren weniger erfolgreich.

Drama: „Frühlings Erwachen". Gegen die damalige Dominanz des Naturalismus, gegen den er heftig polemisierte, konnte sich Wedekind nicht durchsetzen. Die Uraufführung seines Dramas fand erst 1906 an den Berliner Kammerspielen unter der Regie von Max Reinhardt statt, löste trotz Streichung der provozierendsten Szenen einen Skandal aus und wurde zunächst verboten. Wedekind trat in „Frühlings Erwachen" selbst als Schauspieler auf, was er auch in seinen späteren Werken praktizierte.

Von den Folgen unterdrückter Sexualität

Im ersten Akt werden Schülerinnen und Schüler in ihrem Alltag vorgeführt. Melchior Gabor klärt seinen Freund Moritz, dessen Versetzung gefährdet ist, über Sexualität auf, was dieser eher widerwillig zur Kenntnis nimmt. Wendla Bergmann hört von einer Freundin, dass diese zu Hause geschlagen wird. Nachdem Moritz in der Schule heimlich herausgefunden hat, dass er versetzt wird, trifft er Wendla zufällig im Wald. Sie unterhalten sich und Wendla fordert Moritz auf, sie zu schlagen. Der lehnt zunächst ab, führt es dann jedoch so heftig aus, dass er schließlich verwirrt flieht.

Im zweiten Akt verlangt Wendla, deren Schwester gerade ein Kind bekommen hat, von

ihrer Mutter aufgeklärt zu werden. Die weicht jedoch aus. Es folgen weitere, locker aneinandergereihte Szenen. Hänschen Rilow, ein Freund Melchiors, ist beim Onanieren zu sehen. Wendla trifft Melchior auf einem Heuboden und schläft mit ihm, ohne dass beiden die Folgen klar sind. Moritz bittet Melchiors Mutter in einem Brief, ihm Geld für eine Flucht nach Amerika zu geben, was diese jedoch verweigert. Moritz will sich daraufhin umbringen, trifft dabei aber die junge Prostituierte Ilse, die ihn in ihr Milieu mitnehmen will. Er lehnt ab und vollzieht den Suizid.

Der dritte Akt beschreibt eine Schulkonferenz, in der die uninteressierten Lehrer den bedrohten Ruf des Gymnasiums diskutieren. Melchior wird gerufen, weil er mit seinen obszönen Zeichnungen für Moritz' Tod verantwortlich sein soll. Auf Moritz' Beerdigung distanziert sich selbst sein Vater von der Tat. Genauso ablehnend verhalten sich Melchiors Eltern gegen ihren Sohn und stecken ihn in eine Erziehungsanstalt. Währenddessen wird Wendlas Schwangerschaft entdeckt und die Mutter veranlasst eine Abtreibung, die Wendla nicht überlebt. Melchior hat am Grab Wendlas Schuldgefühle. Da tritt Moritz als Toter auf und will Melchior überreden, ihm nachzufolgen. Ein vermummter Herr verhindert dies.

Frank Wedekind mit seiner Frau Tilly in einer Szene des Stücks „Der Erdgeist" an den Berliner Kammerspielen im Jahr 1913.

Zweifelhafter Ehrbegriff
Theodor Fontane: Effi Briest (1895)

Theodor Fontane (1819-1898) stammt aus Neuruppin, dessen Landschaft er später in den „Wanderungen durch die Mark Brandenburg" (5 Bände, 1862-1888) pries. Nach einer Apothekerlehre trat er dem literarischen Verein „Tunnel über der Spree" bei und gab 1849 den Brotberuf auf. 1850 fand er, inzwischen verheiratet, eine Anstellung in der Presseabteilung der preußischen Regierung. Nach einem längeren Englandaufenthalt in deren Diensten lebte er ständig in Berlin, wurde Redakteur der „Kreuz-Zeitung". England-Reisebücher, Kriegsberichte vom Schleswig-Holsteinischen Krieg 1864 sowie vom Frankreich-Feldzug 1870/71 kommen heraus. Erst verhältnismäßig spät, ab 1878, erschien sein großes Erzählwerk, beginnend mit „Vor dem Sturm", das den Aufstand gegen Napoleon schildert, über „Irrungen, Wirrungen", „Der Stechlin", „Mathilde Möhring", um die wichtigsten zu nennen. Auch zwei Novellen und ein Kriminalroman gehörten dazu. „Effi Briest" aber wurde zu seinem wohl bekanntesten Buch. Fontane starb hochgeehrt 1898 in Berlin.

Liebhaber tritt ins Leben einer wohlsituierten Dame

Auf Gut Hohen-Cremmen hält Baron von Instetten um die Hand der viel jüngeren Tochter von Ritterschaftsrat von Briest und seiner Frau an. Der Antrag klingt vielsprechend. Aber die Ehe zwischen dem zwanzig Jahre Älteren und der oft allein gelassenen Effi verläuft unglücklich. Spukgeräusche im Haus ängstigen sie und werden von ihrem Mann mit Ironie kommentiert. Auch die Geburt einer Tochter bringt keine wirkliche Wende. Da taucht der Bezirkskommandant Crampas ins Leben der Instettens. Er ist ein „Damenmann", dem es rasch gelingt, Effi in eine Beziehung zu verwickeln, ohne dass wirklich Liebe aufkommt. So ist Effi erleichtert, als Instetten nach Berlin versetzt wird und das Verhältnis endet.

Scheinbar ist die Vergangenheit verarbeitet, da findet Instetten per Zufall die Liebesbriefe, die Crampas einst an seine Frau geschrieben hatte. Obwohl Instetten keinen Hass empfindet, fordert er Crampas zum Duell und tötet ihn dabei. Effi muss anschließend die gemeinsame eheliche Wohnung verlassen (in der ihr Kind beim Vater zurückbleibt), findet nicht einmal bei den Eltern Aufnahme. Fortan lebt sie mit dem ehemaligen Kindermädchen ihrer Tochter in einer bescheidenen Wohnung. Erst als sie todkrank ist, reagieren die Eltern und holen sie in ihr Haus. Dort findet Effi Frieden und stirbt ohne Groll gegen ihren Mann. Dieser lebte während der ganzen Zeit im Bewusstsein, sein Glück zerstört zu haben.

Szene aus dem DEFA-Film „Effi Briest"
von 1970 mit Angelica Domröse als Effi
und Horst Schulze als Geert von Instetten.

Zeitroman, Gesellschaftsroman, Gesprächsroman

Fontanes Romane beleuchten die Verhältnisse der Zeit, thematisieren Doppelmoral und überholte Moralbegriffe, beschäftigen sich auch mit der politischen Entwicklung wie dem Aufeinanderprallen alter Junkerherrlichkeit mit liberalen Strömungen. In „Effi Briest" ist es das Duell, das für eine ausgelaugte Tradition steht, die Instetten selbst im Grunde nicht mehr anerkennt, ja die er als eine „Komödie" *bezeichnet. Dass er trotzdem zur Tradition steht, zeigt die Unmöglichkeit, sich kritisch zu orientieren. Dabei entfaltet Fontane die Problematik in einer Erzählkunst, die alle Entscheidungen und Entwicklungen in den Dialog der Beteiligten verlegt. Es gibt keine Wahrheit „von oben", sondern nur Perspektiven. Jede „Antwort" hat ihre Grenze an einer „Gegenantwort". Lediglich ein sanfter Humor lässt die letztlich tragischen Verwicklungen in einem milderen Licht erscheinen.*

Psychologie und Sprachkritik

Arthur Schnitzler: Liebelei (1895)

Arthur Schnitzler (1862-1931) war Sohn eines Wiener Facharztes für Kehlkopferkrankungen, studierte auch selbst Medizin und redigierte zeitweilig die Fachzeitschrift seines Vaters. Bei der Anwendung von Hypnosetechniken wird ihm noch vor dem Studium Freuds (besonders der „Traumdeutung", 1900) die Problematik eines einheitlichen Ich bewusst, die er zeitlebens in seinen literarischen Werken thematisierte. Zu seinem Frühwerk zählen zahlreiche unvollendete Theaterstücke. Mit dem Drama „Anatol" (1893) begann zusammen mit Hugo von Hofmannsthal, mit dem er befreundet war, seine Behauptung als einer der wichtigsten Vertreter des Jungen Wien.

Den Durchbruch aber erzielte er mit dem Schauspiel „Liebelei", das am Burgtheater aufgeführt wurde, wo er bald zu einem der meistgespielten Autoren wird. Immer wieder gibt es allerdings Konflikte mit der Zensur, 1921 wird ihm nach der Uraufführung der Komödie „Reigen" der Prozess wegen Erregung öffentlichen Ärgernisses gemacht. Nachdem Schnitzler schon früh Erzählungen geschrieben hatte, nimmt er am Ende seines Lebens diese Produktion wieder auf.

Ein neues bürgerliches Trauerspiel

Zu Beginn des Dramas treffen zwei Paare zusammen: Theodor und Mizzi als Vertreter einer frivolen Lebenswelt sowie Fritz und Christine, die beide einen ernsthafteren Charakter haben. Theodor möchte beim Abendessen seinen Freund von dessen Liebschaft mit einer verheirateten Dame ablenken. Da trifft ausgerechnet deren Ehemann mit den verräterischen Liebesbriefen ein. Es kommt zur Auseinandersetzung, und schließlich überbringt ein namenloser „Herr" die Duellforderung. Fritz ist schockiert, sein Freund Theodor versucht ihn zu beruhigen. Christine und Mizzi bemerken im Nebenzimmer nichts von diesen Vorgängen.

Unterdessen soll Christine nach dem Wunsch einer Freundin des Vaters mit einem jungen Mann vermählt werden. Doch Christine liebt Fritz und lehnt ab. Es kommt zu mehreren Begegnungen, bei denen Christine eine Eifersucht zeigt, die Fritz beunruhigt. Das Duell verheimlicht er seiner Freundin und bestreitet es in Begleitung von Theodor bei einer angeblichen Landpartie, die wiederum Christine beunruhigt. Fritz fällt im Duell. Als Christine ihrem Vater die Liebe zu Fritz gesteht, klärt dieser sie über dessen Tod auf. Schockiert darüber, dass die Liebe von Seiten ihres Freundes Fritz der Klassenschranken wegen nur eine „Liebelei" gewesen sei, da sie nicht einmal zur Beerdigung eingeladen wurde, plant sie ihren eigenen Tod.

Erzählwerk und dramatisches Werk
Schnitzler gilt als der große Meister psychologischer Charakterzeichnung. Aber anders als im 19. Jahrhundert verbindet sich dies mit neuen Darstellungsformen, die die Grenzen der traditionellen Icherfahrung sprengen. In der Dramatik äußert sich dies in einer Technik loser Bildfolgen, wie sie besonders im „Reigen" vorliegt. Dies aber gilt auch für Schnitzlers Prosa, etwa seine Novelle „Lieutnant Gustl" (1900). Zum ersten Mal im deutschen Sprachraum werden alle Ereignisse als innerer Monolog erzählt. Lieutnant Gustl wird in einen Streit mit einem Metzgermeister verwickelt, mit dem er sich aus Standesgründen nicht duellieren kann. So beschließt er seinen Selbstmord am nächsten Morgen, um der Schmach zu entgehen. Es ist gerade die Klischeehaftigkeit seines Monologs, der die Hohlheit des Ehrenkodexes ans Licht bringt. Schon grotesk aber ist das Ende: Statt sich umzubringen, freut sich Gustl auf das Duell mit einem standesgemäßen Gegner, den er „zu Krenfleisch" hauen möchte. Nach der Veröffentlichung wurde Schnitzler der Rang eines Reserveoffiziers aberkannt.

Arthur Schnitzler auf einer Fotografie von 1927.
Zu Schnitzlers bekannten Werken gehört auch die
„Traumnovelle" (1926), die als Vorlage für Stanley
Kubricks letzten Film „Eyes Wide Shut" (1999) diente.

Verfall einer Familie, Verfall einer Epoche
Thomas Mann: Die Buddenbrooks (1901)

Thomas Mann (1875–1955) stammte selbst aus einer wohlhabenden Kaufmannsfamilie in Lübeck, sein Vater war Senator. Die Kindheit verlief behütet, nach dem Tod des Vaters war die Familie wohlversorgt. Das Gymnasium, an dem er früh an einer Schülerzeitschrift mitwirkte, verließ der junge Thomas vorzeitig und ging 1894 nach München, wo seine Mutter mit den Geschwistern lebte. Nach dem Willen seines Vormunds volontierte er dort bei einer Versicherungsgesellschaft und veröffentlichte erste literarische Versuche. Aufgrund des Erfolgs brach er seine Tätigkeit bei der Versicherung ab und hörte an der Technischen Hochschule München Vorlesungen, um sich auf den Beruf eines Journalisten vorzubereiten. 1897 machte er zusammen mit seinem Bruder Heinrich eine Italienreise (Hauptaufenthaltsort: Palestrina bei Rom), wo einige Novellen entstanden, aber auch schon erste Entwürfe zu den „Buddenbrooks". Nach der Rückkehr arbeitete Thomas Mann als Redakteur bei der satirischen Zeitschrift „Simplizissimus". Sein Militärdienst endete vorzeitig wegen Dienstuntauglichkeit. 1901 erschienen die „Buddenbrooks", deren zweite Auflage von 1903 (in einem statt zwei Bänden) den Sechsundzwanzigjährigen schlagartig berühmt machten.

Vier Generationen einer Lübecker Kaufmannsfamilie

Den Buddenbrooks liegt die Geschichte der gleichnamigen Kaufmannsfamilie zugrunde, die den historischen Übergang von einer patrizisch-bürgerlichen Lebensform zur Dominanz der kapitalistischen Bourgeoisie zeigt.

Konsul Johann Buddenbrook, dessen einst erfolgreicher Vater zu Beginn des Romans noch lebt, hat als Kaufmann immer weniger Erfolg und erleidet durch einen betrügerischen Schwiegersohn fast den geschäftlichen Ruin. Sein ältester Sohn Thomas ist der Einzige, der zur Weiterführung des Familienunternehmens in der Lage ist, da dessen Bruder Christian als Bohemien lediglich Schulden macht. Die Schwester Tony erlebt eine frühe Liebe, die jedoch an Standesgrenzen scheitert. Die beiden Ehen, die sie eingeht, enden jeweils in der Katastrophe und werden geschieden.

Thomas Buddenbrook steigt dagegen zum Senator auf und führt die Familie rein äußerlich sogar zum höchsten Glanz. Der zeigt sich im Neubau eines repräsentativen Hauses, das den Mitteln schon nicht mehr entspricht. Seine musikalisch hochbegabte Frau Gerda bringt ein künstlerisches Element in die Familie, das besonders auf den Sohn übergeht, auf den sensiblen Hanno. Aber Thomas stirbt nach einer banalen Zahnoperation, Hanno erreicht nicht einmal das Mannesalter, sondern wird vom Typhus dahingerafft, nachdem er sein Ende schon früh mit einem Schlussstrich im Familienbuch angekündigt hatte.

Das frühe erzählerische Werk

Thomas Mann führte zunächst die Traditionen des Realismus Fontanescher Prägung fort, wobei er früh von der philosophischen Skepsis Schopenhauers und dem Künstlertum Wagners beeinflusst war. Dazu gehören sein Interesse an der Dekadenz, dem Gegensatz von Bürger und Künstler bzw. von hohem Künstlertum und Lebensuntüchtigkeit. In den frühen Novellen sind diese Themen ebenfalls angeschlagen. Im „Tristan" (entstanden 1902) trifft der erfolglose Künstler Spinell in einem Sanatorium auf eine Patientin, die ihm am Klavier u.a. aus Wagners „Tristan" vorspielt. Spinell gesteht völlig verzückt seine Liebe und attackiert später den eintreffenden Ehemann Klöterjahn. Der wehrt sich gegen Spinell, bis dieser schließlich die Flucht ergreift. Auch der „Tonio Kröger" (1903) ist eine Künstlernovelle, in der der Gegensatz zwischen Künstler und Bürgertum deutlich autobiografische Züge aufweist.

I. TEIL

BUDDENBROOKS

Erste Seite einer Pressemappe zur
Verfilmung der „Buddenbrooks" (1959)
mit Liselotte Pulver (als Tony) und Hans-
jörg Felmy (als Thomas Buddenbrook).
Am Drehbuch zu diesem Film schrieb
auch Erika Mann mit.

Expressionistische Liebeslyrik
Else Lasker-Schüler: Der siebente Tag (1905)

Else Lasker-Schüler (1869–1945), geborene Schüler, wuchs in behütetem Elternhaus in Elberfeld auf, wo ihr Vater jüdischer Bankier war. Nach Abbruch der Schule genoss sie Privatunterricht im Elternhaus und heiratete 1894 den Arzt Jonathan Berthold Lasker, mit dem sie nach Berlin übersiedelte. Dort veröffentlichte sie erste Gedichte, der Gedichtband „Styx" erschien 1902. Nach der Scheidung von ihrem ersten Ehemann heiratete sie Herwarth Walden, den Herausgeber der expressionistischen Zeitschrift „Der Sturm", in der Lasker-Schüler zur älteren Generation der damaligen literarischen Avantgarde gehörte. 1910 trennte sie sich auch von Walden und lebte fortan ohne festes Einkommen im Kreis von Freunden. Dazu gehörte der wesentlich jüngere Gottfried Benn, den sie in ihren Gedichten mit ihrer Liebe umwarb, ohne dass es zu einer Verbindung kam. 1932 erhielt sie den Kleist-Preis, doch setzten alsbald Attacken auf sie als Jüdin ein. Sie ging in die Schweiz, unternahm von dort aus Reisen nach Palästina, deren letzte sie bei Kriegsausbruch an der Rückkehr hinderte. 1945 starb sie nach einem Herzanfall und wurde auf dem Ölberg in Jerusalem begraben.

Der siebente Tag

Schon die frühesten Gedichte belegen eine leidenschaftliche Darstellung erotischen Begehrens, das ganz und gar aus der weiblichen Perspektive gestaltet ist. Eine reiche Metaphorik mit Bildern von Feuersglut und strömendem Blut kennzeichnen den expressionistischen Grundzug. Charakteristisch sind Wortschöpfungen, die der Leidenschaft Ausdruck verleihen. Im berühmten Liebesgedicht „Ein alter Tibetteppich" ruhen die Füße der Liebenden auf dem Teppich „maschentausendabertausendweit". Dabei spielen von Anfang an Rückgriffe auf das Alte Testament, speziell die große Liebesdichtung des Hohen Lieds, eine Rolle (besonders in dem frühen Gedicht „Sulamith" oder den „Hebräischen Balladen").

Davon zeugt auch die zweite Gedichtsammlung: „Der siebente Tag", die an das Tagewerk der biblischen Weltschöpfung anknüpft. Im Gedicht „Weltende", das Walden gewidmet war und von ihm vertont wurde, wird das drohende Ende der Welt mit einer Aufforderung zu bedingungsloser Liebe beantwortet:

„Es ist ein Weinen in der Welt,
Als ob der liebe Gott gestorben wär",

heißt es zu Beginn, und wenn dies auch nur in der Geste des „als ob" geschildert wird, ist doch vom „bleiernen Schatten" die Rede, die auf die Welt „niederfällt". Die Antwort ist der Versuch, sich gemeinsam zu „verbergen", Flucht, denn soviel ist gewiss:

„Das Leben liegt in aller Herzen
Wie in Särgen."

Nur bleibt es nicht bei diesem Pessimismus. Zwar ist die Realität düster, aber die Erfahrung der Gemeinsamkeit wird ihr entgegengestellt, als Gemeinsamkeit in Liebe, ausgedrückt im Küssen. So klingen die Verse doch nicht ohne Hoffnung aus:

„Es pocht eine Sehnsucht an die Welt,
An der wir sterben müssen."

Ein großes Lyrikwerk
Nach „Styx" und „Der siebente Tag" erschienen weitere Gedichtbände, die teilweise illustriert waren, etwa die „Gesammelten Gedichte" (1917) oder – schon lange in der Emigration – „Mein blaues Klavier" (1943). An Prosa lieferte Lasker-Schüler nur wenige Erzählungen, dazu drei Dramen, worunter „Die Wupper" mit autobiografischen Zügen (die Hauptfigur ist ihr Vater) das bekannteste darstellt. Der Else-Lasker-Schüler-Dramatikerpreis wird seit 1993 von der Stiftung Rheinland-Pfalz für Kultur zur Förderung deutschsprachiger Dramatik vergeben. 2003 war die Preisträgerin Elfriede Jelinek, die für ihr Gesamtwerk geehrt wurde.

Else Lasker-Schüler auf einer Fotografie um 1919.

Symbolismus in Deutschland
Rainer Maria Rilke: Neue Gedichte (1907)

Rilke (1875–1926) wurde in Prag geboren, wo sein Vater Bahnbeamter war, während die Mutter aus einer Fabrikantenfamilie stammte. Nach dem frühen Tod der älteren Tochter wurde der kleine René (der „Wiedergeborene") als Mädchen erzogen. Eine militärische Ausbildung brach Rilke rasch ab und studierte anschließend in München Literatur, Kunst und Philosophie. Dabei traf er die Literatin Lou Andreas-Salomé, die ihm zur Geliebten und zum Mutterersatz wurde (wie Freud berichtete). Er zog mit ihr nach Berlin. Reisen führten ihn nach Russland und 1902 nach Paris, wo Rilke Sekretär bei Auguste Rodin wurde. In dieser Zeit erschienen u.a. die „Neuen Gedichte", in die Gedichte auch aus älterer Zeit eingingen wie „Der Panther", der bereits 1902/03 entstanden war.

Der Panther

Das vielleicht bekannteste Gedicht von Rilke beruht auf einem persönlichen Erlebnis bei einem Besuch im botanischen Garten von Paris, in dem auch Tiere gehalten wurden:

„Sein Blick ist vom Vorübergehn der Stäbe
so müd geworden, dass er nichts mehr hält.
Ihm ist, als ob es tausend Stäbe gäbe
und hinter tausend Stäben keine Welt.
Der weiche Gang geschmeidig starker Schritte,
der sich im allerkleinsten Kreise dreht,
ist wie ein Tanz von kraft um eine Mitte,
in der betäubt ein großer Wille steht. […]"

Tiere stehen häufiger bei Rilke im Zentrum der „Neuen Gedichte" und ihrer Fortsetzung in „Der neuen Gedichte anderer Teil". Ein Hund taucht auf, Flamingos, eine schwarze Katze, direkt nach dem „Panther"-Gedicht eine Gazelle. Immer lassen sich die Beschreibungen intensiv auf die Tiere ein (Dinggedichte) und immer geht der Blick dann ins Symbolische. Beim „Panther" ist es die in der zivilisatorischen Umgebung unterdrückte Kraft, die sich doch noch Ausdruck verschafft. Natur und menschliches Bewusstsein gehen so eine fast übergangslose Verbindung ein, Bewusstsein spiegelt sich in der Natur bzw. Tierwelt. Gehalten aber ist dies in einer metrisch und reimtechnisch überaus sorgfältigen Darstellung, die letztlich den Erschütterungen der Wirklichkeit in der Idealität der Form ein Stück Hoffnung entgegensetzt.

Ein Leben mit Lyrik

Seinen ersten Erfolg hatte Rilke nicht mit Lyrik, sondern mit der Erzählung „Die Weise von Liebe und Tod des Cornets Christoph Rilke", 1899 geschrieben und 1904 erstmals gedruckt (die Wirkung ging dann 1912 von seinem Erscheinen als erstes Insel-Bändchen aus). Auch einen unvollendeten Roman hat Rilke vorgelegt: „Die Aufzeichnungen des Malte Laurids Brigge" (1910). Aber seine dichterische Vollendung erreichte er nach eigener Einschätzung eben im lyrischen Werk. 1905 erschien „Das Stundenbuch" als eine Art weltliches Andachtsbuch vor der Größe der Natur (in Analogie zu den Gebetsstunden der Mönche). Über mehr als ein Jahrzehnt aber arbeitete Rilke an den „Duineser Elegien" (1912–1922), die auf Schloss Duino vollendet wurden, nachdem ein Mäzen ihm seine letzte Wohnung im Schweizer Kanton Wallis beschafft hatte. Auch die Sonette an Orpheus (1922) wurden in dieser Zeit fertig. Rilke schuf damit einen Höhepunkt symbolistischer Kunst in Deutschland, die immer wieder Wellen der Rezeption auslöst (wie beim „Rilke Projekt" 2004).

Die Bronzestatue von Rainer Maria Rilke steht in der andalusischen Kleinstadt Ronda, in der Rilke von Dezember 1912 bis Februar 1913 lebte. Während seines Aufenthaltes in Spanien entstanden verschiedene Gedichte.

Dichtungsreform in der Moderne
Hugo von Hofmannsthal: Jedermann (1911)

Hofmannsthal (1874-1929) kommt aus adligem („Edler von Hofmannsthal") und sehr begütertem Elternhaus. Der junge Hugo wird teilweise von Privatlehrern erzogen und ist ein begabter Schüler. Früh schreibt er Gedichte im Stil der französischen Avantgarde (mit Verbindung zu Stefan Georges Ästhetizismus einer „l'art pour l'art") und zählt bald zum literarischen Jung Wien. Ein Studium der Rechtswissenschaften beendet er mit dem Doktorexamen, den Versuch, in Romanistik Professor zu werden, bricht er ab, um sich ganz auf sein Dichten zu konzentrieren.

Um 1900 erlebt Hofmannsthal eine Sinnkrise als Vertrauen in die Fähigkeit der Sprache (theoretisch im fiktiven Brief an Lord Chandos begründet, dichterisch etwa im Theaterstück „Der Schwierige"). Seine Leidenschaft gehört dem Theater, das er in der Zusammenarbeit mit dem Komponisten Richard Strauß und dem Regisseur Max Reinhardt erneuert. Gleichzeitig belebt er das mittelalterliche Mysterienspiel mit dem (auf Quellen des 16. Jahrhunderts zurückgehenden) „Jedermann" und später dem „Salzburger Großen Welttheater" (1922).

Vom Sterben des reichen Mannes

Gott möchte die Menschen an seine Macht erinnern und schickt deshalb den Tod, um Jedermann vor sein Gericht zu fordern.

Jedermann ist auf dem Weg zu seiner Geliebten (der „Buhlschaft", wie es in der auch sonst bewusst altertümlich geprägten Sprache heißt), der er einen Lustgarten anlegen lassen will. Mit einem Geldsack unterwegs trifft er zuerst einen armen Nachbarn, der ihn anbettelt, dann einen Schuldner, der den Schuldbrief zerrissen haben will. Den Nachbarn speist er mit einem Schilling ab, den Schuldner lässt er einsperren, kümmert sich immerhin um seine Familie.

Danach will Jedermann zu seiner Buhlschaft, begegnet aber zunächst seiner Mutter, die ihm sein Verhalten vorwirft. Dann erst trifft er mit der Buhlschaft auf einem Fest zusammen. Während alle feiern, fühlt er sich schwach und erblickt den Tod hinter sich, der ihn mitnehmen will. Jedermann erbittet sich eine Frist, um einen Freund als Begleiter zu finden. Aber er findet niemanden und will nun wenigstens sein Geld mitnehmen. Selbst Mammon, der aus der Truhe hervortritt, erklärt sich nicht bereit. Nur eine alte Frau, seine „guten Taten", will kommen, bittet aber wegen ihrer Schwäche die Schwester, den Glauben, mitzugehen. Der rät Jedermann, Gott um Gnade anzuflehen. Als der Teufel dann seine Seele einfordert, wird sie ihm durch die Gnade entrissen. Entsühnt tritt Jedermann vor Gottes Thron. Im allegorischen Spiel vom alles beherrschenden Geld, aber auch der Möglichkeit der Umkehr, wird ein Thema der Zeit deutlich.

Die Schauspieler Veronica Ferres als „Buhlschaft" und Peter Simonischek als „Jedermann" während einer Aufführung des Stückes bei den Salzburger Festspielen 2003.

Salzburger Festspiele

1920 erlebte der „Jedermann" in der Inszenierung von Max Reinhardt bei den Salzburger Festspielen seine Premiere. Ort war der Platz vor dem Dom, mit dem die Verbindung zum Mittelalter noch betont war. Den Jedermann spielte Alexander Moissi, einer der profiliertesten Schauspieler der damaligen Zeit, der als früherer Opernsänger seine

Worte außerordentlich pathetisch (in fast gesungener Manier) vortrug. Seither bewarben sich immer wieder hochkarätige Schauspieler um die begehrte Rolle. Will Quadflieg gab den Jedermann in den fünfziger Jahren, Klaus Maria Brandauer in den achtzigern. Auch die Buhlschaft war stets prominent besetzt, etwa mit Nadja Tiller, Christiane Hörbiger oder Veronica Ferres.

Provokation durch Sektionsbericht
Gottfried Benn: Morgue und andere Gedichte (1912)

Gottfried Benn (1886–1956) stammte aus einem protestantischen Pfarrhaus und verbrachte seine Jugend in Frankfurt/Oder. Auf Wunsch des Vaters begann er ein Theologie-Studium in Marburg, ging aber 1904 nach Berlin, wo er sich für Medizin einschrieb. Nach dem Abschluss 1910 war er zunächst Unterarzt in der Charité und beim Militär, promovierte dann 1912 und ging an die Westend Klinik in Berlin-Charlottenburg als Assistenzarzt der Pathologie. Dort war er für Obduktionen zuständig, die sich unmittelbar in seinen Gedichten niederschlugen, besonders in seinem ersten Gedichtband „Morgue und andere Gedichte", der einen Skandal hervorrief, Benn aber auch berühmt machte. Gleich das erste Gedicht ist eines der berühmtesten von Benn überhaupt: „Kleine Aster" (nicht zu verwechseln mit „Astern" aus den viel späteren „Stadthallen-Elegien", die Benn auf Bierdeckeln niederschrieb).

Kleine Aster

Berühmt ist der Einstieg, die trockene Schilderung eines Alltagsereignisses, bei dem doch etwas anders ist als gewöhnlich (wenn man vom Reim gestemmt/geklemmt absieht, bei dem man nicht recht weiß, ob er Zufall oder auf Absicht beruht):
„Ein ersoffener Bierfahrer wurde auf den Tisch gestemmt.
Irgendeiner hatte ihm eine dunkelhellila Aster zwischen die Zähne geklemmt."

Die Provokation des Gedichts geht vom Gegenstand aus, der als nicht lyrikfähig gilt: von der Sektion. Aber es wird auch deutlich, dass diese Sektion ungewöhnlich ist, ungewöhnlich aufgrund der Aster. Zwar fährt das Gedicht fort in quasi professioneller Beschreibung des Vorgehens, bei dem das Messer unter die Haut fährt, Zunge und Gaumen herausgeschnitten werden, aber dann taucht sie wieder auf. Beim Sezieren wird sie angestoßen, gleitet ins „nebenliegende Gehirn". Wiederum scheint die Professionalität allein dominant, aber dann folgt das, was aus dem Ganzen ein Gedicht macht. Der Sezierende lässt sich ablenken, packt die Aster in die Brusthöhle „zwischen die Holzwolle" und wünscht nicht dem Bierfahrer, sondern ihr die ewige Ruhe:
„Trinke dich satt in deiner Vase!
Ruhe sanft,
kleine Aster!"
Was für den Expressionismus als kennzeichnend gilt, wird von Benn nicht mit großem Pathos, sondern mit einfachsten Mitteln inszeniert: die Sprengung alles Vertrauten.

Aufnahme des Schriftstellers und Arztes Gottfried Benn 1934 in seiner Berliner Arztpraxis, die er 1917 eröffnete und erst 1953, im Alter von 67 Jahren, wieder schloss.

Ein Doppelleben

Benns Leben (das er selbst 1950 in „Doppelleben" beschrieben hat) wurde entscheidend durch seine Haltung zum Dritten Reich geprägt. Nachdem er sich 1917 als Facharzt für Haut- und Geschlechtskrankheiten in Berlin niedergelassen hatte, wurde er 1932 Mitglied der Preußischen Akademie der Künste in Berlin und setzte sich in Publikationen aktiv für den Nationalsozialismus ein, u. a. gegen Emigranten wie Klaus Mann („Antwort an die literarischen Emigranten", 1933). Dennoch wurde er seines Namens wegen (der mit dem jüdischen Vornamen Ben assoziiert wurde) diffamiert und erhielt Schreibverbot. Den Krieg erlebte er im Militärdienst. Nach 1945 kehrte Benn in seine alte Berliner Praxis zurück und nahm – nach anfänglichem Schreibverbot nun unter der Militärverwaltung – das Schreiben wieder auf. Er erlebte einen furiosen Aufstieg: 1948 erschienen die „Statischen Gedichte", allein im Jahr 1949 weitere vier Bücher. 1951 erhielt er den Büchner-Preis, der den Gipfel der Anerkennung bedeutete.

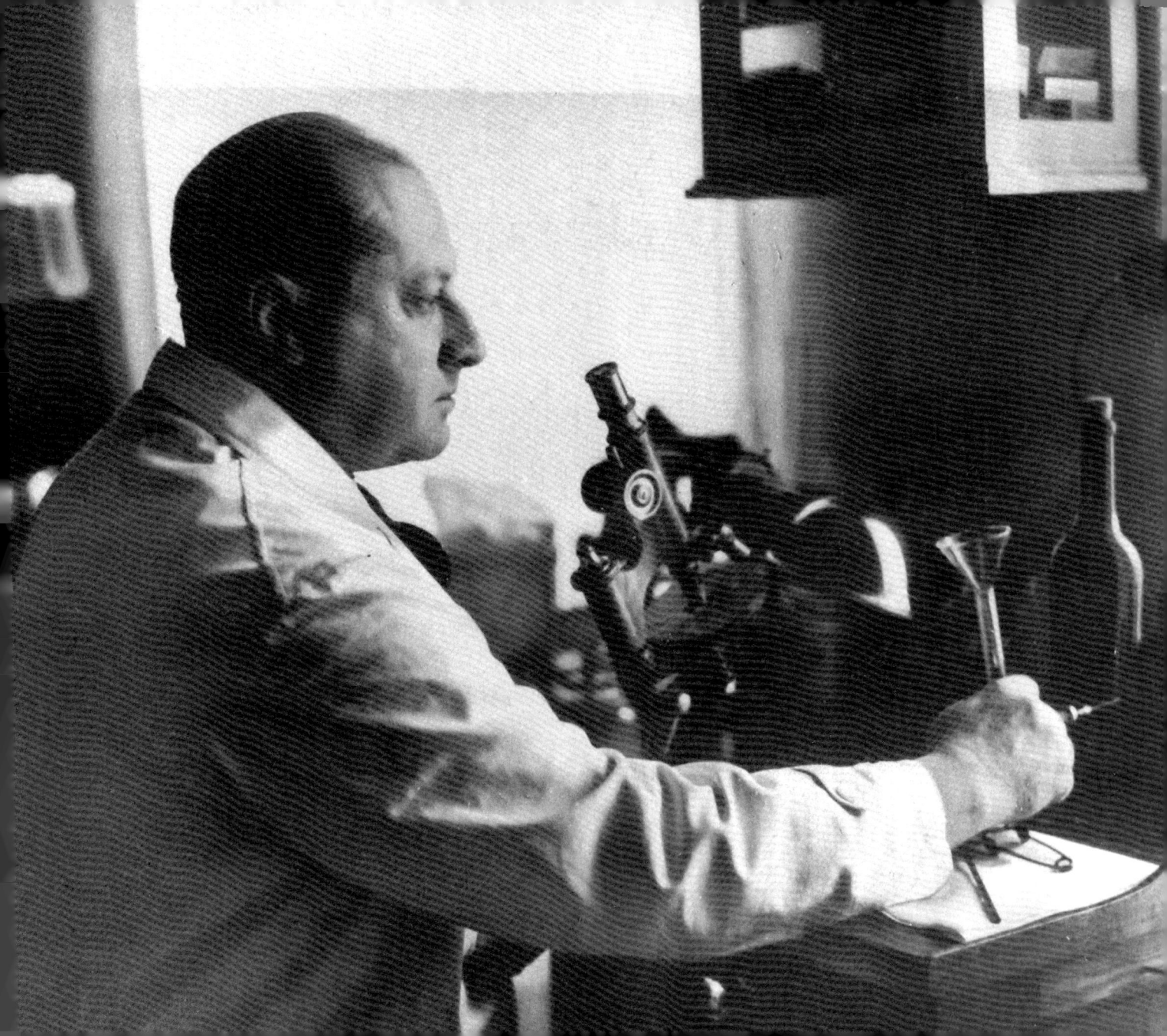

Bildhafte Manier
Georg Trakl: Gedichte (1913)

Georg Trakls (1887–1914) Familie gehörte dem gehobenen Salzburger Bürgertum an. Er wurde von einer streng katholischen Gouvernante erzogen, die ihm den Zugang zur französischen Literatur (Arthur Rimbaud und Charles Baudelaire) eröffnete. Erste Experimente mit Drogen fielen mit einer Apothekerlehre zusammen. Versuche mit Theaterstücken misslangen. Zur Gründung einer bürgerlichen Existenz studierte Trakl mit Erfolg Pharmazie und meldete sich anschließend zum Militärdienst bei einer Sanitätsabteilung.

1911 zog er nach Innsbruck, wo mithilfe seines dortigen Gönners Ludwig von Ficker endlich der literarische Durchbruch gelang. Seine Gedichte erschienen in dessen Zeitschrift „Der Brenner". Trotzdem litt Trakl an Depressionen und flüchtete sich in Drogenkonsum. Beim Ausbruch des Ersten Weltkriegs wurde er Militärapotheker und erlebte bei der Schlacht von Horodok (Grodek) einen Nervenzusammenbruch, nachdem er den vielen Schwerverwundeten mangels Mitteln kaum beistehen konnte. Nach zwei Selbstmordversuchen starb Trakl 1914 an einer Überdosis Kokain.

Verfall

Trakls Gedichte werden dem Frühexpressionismus zugerechnet. Ihr Kennzeichen ist eine starke, aber auch höchst kunstvolle Bildlichkeit, bei der Trakl selbst von seiner „bildhaften Manier" sprach. Eindrücke stehen oft schwer verständlich in bloßen Reihen wie Halluzinationen nebeneinander, der Grundton ist kulturkritisch-pessimistisch. An persönlichen Erfahrungen spielt die problematische (möglicherweise inzestuöse) Liebe zur jüngeren Schwester eine Rolle, im späten „Grodek-Gedicht" wird die Fürchterlichkeit des Krieges zum Thema.

Das Gedicht „Verfall", das Trakl schon in seiner ersten Sammlung unter dem Titel „Herbst" veröffentlicht hatte, zeigt die typische Verbindung von Schwermut und hoher künstlerischer Formung (Sonett):

„Am Abend, wenn die Glocken Frieden läuten,
Folg ich der Vögel wundervollen Flügen,
Die lang geschart, gleich frommen Pilgerzügen,
Entschwinden in den herbstlich klaren Weiten.

Hinwandelnd durch den dämmervollen Garten
Träum ich nach ihren helleren Geschicken
Und fühl der Stunden Weiser kaum mehr rücken.
So folg ich über Wolken ihren Fahrten.

Da macht ein Hauch mich von Verfall erzittern,
Die Amsel klagt in den entlaubten Zweigen.
Es schwankt der rote Wein an rostigen Gittern,

Indes wie blasser Kinder Todesreigen
Um dunkle Brunnenränder, die verwittern,
Im Wind sich fröstelnd blaue Astern neigen."

Naturgedichte, expressionistisch
Der Typus des Naturgedichts, der menschliche Befindlichkeit im Zusammenhang mit Natureindrücken schildert, gehört zum festen Bestand Traklscher Lyrik. Allerdings kommt damit nichts Idyllisches zum Ausdruck, vielmehr dominiert das Thema des Verfalls wie im ausgewählten Gedicht. Der erste Titel der Sammlung war noch „Dämmerung und Verfall", ehe Trakl sich für das neutrale „Gedichte" entschied. Außer dem Sonett „Verfall" übernahm er noch das Gedicht „Farbiger Herbst" aus der älteren Sammlung. Stets geht es dabei um die Entstellung der Natur, womit Trakl gegenüber der Großstadtlyrik seiner expressionistischen Mitstreiter ein eigenes Thema gefunden hatte.

Georg Trakl auf einer Fotografie um 1910,
nur wenige Jahre vor seinem Tod.

Undurchschaubare Moderne
Franz Kafka: Die Verwandlung (1915)

Franz Kafka (1883–1924) wuchs in Prag auf, das damals zu Österreich-Ungarn gehörte, und blieb bis auf einen kurzen Aufenthalt in Berlin am Ende seines Lebens dieser Stadt verbunden. Nach einem Jura-Studium wurde er Versicherungsangestellter, leitete zeitweilig zusammen mit seinem Schwager auch eine Asbestfabrik. Trotz der beruflichen Belastung entstand ein umfangreiches erzählerisches Werk, von dem

> ### Erzählungen und Romane
> *Kafka hat lebenslang Erzählungen geschrieben, in denen er die Fragen nach Recht und Schuld aufgriff. Dazu gehört etwa „In der Strafkolonie" (1919), wo Menschen ohne Urteil und Verteidigung Strafen abbüßen, die ihnen buchstäblich in den Körper geritzt werden. Romanform hat u.a. „Der Prozeß" (1925) mit der Geschichte jenes „Josef K.", der einen Prozess erleidet, in dem weder Anklage noch Richter erscheinen. Auch die Schuldfrage („Jemand musste Josef K. verleumdet haben, denn ohne dass er etwas Böses getan hätte, wurde er eines Morgens verhaftet") bleibt in einer Schwebe. Die in Sinnlosigkeit endenden Gespräche mit den Wächtern steigern den Eindruck einer Realität, die mit den Mitteln der Vernunft nicht zu bewältigen ist.*

zu Lebzeiten Abdrucke in expressionistischen Zeitschriften (wie „Die Verwandlung" in den „Weißen Blättern") erschienen – mit sehr begrenzter Wirkung. Erst nach seinem Tod setzte dank der Rettung der Manuskripte durch seinen Freund Max Brod eine Rezeption ein, bei der Kafka geradezu zur Signatur der Moderne wurde (mit dem Adjektiv „kafkaesk" für die Bedrohungen insbesondere durch Anonymität und Sinnlosigkeit). Für Kafka selbst spielte speziell der Konflikt mit dem Vater eine zentrale Rolle, den er mit Kenntnis der damaligen Psychoanalyse deutete und für seine Probleme im bürgerlichen Leben verantwortlich machte. Seine großen Romane haben die Unmenschlichkeit und Unverständlichkeit der bürokratisierten und technisierten Gesellschaft zum Gegenstand.

Die Verwandlung

Kafka hat in der Erzählung „Das Urteil" (geschrieben in einer einzigen Nacht 1912) den Durchbruch zu seinem künstlerischen Wollen empfunden. Darin sucht sich ein junger Kaufmann auf seine bürgerliche Existenz vorzubereiten und gerät in einen Konflikt mit seinem Vater, der ihn in einem buchstäblichen Sinne „verurteilt": nämlich zum Tod des Ertrinkens. Der Sohn nimmt das Urteil tatsächlich an und springt ins Wasser. Unklar bleibt, ob der Sohn damit eine Schuld büßt, weil er den Vater vernachlässigt hat oder ob es eher um die Preisgabe seiner künstlerischen Existenz zugunsten des Brotberufs geht.

Jedenfalls hat Kafka kurz danach eine zweite Erzählung verfasst, die wie eine Alternative wirkt. In der wacht Gregor Samsa eines morgens auf und sieht sich in ein „ungeheueres Ungeziefer" verwandelt, das in seiner Familie Entsetzen hervorruft. Ganz anders als in einer Fabel oder einer Traumerzählung ist die Geschichte wörtlich genommen. Gregor hat seine Familie nach dem Versagen des Vaters als Handlungsreisender ernährt, wozu er nun nicht mehr fähig ist. Die Mutter fällt in Ohnmacht, der Vater treibt den Verwandelten brutal in sein Zimmer zurück. Nur die Schwester hält eine Zeitlang den Kontakt aufrecht und ernährt das Ungeziefer.

Zunächst scheint ein weiteres Leben möglich. Aber Untermieter drohen mit Auszug und Klage, als sie den Käfer sehen. Der Vater reagiert darauf noch aggressiver und zuletzt fällt auch die Schwester das Urteil. Ehe es vollzogen werden kann, zieht sich Gregor in sein Zimmer zurück und stirbt. Das nachträglich hinzugefügte Aufleben der Familie hat Kafka selbst später kritisiert.

Die 3,75 Meter hohe Bronze-Statue einer kopflosen Figur, auf deren Schultern der Schriftsteller Kafka sitzt, wurde von dem tschechischen Künstler Jaroslaw Rona geschaffen und steht seit 2003 in einem kleinen Park in Prag.

Abrechnung mit dem Wilhelminischen Zeitalter
Heinrich Mann: Der Untertan (1918)

Heinrich Mann (1871-1950), vier Jahre älter als sein Bruder Thomas, begann mit einer Buchhändlerlehre und studierte dann in Berlin und München. Schon sein erster Roman, „Im Schlaraffenland" (1900), ist eine Satire auf die Bürgerwelt. Daneben eignet sich Heinrich Mann die französische Literatur an (besonders Gustave Flaubert) und schreibt Werke im Geist des Ästhetizismus. Berühmt aber wurde er mit Romanen, die das Wilhelminische Zeitalter porträtieren: zunächst mit „Professor Unrat" (1905, in der Verfilmung mit stark geändertem Schluss als „Der blaue Engel", 1948) als dem autoritären Charakter, der seine Existenz preisgibt, um über einen Schüler zu siegen, dann mit der Romantrilogie „Das Kaiserreich", deren erster Band „Der Untertan" ist (es folgten „Die Armen" und „Der Kopf"). 1930 wird Heinrich Mann zum Präsidenten der Preußischen Akademie der Künste gewählt, emigriert aber drei Jahre später über Frankreich in die USA. Im französischen Exil entstanden zwei historische Romane über Heinrich IV. aus dem 16. Jahrhundert. Nach 1945 erschien neben weiteren Erzählwerken die Autobiografie „Ein Zeitalter wird besichtigt" (1946).

Autoritärer Charakter und Untertanengeist

Im Zentrum des „Untertan" steht die Figur Diederich Heßling, Sohn eines Papierfabrikanten in einer Provinzstadt. Machtbesessen und autoritätsgläubig begeistert er sich 1892 für den jungen Kaiser Wilhelm und dessen Kampf gegen die Sozialdemokratie. Vom Militärdienst drückt er sich mit einem vorgetäuschten Fußleiden. Als Student lernt er Agnes, Tochter des Fabrikanten Göppel kennen, die seine Geliebte wird. Als deren Vater ihn zur Heirat nötigen will, wirft er ihn heraus. Mittlerweile hat er die Doktorprüfung bestanden und übernimmt nach dem Tod des eigenen Vaters die Fabrik. Gegenüber Mitarbeitern und seiner Familie spielt er den Tyrannen.

Dabei überstürzen sich die Ereignisse. Ein entlassener Arbeiter wird erschossen, woraufhin Heßling die Unruhen unterdrückt. Den Schwiegersohn eines einflussreichen Liberalen bewegt Heßling zu einer Majestätsbeleidigung, worauf er ins Gefängnis kommt. Bei Bezahlungsschwierigkeiten für eine neue Papiermaschine paktiert er mit einem sozialdemokratischen Maschinenmeister und geht mit diesem auch noch einen betrügerischen Wahlkompromiss ein.

Heßling heiratet die reiche Guste, die ihre Verlobung mit einem Gegner gelöst hat. Schließlich verkauft er die Fabrik, um (verbunden mit einem Börsenmanöver) eine andere zu erwerben. Es kommt zur Fusion, Heßling wird Generaldirektor. Auf dem Gelände der alten Firma aber lässt Heßling ein Kaiserdenkmal errichten, zu dessen Einweihung er eine Festrede (mit lauter Kaiser-Zitaten) hält, die in Gewitter und Wolkenbruch untergeht.

Sozialismus ohne Parteizugehörigkeit

„Der Untertan" hatte ursprünglich den Untertitel „Geschichte der öffentlichen Seele unter Wilhelm II". und wurde, schon 1906 konzipiert und 1914 im Manuskript fertiggestellt (worauf ein Privatdruck und eine russische Übersetzung erschienen), bis 1918 zurückgehalten. Dann aber stieg der Verlag mit einer Riesenauflage von 100 000 Exemplaren ein, woran die Aktualität deutlich wird. Heinrich Mann galt als der Autor des Sozialismus und damit zu einer Leitfigur der beginnenden Weimarer Republik. Allerdings hat sich Mann nicht für eine Partei vereinnahmen lassen. Dies galt auch nach 1945, als die junge DDR ihn dank seiner historischen Romane als Vertreter eines sozialistischen Realismus propagierte. Vor einer Rückkehr nach Deutschland starb Heinrich Mann jedoch im Exil.

EIN FILM VON
WOLFGANG STAUDTE
NACH DEM ROMAN VON
HEINRICH MANN

Der Untertan

WERNER PETERS · PAUL ESSER · RENATE FISCHER
SABINE THALBACH · BLANDINE EBINGER
ERNST LEGAL · HANS-GEORG LAUBENTHAL
EDUARD VON WINTERSTEIN

DREHBUCH:
WOLFGANG STAUDTE · FRITZ STAUDTE

KAMERA: ROBERT BABERSKE
BAUTEN: ERICH ZANDER · KARL SCHNEIDER
KOSTÜME: WALTER SCHULZE-MITTENDORF

Plakat des westdeutschen Aufführung des DEFA-Films "Der Untertan" (1957). Der Film erschien bereits 1951 in der DDR, wurde in der Bundesrepublik zunächst verboten und erst sechs Jahre später freigegeben.

Zeitgeist mit Verfallsgedanken
Thomas Mann: Der Zauberberg (1924)

Nach dem großen Erfolg der „Buddenbrooks" heiratete Thomas Mann 1905 Katja, geb. Pringsheim. Während die ebenfalls literarisch-künstlerisch begabten Kinder Erika, Klaus, Golo, Monika und Elisabeth geboren werden, entsteht ein großes Romanwerk, in dem Thomas Mann alle Zeitströmungen und Epochengegensätze zu verarbeiten sucht. Dies gilt schon für den „Zauberberg". Zwischen 1912 und 1922 entstanden, überspannt er die politischen, vor allem aber auch geistigen Umbrüche vom Wilhelminischen Kaiserreich über den Ersten Weltkrieg zur Weimarer Republik.

Die Welt im Lungensanatorium

„Held" des Romans ist Hans Castorp, der 1907 drei Wochen lang seinen Vetter im Lungensanatorim von Davos besuchen möchte, um schließlich sieben Jahre auf dem „verzauberten" Berg zu bleiben.

Die erste wichtige Begegnung erfolgt mit Madame Chauchat, einer reichen Russin mit mondänem Auftreten. Castorp ist fasziniert, verliebt sich und wirbt um sie, was in einer furiosen Karnevalsnacht (nach einem Gespräch auf Französisch) zur Vereinigung führt. Am nächsten Tag verlässt Madame Chauchat das Sanatorium, Castorp hat nur ihr Bild in Händen – eine Röntgenaufnahme ihrer Lunge. Unterdessen begegnet Castorp Set-

tembrini, einem italienischen Intellektuellen, der sich für die Französische Revolution und den italienischen Befreiungskampf unter Garibaldi begeistert. Als Schriftsteller vertritt er die Ideale der Aufklärung und versucht Castorp zur Rückkehr in die Arbeitswelt zu bewegen. Dabei aber hat er einen Gegenspieler: den Exjesuiten Naphta, der für das Mittelalter schwärmt, mit dem Kommunismus und einer konservativen Revolution sympathisiert und sich dabei auf Nietzsche stützt. Die Gespräche zwischen Settembrini und Naphta verlaufen als Duelle und münden schließlich in eine tatsächliche Duellforderung Naphtas. Dabei schießt Settembrini absichtlich vorbei, wonach Naphta sich selbst tötet.

Unterdessen ist eine neue Figur aufgetaucht: der reiche Holländer Mynheer Peeperkorn, Liebhaber von Madame Chauchat, die er mitgebracht hat. Das repräsentative Auftreten (mit Zügen von Gerhart Hauptmann, mit dem Thomas Mann damals wiederholt den Urlaub verbrachte) drückt die Intellektuellen in den Hintergrund. Auch Peeperkorn begeht Selbstmord, aber deshalb, weil er aufgrund seiner Krankheit als Liebhaber versagt. Zum Schluss verlässt Castorp, der im Schneesturm halluzinatorische Erlebnisse des Untergangs hat, das Sanatorium, um in den Krieg zu ziehen. Eine Kampfszene mit großen Opfern schließt den Roman ab.

Ein Romanwerk mit breitestem Spektrum

Nach dem „Zauberberg" erfolgte der Einschnitt der Emigration über die Schweiz in die USA, deren Staatsbürger Thomas Mann 1944 wurde. In dieser Zeit aber entstanden weiter für das deutsche Publikum Romane. Mit der Trilogie „Joseph und seine Brüder" (1933-1942) bietet Thomas Mann die Adaption des alttestamentlichen Stoffs in einem modernen, vor allem auch sprachlich interessanten Gewand (mit Archaismen etwa). Historische Stoffe greifen der Goethe-Roman „Lotte in Wei- *mar" (1939) sowie der Gregorius-Roman „Der Erwählte" (1951) auf. Im „Doktor Faustus" (1946) ist der Faust-Stoff in die Moderne übertragen, er zeigt die Zerrissenheit des Künstlers nach dem Versinken der Klassizität. Den ironisch-parodistische Roman „Bekenntnisse des Hochstaplers Felix Krull", ab 1922 entstanden, hat Thomas Mann 1954 nur als ersten Teil vorgelegt. 1952 kehrte er mit Frau und Tochter nach Europa zurück, besuchte seine alte Heimat, lebte aber in Kilchberg (Schweiz) wo er 1955 starb und auf dem Dorffriedhof beerdigt ist.*

*Die Brüder Thomas (l.) und Heinrich Mann (r.)
in New York bei der Ankunft Heinrich Manns
in den USA. 1944 wurde Thomas Mann
amerikanischer Staatsbürger.*

Welterfolg mit historischem Sujet
Stefan Zweig: Sternstunden der Menschheit (1927)

Stefan Zweig (1881-1942), Sohn eines jüdischen Textilunternehmers, wuchs in Wien auf, wo er Philosophie, Germanistik und Romanistik studierte. Früh legte er erste Novellen und Essays vor und knüpfte auf ausgedehnten Reisen (u.a. nach Indien und Amerika) Kontakte. Im Ersten Weltkrieg ging er (als Kriegsgegner) in die Schweiz und arbeitete als Journalist. Nach dem Krieg kehrte er in seine österreichische Heimat zurück und engagierte sich gegen den Nationalismus und für humanitäre Ideen.

1934 musste er Österreich seiner religiösen Herkunft wegen verlassen und ging nach London (wo er die englische Staatsbürgerschaft erwarb). Im Zweiten Weltkrieg verließ Zweig Europa und gelangte über New York, Argentinien und Paraguay 1940 nach Brasilien. In tiefer Resignation angesichts der Weltlage und Aussichtslosigkeit seiner schriftstellerischen Ideale nahm er sich im Jahr 1942 zusammen mit seiner Frau das Leben. Seine Autobiografie „Die Welt von gestern" erschien 1944 posthum.

Von Waterloo zum Südpol
Zweigs Interesse galt schon früh (an Freud orientierten) psychologischen Studien. Dabei bediente er sich nicht nur literarischer Formen im engeren Sinne, sondern fand auch im Essay eine Möglichkeit stilistisch brillanter Darstellung. Davon künden vor allem die „Historischen Miniaturen" (so der Untertitel), die erstmals 1927 im Insel-Verlag als "Sternstunden der Menschheit" erschienen und sofort zum Welterfolg wurden: Allein in den ersten beiden Jahren erschienen sieben Auflagen.

Anfangs waren es fünf Essays, in denen Zweig Situationen großer und (meist für die gesamte Menschheit) folgenreicher Entscheidungen festhielt. Der erste gilt der „Weltminute von Waterloo", wo Napoleon vergeblich auf die Truppen von General Grouchy wartet, während tatsächlich zuletzt Blücher erscheint. In der „Marienbader Elegie" geht es um Goethes Liebe zu Ulrike von Levetzow, die im entscheidenden Moment unerfüllt blieb. Die „Entdeckung Eldorados" hält den Moment der Auffindung der Goldminen Kaliforniens durch Johann August Sutter fest. Der „Heroische Augenblick" gibt Dostojewskis Begnadigung im letzten Moment vor seiner Hinrichtung wieder. Der „Kampf um den Südpol" schildert die gescheiterte Expedition von Robert Scott und seiner Mannschaft.

Erst posthum kamen weitere sieben Miniaturen (und später noch einmal zwei) hinzu: die Entdeckung des Pazifiks, die Entstehung von Händels „Messias", die Komposition der „Marseillaise", die Verlegung des ersten transatlantischen Kabels, Tolstois Tod und Lenins Rückkehr nach Russland im berühmten versiegelten Zug.

Novellen, Biografien, Essays
Zweigs erstes Werk war eine Novelle, und dieser Gattung blieb er nicht nur zeitlebens treu, sondern schuf mit der „Schachnovelle" (in der sich ein von den Nationalsozialisten Eingekerkerter mit seinem Schachspiel am Leben hält und später einen Schachweltmeister besiegt) als letztem Werk überhaupt eines der berühmtesten Beispiele. Auch Schauspiel, Roman und Opernlibretto wurde von ihm genutzt. Aber Zweig entdeckte eben auch scheinbar unliterarische Gattungen als Formen einer Zeichnung von Charakteren und Situationen. Neben den Essays, von denen mehrere Bände erschienen, war es besonders die Biografie, die es ihm antat. So schrieb er über Balzac, Dickens und Dostojewski („Drei Meister", 1920), über den berüchtigten Polizeichef während der Französischen Revolution Joseph Fouché, über Marie Antoinette, Erasmus von Rotterdam, Maria Stuart und viele andere historische Figuren.

Stefan Zweig in Salzburg, wo er von 1919 an lebte, bevor er 1934 emigrierte.

Kapitalismuskritik als Oper
Bertolt Brecht: Die Dreigroschenoper (1928)

Bertolt Brecht (1898–1956) wuchs in Augsburg als Sohn eines Papierfabrikanten auf. In seiner Schulzeit entging er knapp einem Verweis, nachdem er in einem Aufsatz den Vaterlandstod verurteilt hatte. In München studierte er Naturwissenschaften, Medizin und Literatur. Nach ersten Theatererfolgen in expressionistischer Manier („Baal", 1920, „Trommeln in der Nacht", 1922) zog er 1924 nach Berlin, wo er als Dramaturg am Deutschen Theater Max Reinhardts wirkte. Dort lernte er seine spätere Frau Helene Weigel kennen, mit der er eng zusammenarbeitete. Gleichzeitig entwickelte sich Brecht zum überzeugten Kommunisten, ohne dass er in die KPD eintrat. Das Theater wurde ihm dabei zum Sprachrohr seiner Ideen. Dies gilt auch für seinen größten Erfolg in der frühen Zeit: die „Dreigroschenoper", deren Texte Kurt Weill vertonte. Bejubelt von denjenigen, gegen sich eigentlich die Kritik richtete, hat Brecht die Tendenz des Stücks in seinem „Dreigroschenroman" (1934) verschärft. Dennoch blieb die Opernfassung wie kaum ein anderes Werk mit dem Namen Brecht verbunden und behauptet sich bis heute im Repertoire der großen Bühnen.

Von Liebe und Heirat Mackie Messers und seiner Braut Polly
Brechts Vorlage vom Konkurrenzkampf zwischen dem Londoner Bettlerkönig und dem Verbrecher mit guten Beziehungen zur Polizei datiert ins frühe 18. Jahrhundert („Beggar's Opera" von John Gay) und wurde in die Zeit um 1920 verlegt: ins Gangstermilieus des übelbeleumundeten Londoner Stadtteils Soho. Zu Beginn setzt sich Peachum mit Bettlern auseinander, die auf eigene Rechnung statt für ihn arbeiten. Außerdem ist seine Tochter Polly mit dem Gangster Mackie Messer durchgegangen. Die feiern tatsächlich in einem Pferdestall eine Gangsterhochzeit zwischen gestohlenen Möbeln. Peachum zeigt auf die Nachricht hin Mackie Messer bei der Polizei an.

Als Polly ihren Mann vor der Polizei warnt, flieht dieser – allerdings ins Hurenhaus, wo er von seiner Exgeliebten Jenny verraten wird und ins Gefängnis Old Bailey kommt. Dort tauchen mit Lucy, der Tochter des Polizeichefs, eine weitere Exgeliebte sowie Polly auf, die prompt aneinandergeraten. Aber man verhilft Mackie Messer zur Flucht.

Nur kommt es wieder zum Verrat, wieder bei den Huren. Mackie Messer sitzt anschließend in der Todeszelle und leistet bereits unter dem Galgen Abbitte. Da erscheint – am Krönungstag der Königin – ein reitender Bote, der die Begnadigung und Erhebung des Gangsters in den Adelsstand verkündet.

Der Erfolg der Songs
Noch kurz vor der Aufführung waren die Song-Einlagen umstritten, sogar bei der Aufführung selbst gab es Probleme, bis mit dem „Kanonen-song" von Macheath und Tiger-Brown das Eis brach. Die „Moritat von Mackie Messer" zu Beginn hatte Brecht noch in letzter Minute geschrieben. Sie wurde das berühmteste Stück.

Insgesamt wirken die Songs fast wie der Chor in der antiken Tragödie, sofern sie den Hintergrund der Handlungen beleuchten bzw. kommentieren.

Im ersten Finale reflektiert der Song über die Unsicherheit menschlicher Verhältnisse. Im zweiten Akt trägt Mrs. Peachum die „Ballade von der sexuellen Hörigkeit" vor, Macheath die „Ballade vom angenehmen Leben". Am Ende gibt es ein Duett über die Frage „Wovon lebt der Mensch"? Im 3. und letzten Akt wäre etwa das „Lied von der Unzulänglichkeit menschlichen Strebens "zu nennen. Dabei trug die am Jazz (mit ironischen Bezügen auf Oper und Operette) orientierte Vertonung von Weill entscheidend zur Wirkung bei.

Das Gemälde „Brecht auf der Bühne" stammt von Bert Heller (1912-1970).

Bewusstseinsstrom und Montagetechnik

Alfred Döblin: Berlin Alexanderplatz (1929)

Alfred Döblin (1878–1957) stammte aus einer jüdischen Kaufmannsfamilie. Er studierte Medizin und eröffnete 1911 eine Praxis in Berlin. 1910 war er Mitbegründer der expressionistischen Zeitschrift „Der Sturm", der er zahlreiche Novellen lieferte, darunter „Die Ermordung einer Butterblume", die als experimentelle Darstellung einer Zwangsneurose verstanden werden kann. Mit einem Versepos hatte er keinen Erfolg und suchte einen neuen Stoff. In „Berlin Alexanderplatz" konnte er genau das Milieu schildern, das er aus seiner beruflichen Praxis gut kannte. Weiterhin kam das Interesse am Thema Kriminalität hinzu, mit dem er sich 1924 in „Die beiden Freundinnen und ihr Giftmord" beschäftigt hatte. Am Ende stand der größte Erfolg seiner schriftstellerischen Laufbahn. 1933 musste er fliehen, zuerst nach Frankreich, danach in die USA. Nach seiner Rückkehr konnte Döblin nicht mehr an seine Rolle vor 1933 anknüpfen und ging enttäuscht nach Frankreich, um zuletzt als Patient in einem Schwarzwälder Sanatorium zu enden.

Das zweifache Leben des Franz Biberkopf

Zu Beginn verlässt Franz Biberkopf, ein naiver, aber auch aggressiver Mann, die Haftanstalt Tegel, nachdem er im Affekt seine Freundin Ida erschlagen hat. Mit dem Wunsch, ein neues Leben zu beginnen, irrt er durch die Großstadt (ausgedrückt in der Technik des inneren Monologs als „Gedankenstrom"). Unterstützt durch die Gefangenenfürsorge, hält er sich als fliegender Händler über Wasser. In den Kneipen am Alexanderplatz lernt er Otto Lüders kennen, der ihn schwer enttäuscht: Als Franz das Herz einer Witwe gewinnt, besucht Lüders sie und raubt sie aus.

Darauf gerät Biberkopf in Berliner Verbrecherkreise und findet wiederum einen neuen Freund, den Zuhälter Reinhold, der ihn in seine Geschäfte hineinzieht. Bei einem Überfall steht Biberkopf unwissentlich Schmiere und wird von Reinhold wegen seiner Weigerung, am Verbrecherleben teilzunehmen, bei einem Mordanschlag zum Krüppel gemacht. Trotzdem schweigt er. Er lernt die Prostituierte Mieze kennen, wird ihr Zuhälter und sinkt dabei mit Schiebereien und Hehlerdiensten immer tiefer. Sogar zu Reinhold kehrt er wieder zurück. Der aber vergewaltigt und ermordet Mieze. Biberkopf weiß davon zunächst nichts, wird aber wie Reinhold steckbrieflich gesucht und schließlich verhaftet. In der Untersuchungshaft, in der er die Nahrung verweigert, „stirbt" der alte Biberkopf, um ein neues Leben zu beginnen. Er wird entlassen (Reinhold verurteilt) und nimmt eine Stelle als Hilfsportier an. Das Leben in der Großstadt hat ihn zuletzt geläutert, aber er hat es nicht begriffen. Wie im Delirium gehen ihm nach wie vor deren Geräusche durch den Kopf.

Großstadtromane

Die Schilderung der Großstadt bot Döblin die Möglichkeit, mit neuen literarischen Techniken zu experimentieren, wie sie im Ausland bereits ausprobiert worden waren (bei James Joyce etwa in dessen Roman „Ulysses", 1922, dt. 1927). Die Bilderflut wird nicht geordnet, sondern strömt an den Personen vorbei, wozu Döblin sich der Montage von Reklametexten oder Zeitungsausschnitten bediente. Auch die Gedanken fließen teilweise ohne syntaktische Fügung, so wie sie als einzelne Wörter oder Emotionen den Personen einfallen. Damit wurde Döblin sofort als Vorbild angesehen. Aber auch sonst war das Thema Großstadt gesucht. Erich Kästner macht es in seinem Roman „Fabian" (1931) zum Thema, Irmgard Keun 1932 in „Das kunstseidene Mädchen". Nirgends fand sich für die Darstellung der Moderne ein eindringlicheres Beobachtungsfeld, auf das sich auch Lyrik und Drama mehr und mehr einließen.

Alfred Döblin

BERLIN ALEXANDER-PLATZ

DIE GESCHICHTE VOM FRANZ BIBERKOPF

S. Fischer Verlag

Von einem einfachen MANN wird hier erzählt, der in BERLIN am ALEXANDERPLATZ als Straßen, händler steht. Der MANN hat vor anständig zu sein, da stellt ihm das Leben hinterlistig ein Bein. Er wird betrogen, er wird in Verbrechen reingezogen, zuletzt wird ihm seine BRAUT genommen und auf rohe Weise umgebracht. Ganz aus ist es mit dem MANN FRANZ BIBERKOPF. Am Schluss aber erhält er eine sehr klare Belehrung:

MAN FÄNGT NICHT SEIN LEBEN MIT GUTEN WORTEN UND VORSÄTZEN AN, MIT ERKENNEN UND VERSTEHEN FÄNGT MAN ES AN UND MIT DEM RICHTIGEN NEBENMANN.

Ramponiert steht er ALEXANDERPLATZ, zuletzt wieder am das Leben hat ihn mächtig angefasst.

G. SALTER

Schutzumschlag des Romans
„Berlin Alexanderplatz" für die
Ausgabe im S. Fischer Verlag

Kinderbuch mit Weltgeltung
Erich Kästner: Emil und die Detektive (1929)

Erich Kästner (1899-1974) stammte aus Dresden, wo er zunächst als Volksschullehrer ausgebildet wurde. Danach studierte er Germanistik u.a. in Berlin und promovierte in diesem Fach. Eine Habilitation scheiterte, Kästner wurde freier Schriftsteller. Er schrieb politische Artikel (für eine linksstehende Zeitung) und veröffentlichte zeitkritische Gedichte, zuerst die Sammlung „Herz auf Taille" (1927). Als er die Anregung erhielt, für einen Berliner Kinderbuchverlag einen Text zu schreiben, entstand „Emil und die Detektive". Wenige Jahre später wurden Kästners Bücher von den Nationalsozialisten verboten und verbrannt. Nach dem Krieg arbeitete Kästner als Redakteur der „Neuen Zeitung" in München, wurde Präsident des PEN-Zentrums und mehrerer Akademien. Er erhielt literarische Preise, u.a. den Georg-Büchner-Preis für seine Tätigkeit als „Moralist und Dichter".

Schilderung einer Verbrecherjagd mit autobiografischen Zügen

Kästner, der mit zweitem Vornamen Emil hieß, griff für sein Buch auf ein Kindheitserlebnis zurück. In Dresden hatte er eine Betrügerin verfolgt und auch gestellt, die seine Mutter als Friseurin geprellt hatte. Auch der Bankeinbruch beruht auf einem damals berühmten Fall. Bei der Verfilmung nach dem Drehbuch des damals noch völlig unerfahrenen Billy Wilders spielte Kästner in einer Nebenrolle mit.

Erzählt wird die Geschichte von Emil Tischbein, der als braver Junge bei seiner verwitweten Mutter in bescheidenen kleinstädtischen Verhältnissen lebt. Nur an kleinen Streichen beteiligt er sich, zum Beispiel bei der „Umgestaltung" eines Denkmals nach dem Wachtmeister Jeschke. In den Ferien schickt die Mutter Emil zu seiner Großmutter nach Berlin. Er soll 140 Reichsmark mitnehmen, die sich die Mutter geliehen hatte. Im Zug aber fährt auch ein Gangster mit: Herr Grundeis. Als er das Geld zufällig entdeckt, betäubt er Emil mit präparierten Bonbons und raubt es.

Auf dem Bahnhof Zoo erwacht Emil, bemerkt, dass sein Geld fehlt und sieht den Dieb verschwinden. Trotz der ihm fremden Umgebung nimmt er die Verfolgung auf. Dabei trifft er Gustav, den Anführer einer Kinderbande. Auf der Stelle wird Herr Grundeis auf Schritt und Tritt überwacht. Währenddessen hat die Großmutter zusammen mit Emils Kusine Pony Hütchen auf dem Bahnhof Friedrichstraße vergeblich gewartet. Die werden von der Kinderbande informiert und Pony Hütchen gleich eingereiht in die Verfolger. Die Jagd führt quer durch Berlin. Am Ende ist der Dieb umzingelt und gibt auf. Emil aber erhält eine Belohnung, weil sich Herr Grundeis auch noch als ein gesuchter Bankräuber herausstellt. Die schlichte Geschichte vom Sieg des Guten über das Böse, von Beharrlichkeit und Hilfsbereitschaft unter einfachen Menschen wurde sofort ein Erfolg.

Nebenkarriere als Kinderbuchautor
Kästners literarisches Wirken hat seinen Schwerpunkt in den satirischen Gedichten, die mit oft parodistischen Zügen ihren eigenen unverkennbaren Ton besitzen (etwa: „Kennst du das Land, wo die Kanonen blühn?" nach Goethes: „Kennst du das Land, wo die Zitronen blühen?"). Für das Münchner Kabarett „Die kleine Freiheit" schrieb er auch satirische Prosastücke unter gleichem Titel

(1952). Weiter erschienen der satirische Zeitroman „Fabian" (1931) sowie das Drama „Die Schule der Diktatoren" (1957). In keinem anderen Genre aber war der Erfolg so groß wie bei den Kinderbüchern. Noch drei weitere Werke sorgten für Kästners Weltruhm: „Pünktchen und Anton" (1931), „Das fliegende Klassenzimmer" (1933) und „Das doppelte Lottchen" (1949) – alle mehrfach verfilmt („Emil und die Detektive" mittlerweile sieben Mal).

Buchdeckel mit Illustration
von Walter Trier (1890-1951).

Untergang einer Epoche
Robert Musil: Der Mann ohne Eigenschaften (1930-1932, Ausgabe mit den Fragmenten 1952)

Robert Musils (1880–1942) Vater war Professor der Ingenieurswissenschaften, sein Sohn folgte ihm darin und legte 1901 das Examen ab. Anschließend arbeitete Musil in seinem Fach, studierte aber danach Psychologie (und Philosophie) in Berlin, worin er seinen Doktor machte. Eine Universitätskarriere schlug er aus, um freier Schriftsteller zu werden. 1906 erschienen „Die Verwirrungen des Zöglings Törleß", ein psychologischer Jugendroman. 1910 ging Musil nach Wien zurück und arbeitete an verschiedenen Zeitungen mit.

Den Ersten Weltkrieg erlebte der zunächst kriegsbegeisterte Musil als Offizier. Danach widmete er sich wieder der Schriftstellerei und erhielt in den zwanziger Jahren wichtige Literaturpreise. Ab 1930 begann der auf vier Teile berechnete „Mann ohne Eigenschaften" zu erscheinen, den er bis zu seinem Lebensen-

de nicht vollenden konnte (ca. 2 000 Seiten wurden fertig). 1938 emigrierte Musil mit seiner Frau in die Schweiz, seine Bücher wurden in Österreich verboten. In ärmlichen Verhältnissen verstarb er 1942 an einem Gehirnschlag.

Reise an den Rand des Möglichen

Dem Roman, der mit einer berühmten Wettervorhersage beginnt, spielt in den Jahren 1913/14 in Wien, wo der Held Ulrich auf einem Schlösschen das Leben eines Privatgelehrten führt (nachdem er die Offiziers- und Ingenieurslaufbahn aufgegeben hat). Sein Vater vermittelt ihm die Teilnahme an der „Parallelaktion", in der dem 30-jährigen Regierungsjubiläum des deutschen Kaisers 1918 mit dem 70-jährigen Jubiläum des österreichischen Kaisers Franz Josef im gleichen Jahr knapp zuvorgekommen werden soll. Man

trifft sich bei der Diplomatengattin Ermelinda Tuzzi (einer entfernten Verwandten Ulrichs). Beteiligt ist besonders der Großindustrielle Paul Arnheim, der ganz auf Aktion setzt, während sich Ulrich alle Möglichkeiten offen halten will („Reise an den Rand des Möglichen" ist der Untertitel des ersten Bandes) – Grundlage der spezifischen „Eigenschaftslosigkeit" Ulrichs.

Eine zweite Handlung ergibt sich durch das Schicksal des geisteskranken Prostituiertenmörders Moosbrugger, für den sich Clarisse einsetzt, die Ehefrau eines Jugendfreundes von Ulrich. Clarisse ist Nietzscheverehrerin und plant ein Nietzschejahr, verfällt aber nach und nach selbst dem Wahnsinn.

Eine dritte Handlung kommt durch die Schwester Agathe zustande, die Ulrich beim Tod des Vaters nach langer Trennung wiedersieht und mit der er eine Art „Doppelform des Erlebens" erprobt, die vor keinem Tabubruch (dem Inzest) zurückschreckt. Eine Testamentsfälschung macht sie zu „Verbrechern" auch im übertragenen Sinne (worauf der Untertitel des zweiten Bandes hinweist). Der Roman endet damit, dass die Geschwister angesichts des ausbrechenden Krieges (der alle Planungen der „Parallelaktion" zunichtemacht) von einem „tausendjährigen Reich" der Gefühle träumen.

Ein Beitrag Österreichs zur Moderne

Musils Roman ist vom (eher banalen) Inhalt kaum zu erschließen. Alle Ereignisse werden von Reflexionen begleitet, die oft die Kapitel einleiten. Es geht weniger um Tatsachen als um deren Aufnahme im Bewusstsein der Akteure, um eine Gedankenarbeit, in der subtile Beziehungen zur Tra-

dition hergestellt werden. Von besonderer Bedeutung ist die Tatsache, dass der Glaube an Fortschritt zusammenbricht. Damit trifft Musil ein Anliegen, das gerade in Österreich gleichzeitig von zwei weiteren bedeutenden Autoren formuliert wurde: von Hermann Broch („Die Schlafwandler", 1930-1932) und Joseph Roth („Radetzkymarsch", 1932).

Robert Musil auf einer 1984 entstandenen Zeichnung von Johann Brandstetter (geb. 1959).

Illusionslose Weltbeschreibung
Hans Fallada: Wer einmal aus dem Blechnapf frißt (1934)

Hans Fallada (1893-1947), mit bürgerlichem Namen Rudolf Ditzen (das Pseudonym geht auf das Pferd im Märchen „Die Gänsemagd" zurück), stammt aus bürgerlichen wohlsituierten Verhältnissen. Nach Schwierigkeiten mit dem autoritären Vater plante er mit einem Freund einen Doppelselbstmord, den er selbst knapp überlebte, während der Freund starb. Nur wegen Unzurechnungsfähigkeit entging er der Verurteilung, verfiel anschließend Alkohol und Drogen. Beschaffungsdelikte brachten ihn zweimal hinter Gitter.

Seit 1928 stabilisierte sich sein Leben vorübergehend in einer Ehe, aus der vier Kinder hervorgingen. Fallada begann zu schreiben und hatte mit „Bauern, Bonzen und Bomben" (1931) so großen Erfolg, dass sein Verleger Rowohlt ihn im Verlag beschäftigte. Der Roman „Kleiner Mann – was nun"? (1932) wurde ein Bestseller mit auch internationaler Anerkennung, Fallada war danach einer der bekanntesten deutschen Schriftsteller. „Wer einmal aus dem Blechnapf frißt" wurde in zahlreiche Sprachen übersetzt und mehrfach verfilmt.

Den Krieg überstand Fallada mit weniger sozialkritischen Themen aus Rücksicht auf die Nationalsozialisten, dann scheiterte seine Ehe. Sehr bald verfiel er neuer Abhängigkeit von Alkohol und Drogen (verarbeitet in „Der Trin-

ker", posthum erschienen 1950). Nach 1945 fand Fallada einen Förderer in Johannes R. Becher in Berlin Ost, für dessen „Tägliche Rundschau" er Beiträge lieferte. Er starb während einer Entziehungskur in Berlin.

Milieustudie und Kriminalstory

In teilweise autobiografischer Manier erzählt Fallada die Geschichte Willi Kufalts, der wegen Unterschlagung verurteilt wird und eine Gefängnisstrafe absitzt. Eine Rückkehr in die Gesellschaft aber erweist sich trotz aller Vorsätze und Anstrengungen als unmöglich.

Schon die Resozialisation nach der Gefängnishaft missglückt völlig. Das als christlich bezeichnete Heim beutet seine Insassen systematisch aus. In einem Schreibbüro erlebt er Ähnliches, eine mit ehemaligen Mithäftlingen gegründete Firma scheitert. Kufalt kann von den anschließenden Gelegenheitsarbeiten nicht leben und lässt sich prompt zu einem neuen Delikt verleiten. Dann aber scheint doch noch die Rückkehr in ein bürgerliches Leben zu gelingen. Er verlobt sich mit einer unbescholtenen Handwerkstochter. Da wird er völlig ungerechtfertigt beschuldigt, wobei seine Vergangenheit ans Licht kommt.

Stigmatisiert taucht Kufalt in die Hamburger Verbrecherszene ein, nimmt an Raubüberfällen

Neue Sachlichkeit

Falladas Romane werden in der Literaturgeschichtsschreibung unter dem Schlagwort der Neuen Sachlichkeit geführt, wie sie die 20er und 30er Jahre bestimmten. Das politische Umfeld ist die Weimarer Republik nach dem Zusammenbruch jeglichen Pathos im Ersten Weltkrieg und vor den Verfolgungen durch die Nationalsozialisten. Demokratische Autoren vor allem des linken Spektrums suchten damals in kritischen Beiträgen nach einer Standortbestimmung mit nüchternen oder satirischen Beobachtungen. Erich Maria Remarques „Im Westen nichts Neues" (1929) gehört ebenso dazu wie Kurt Tucholskys „Schloß Gripsholm" (1931). Einfache Figuren, eine realitätsnahe, ungeschminkte Sprache sind typisch. Auch kommen alle Gattungen infrage, Brecht gebrauchte den Begriff für die Lyrik.

teil und wird bei einem Diebstahl gefasst. Das Urteil ergeht auf sieben Jahre Haft. Aber Kufalt kehrt erleichtert in die Anstalt zurück. Das Leben in der Welt der modernen Großstadt erscheint ihm als eine einzige Überforderung.

Hans Fallada 1945 mit seinen Kindern

Ein Schlüsselroman über Paktieren im Dritten Reich?
Klaus Mann: Mephisto (1936)

Klaus Mann (1906–1949) war das zweite Kind, der älteste Sohn von Thomas und Katja Mann. Seine Kindheit und Jugend verbrachte er in den großbürgerlichen Verhältnissen seiner Eltern in München, wo er zahlreiche Kontakte zur Literaturszene fand und schon früh in der „Weltbühne" publizierte. Die Beziehung zum Vater gestaltete sich als überaus schwierig, engen Kontakt hatte er dagegen mit seiner Schwester Erika. Nach der Schulzeit lebte er seit 1924 als freier Schriftsteller an verschiedenen Wohnorten. 1925 wurde sein Theaterstück „Anja und Esther" aufgeführt, in dem Klaus und Erika die Hauptrollen besetzten. Erika heiratete Gustaf Gründgens, der 1927 Manns „Revue zu Vieren" aufführte. Zahlreiche weitere Werke erschienen, ehe 1933 die Emigration unausweichlich wurde. Sie führte ihn zunächst nach Amsterdam, wo sein Verleger ihm den Vorschlag machte, eine Roman über einen „homosexuellen Karrieristen im dritten Reich" zu verfassen, hinter dem Gründgens stehen sollte (von dem Erika Mann mittlerweile geschieden war). Mann nahm das Angebot an.

Vom Verrat der Kunst an die Macht
1926 beginnt die Karriere des Schauspielers Hendrik Höfgen an einem Provinztheater. Erniedrigt, aber voller Ehrgeiz ergeht er sich in linken Phrasen, heiratet dann aber die großbürgerliche Barbara Bruckner, die ihm den Aufstieg ermöglicht. Als der erreicht ist, lässt Höfgen seine Frau fallen und wendet sich den Nazis zu. Mit der Gunst der neuen Machthaber im Rücken wird er Intendant des Berliner Staatstheaters. Seine Paraderolle ist Mephisto in Goethes „Faust". Zu spät erkennt er, dass er in seinem eigenen Leben einen Pakt mit dem Teufel geschlossen hat, den er nur verlieren konnte. „Clown zur Zerstreuung der Mörder" geworden, hat er alle Werte aufgegeben. Sogar seine Geliebte, die „Schwarze Venus", mit der er sadomasochistischen Sex praktizierte, hat er aus opportunistischen Gründen verraten und verhaften lassen.

Eine Rolle als Schlüsselroman, in dem Höfgen für Gustaf Gründgens steht (dessen berühmteste Rolle der Mephisto war), hat Klaus Mann in wiederholten Stellungnahmen geleugnet. Dennoch wurde das Werk noch 1971 in einem aufsehenerregenden Urteil verboten (erschien jedoch weiter, weil die Erben auf eine Durchsetzung des Urteils verzichteten).

Exilliteratur

Das Exil führte Klaus Mann durch die halbe Welt, wobei er stets eine literarische Wirkung von außen nach Deutschland zu organisieren versuchte. Dabei stieß er auf erheblichen Widerstand. Die Amsterdamer Zeitschrift „Die Sammlung" ging an mangelndem Interesse ein, Schriftsteller wie Stefan Zweig und auch sein eigener Vater verweigerten die Mitarbeit wegen des politischen Programms (und der Befürchtung von Nachteilen bei den eigenen Veröffentlichungen). In den USA, wo Klaus Mann häufig die Eltern aufsuchte, erschien 1939 „Escape to Life. Deutsche Kultur im Exil". 1941-1942 war Klaus Mann Herausgeber der Zeitschrift „Decision. A Review of Free Culture",

die gegen den Faschismus kämpfte, aber wie alle andere Projekte auch scheiterte.

Exilliteratur im Sinne eines Kampfes gegen den Faschismus hatte enorme Schwierigkeiten, Klaus Manns „Mephisto" kann als eines der herausragenden gelungenen Beispiele betrachtet werden. Von seinen Misserfolgen enttäuscht, trat Klaus Mann schließlich in die amerikanische Armee ein (mit Einsätzen in Nordafrika und Italien) und verhörte nach Beendigung des Zweiten Weltkriegs deutsche Kriegsverbrecher in seiner alten Heimat. Fuß fasste er dort nicht mehr. Ein letztes, unvollendetes Werk befasste sich nach einem missglückten Selbstmordversuch mit diesem Thema. 1949 starb er an einer Überdosis Tabletten.

Klaus Mann um 1930 mit seiner Schwester Erika (1905-1969), die Schauspielerin und Autorin war. Die Geschwister unternahmen gemeinsam verschiedene Weltreisen, u.a. durch Asien und Afrika.

Lehrstück gegen den Krieg
Bertolt Brecht: Mutter Courage und ihre Kinder (1941)

Bertolt Brecht hatte schon zur Zeit der „Dreigroschenoper" sein Theaterschaffen von den traditionellen Vorgaben der klassischen Tragödie und Komödie gelöst und eine Gestaltung gefunden, die er selbst als „episches Theater" bezeichnete. Der Hauptteil dieser Werke entstand allerdings bereits im Exil, das er 1933 antrat (nachdem die Aufführung der „Maßnahme" von der Polizei unterbrochen wurde). In Dänemark kam 1938 etwa „Das Leben des Galilei" heraus, das sich mit der Verantwortung des Wissenschaftlers auseinandersetzt. Zahlreiche Lehrstücke dieser Art reihten sich aneinander, daneben auch Prosa („Die Geschichten von Herrn Keuner") und vor allem eine reiche Lyrikproduktion. Nachdem Brecht 1948 nach zahlreichen Stationen (zuletzt in Kalifornien) nach Berlin-Ost zurückgekehrt war, gründete er zusammen mit seiner Ehefrau Helene Weigel das Berliner Ensemble, an dem seine Werke gepflegt wurden. Zu den bedeutendsten, die noch während des Zweiten Weltkriegs entstanden waren, zählt „Mutter Courage und ihre Kinder" (Uraufführung in Zürich 1941).

Geschäftssinn triumphiert über Muttergefühle

Anna Fierling, die nur Mutter Courage genannt wird, ist Marketenderin in den verschiedenen Heeren des Dreißigjährigen Krieges (womit Brecht auf eine Figur in Grimmelshausens „Simplicissimus" Bezug nimmt). Sie zieht mit ihren beiden Söhnen Eilif und Schweizerkas sowie mit ihrer stummen Tochter Kattrin durch die Lande mit nur einem Ziel: Sie will am Krieg verdienen. Eilif wird von Werbern entführt und erst Jahre später wiedergefunden. Als sie in die Gefangenschaft der Katholischen gerät, versucht der redliche Schweizerkas, die protestantische Regimentskasse zu retten, wird ertappt und vor Gericht gestellt. Mutter Courage versucht zwar, ihn auszulösen, feilscht aber zu lange und so wird ihr Sohn erschossen.

Darauf zieht Mutter Courage nun mit einem ehemaligen protestantischen Feldprediger weiter. Ständig ist sie besorgt, dass der Krieg aufhört, spendet einmal nur widerwillig Hemden, um einen Verwundeten verbinden zu helfen. Dass auch Eilif mittlerweile hingerichtet ist, weil er im Frieden geplündert hat (wofür er im Krieg ausgezeichnet wurde), erfährt sie nicht.

Sie lernt Pfeifenpieter kennen, der ihr eine bürgerliche Existenz in Aussicht stellt, wenn sie Kattrin zurücklasse – aber Mutter Courage zieht weiter. Als die stumme Kattrin die Stadt Halle vor dem anrückenden Feind mit Trommelschlägen warnt, wird die Stadt gerettet, Kattrin aber erschossen. Auch danach bricht Mutter Courage wieder auf, immer in der Hoffnung, dass der Krieg weitergeht und sie ernährt.

Episches Theater

Seit Mitte der zwanziger Jahre entwickelte Brecht die Idee eines epischen Theaters, bei dem die Zuschauer distanziert (statt einfühlend) ihre Lehren aus dem Vorgetragenen ziehen sollten. Ausdrücklich wendet er sich (zum Beispiel in den „Anmerkungen zur Oper Aufstieg und Fall der Stadt Mahagonny", 1930) gegen die „aristotelische" Konzeption einer auf Furcht und Schrecken (also die Affekte und deren „reinigende" Wirkung) zielende Bühnenkunst. Stattdessen ging es ihm um „Verfremdung" und „Verfremdungseffekte", um den Zuschauer ständig in die überlegene Position des Beurteilenden und letztlich aus dem Geschehen Lernenden zu versetzen. Als er hörte, dass man die Figur der Mutter Courage als „Opfer" sah, war er empört. Genau dies entsprach für ihn einem Sichhineinfühlen, das dem Sinn des Ganzen, der Demonstration von Engstirnigkeit und Lernunfähigkeit dieser ganz und gar unmütterlichen Mutter, widersprach.

Das Gemälde von Arno Mohr zeigt Bertolt Brecht
mit der Schauspielerin Helene Weigel (1900-1971)
und dem Komponisten Hanns Eisler (1898-1956)
in Buckow in der Märkischen Schweiz, wo Brecht
in den 1950er-Jahren lebte.

Ein Roman aus Hitlerdeutschland
Anna Seghers: Das siebte Kreuz (1942)

Anna Seghers (1900–1983), mit bürgerlichem Namen Netty Radványi, geb. Reiling, war Tochter eines jüdischen Kunsthändlers in Mainz. Sie studierte Kunstgeschichte (auch Sinologie) und promovierte über Rembrandt. Nach ihrer Heirat zog sie nach Berlin. Für ihre erste Erzählung, „Aufstand der Fischer von St. Barbara" (1927), erhielt sie den Kleist-Preis. Seghers trat der KPD bei und gründete den Bund proletarisch-revolutionärer Schriftsteller mit. 1933 verließ sie Deutschland (nach einer Verhaftung durch die Gestapo) und floh über die Schweiz nach Paris. Im Exil arbeitete sie u.a. beim Schutzverband Deutscher Schriftsteller mit. Nach dem Einmarsch deutscher Truppen floh sie in den Süden Frankreichs und konnte ihren Mann aus der Internierung retten (gestaltet in: „Transit", 1944). 1941 gelangte die Familie nach Mexiko-Stadt, wo Seghers u.a. die Bewegung „Freies Deutschland" gründete (mit gleichnamiger Zeitschrift). Ihr Roman „Das siebte Kreuz", in Frankreich begonnen, erschien auf Englisch in den USA, auf Deutsch in Mexiko und wurde 1944 mit großem Erfolg verfilmt.

Flucht aus einem KZ

Im Herbst 1937 gelingt sieben Häftlingen bei einem Arbeitseinsatz die Flucht aus einem rheinhessischen KZ (der Name ist fiktiv, das Vorbild stellt Dachau dar). Der Kommandant Fahrenberg lässt daraufhin sieben Bäumen die Krone abschneiden, Balken darübernageln, um die Ausgebrochenen binnen sieben Tagen daran zu kreuzigen. Einer wird sofort aufgespürt, die andern sechs (aus völlig verschiedenen sozialen Schichten) versuchen, sich jeweils auf eigene Faust durchzuschlagen.

Die Hauptaufmerksamkeit liegt auf Georg Heisler, der auf verschiedenste Weise Hilfe erfährt, zum Beispiel mit einem Fischer die Kleidung tauscht, sich von einer Bierfahrerin im Wagen mitnehmen lässt, bei einem Mädchen übernachten darf. In Frankfurt trifft er einen Mitausbrecher, der sich stellen will und ihm vom Tod eines Kameraden berichtet. Georg aber flieht weiter und trifft schließlich Paul, einen kommunistischen Gesinnungsgenossen. Der organisiert dann die weitere Flucht und besorgt neue Papiere, die Georg letztlich die Freiheit ermöglichen.

Alle anderen Flüchtlinge aber haben ihr Ziel nicht erreicht, sind tot oder gefangen. Fahrenberg lässt die Lebenden an ihre Kreuze binden, wird dafür jedoch ausgetauscht und begeht Selbstmord.

Der mit viel Symbolik (der sieben Schöpfungstage oder des Kreuzigens) angereicherte Roman hat auch die klare Aussage, dass allein Parteizugehörigkeit etwas gegen den Faschismus ausrichten kann.

Im Schriftstellerverband der DDR

Das Schicksal von Anna Seghers ist eng mit der Teilung Deutschlands verknüpft. Als sie 1947 nach Berlin zurückkehrte, lebte sie zunächst als Mitglied der SED im Westen (wo sie den Büchner-Preis erhielt), zog 1950 jedoch in den Ostteil. Dort wurde sie Gründungsmitglied der Deutschen Akademie der Künste und machte Karriere im jungen DDR-Staat (Nationalpreis der DDR 1951). 1952–1978 war sie Präsidentin des Schriftstellerverbandes der DDR und damit konfrontiert mit An-klagen wegen angeblicher konterrevolutionärer Verschwörung (im Falle Walter Jankas als Leiter des Aufbau-Verlags), Ausschlüssen aus dem Schriftstellerverband (etwa von Heiner Müller) und Ausweisungen (wie von Wolf Biermann). In keinem dieser Fälle leistete sie Widerstand (bei Jankas Entlassung scheiterte eine nicht-öffentliche Intervention bei Walter Ulbricht).

Seghers wurde in einem Staatsakt beerdigt, nachdem ihr zuvor die Ehrenbürgerwürde ihrer Geburtsstadt Mainz verliehen worden war.

Fotografie von Anna Seghers, um 1975.
Die Autorin legte testamentarisch fest, dass die
Einkünfte aus ihren Werken zur Förderung junger
Schriftsteller dienen sollten. Seit 1986 wird
daraufhin der Anna-Seghers-Preis verliehen,
der jährlich jeweils an eine Autorin oder einen
Autor aus dem deutschsprachigen und aus dem
lateinamerikanischen Raum vergeben wird.

Bewegung nach innen

Hermann Hesse: Das Glasperlenspiel (1943)

Hermann Hesse (1877–1962) stammte aus dem Schwarzwaldstädtchen Calw. Sein Vater war Theologe, seine Mutter Tochter eines Indienmissionars. Seine Schulzeit verlief schwierig, aus dem Kloster Maulbronn floh er (gespiegelt in „Unterm Rad", 1906). Einige Jahre im Buchhandel tätig, etablierte er sich als freier Schriftsteller am Bodensee, bereiste Indien und verbrachte den Ersten Weltkrieg in Bern bei der deutschen Gefangenenfürsorge. Ab 1919 lebte er zurückgezogen in Montagnola im Tessin, wo er bewusst ohne Sekretärin Tausende Briefe aus aller Welt beantwortete. In dieser Zeit entstanden seine großen Romane, die die Suche nach neuer Ordnung angesichts des Zusammenbruchs der Zivilisation beschreiben: „Demian" (1919), „Der Steppenwolf"

(1927), „Das Glasperlenspiel" (1943). 1946 erhielt Hesse im gleichen Jahr den Nobel- und den Goethe-Preis.

Utopie vom richtigen im falschen Leben

Das „Glasperlenspiel" zeigt deutliche Anspielungen auf Goethes „Wilhelm Meister". Schon der Name des Helden, Josef Knecht, zeigt dies, vor allem aber die Beschreibung des utopischen Kastaliens als eine neue „pädagogische Provinz" (in die Wilhelm aufgenommen wird). Nur geht es nicht um die Entfaltung einer „klassischen" Persönlichkeit, sondern um Verteidigung humaner Ideale in einer Welt, in der diese für immer zusammengebrochen erscheinen. Umgesetzt wird dies in der Entwicklung

Knechts zum Magister Ludi, die im Jahre 2200 spielt. Zu dieser Zeit habe ein elitärer Orden ein Spiel belebt, dessen Erfindung ins 19. und 20. Jahrhundert zurückreicht: eben das Glasperlenspiel als Spiel mit den Bestandteilen des kulturellen Erbes. Damals wie heute (also um 2200) diene es der Gegenwehr gegen allgemeine Verflachung, sei Inbegriff intellektueller Zucht, wozu Morgenlandfahrer noch einen wichtigen Beitrag über die abendländischen Bestandteile hinaus geleistet hätten. Mit Ludi sei ein neuer Höhepunkt erreicht worden.

Der Roman schildert den Lebensweg dieses Meisters, der schon als Zwölfjähriger in seiner musikalischen Genialität entdeckt und später auf einer Eliteschule zum besten aller Glasperlenspieler erzogen wurde. Eine Vertiefung seiner Studien erfährt der Zögling bei einem Eremiten, der sich mit chinesischer Philosophie beschäftigt. Nach seiner Eingliederung in den Orden wirkt Knecht bei diplomatischen Missionen mit, die ihn zu Verhandlungen mit der katholischen Kirche führen. Vierzigjährig wird er zum Meister Ludi gewählt und bildet selbst Schüler aus. Zuletzt aber verlässt Ludi den Orden, um die Ideale des Ordens vom Elfenbeinturm in die (geistferne) Welt zu tragen. Er stirbt, als er mit seinem Lieblingsschüler um die Wette schwimmt.

Vater der New-Age-Bewegung

Hesses Wirkung erfolgte weniger zur Entstehungszeit seiner Werke als nach dem Zweiten Weltkrieg. Die Wendung nach innen, die Aufnahme indischen Denkens, schon das Motiv des Lehrer-Schüler-Verhältnisses wirkten wie ein Versprechen, den Zusammenbruch der Zivilisation alten Musters zu überwinden. Hesse wurde als Geheimtipp gelesen, buchstäblich als Guru, der eine weltweite Gemeinde fand (besonders auch in den USA). Der Roman

„Siddharta. Eine indische Dichtung" (1922) mit seinen indischen Motiven spielte dabei ebenso eine Hauptrolle wie die Erzählung von „Narziß und Goldmund" (1930), in der die beiden gegensätzlichen Lebensphilosophien von „vita activa" und „vita contemplativa" aufeinandertreffen. Vor allem mit dem „Glasperlenspiel" aber wurde Hesse der Propagator eines Wegs nach innen, wie er sehr bald zur großen Mode unter dem Schlagwort „New Age" werden sollte.

Hermann Hesse

Das Glasperlenspiel

Halle 3.1, Stand E 119

Bibliothek Suhrkamp

Eine riesige Buchattrappe des „Glasperlenspiels"
von Hermann Hesse diente auf der Frankfurter
Buchmesse 2001 zu Dekorationszwecken.

Widerstand im Dritten Reich
Carl Zuckmayer: Des Teufels General (1946)

Carl Zuckmayer (1896–1977) wuchs in Mainz auf. Nach einem Notabitur meldete er sich 1914 als Kriegsfreiwilliger. Im und kurz nach dem Krieg schrieb er erste Gedichte und Dramen. Die Komödie „Der fröhliche Weinberg" (1925) mit einer Parodie des studentischen Corpslebens brachte den Durchbruch (begleitet von einigen Skandalen). Seither lebte er in Österreich, arbeitete aber weiter mit dem Deutschen Theater in Berlin zusammen, wo „Der Hauptmann von Köpenick" seinen Ruhm begründete.

Nach dem „Anschluss" Österreichs 1938 ging Zuckmayer ins Exil in die USA (seine Mutter war Jüdin), wo er eine Farm bewirtschaftete, aber auch als Drehbuchautor arbeitete. Als er 1946 als Kulturbeauftragter des amerikanischen Kriegsministeriums nach Deutschland zurückkehrte, hatte er „Des Teufels General" im Gepäck. Die Uraufführung erfolgte noch im gleichen Jahr in Zürich, ein Jahr später die deutsche Erstaufführung in Frankfurt nach Einsprüchen der Militärregierung. Der Erfolg war enorm, in der Spielzeit 1948/49 kamen mehr als 3 000 Aufführungen zustande. Mit dem „Gesang im Feuerofen" (1950) setzte Zuckmayer die Thematik des Widerstands fort. Ab 1957 lebte er in der Schweiz, wo er seine außerordentlich erfolgreiche Autobiografie „Als wär's ein Stück von mir" (1966) schrieb.

Ein neuer Teufelspakt

Dem Stück liegt die Erinnerung an einen Freund Zuckmayers zugrunde, den Fliegergeneral Ernst Udet. Die Nazis hatten ihn in den Freitod getrieben und anschließend mit einem Staatsbegräbnis geehrt – so endet auch das Theaterstück.

Im Zentrum der Handlung steht General Harras, ein leidenschaftlicher Flieger, der sich in den Dienst der Nazis stellt, obwohl er Gegner des Regimes ist und dies bei jeder Gelegenheit kundtut. Den Anwerbungsversuch der SS lehnt er ab, knickt dann aber angesichts einer Intrige ein, als man ihn im Gefängnis isoliert und glauben macht, er solle erschossen werden.

Die Handlung nimmt eine Wende, als er einer scheinbaren Fehlkonstruktion neu entwickelter Flugzeuge nachgeht, der sein Freund Eilers bereits zum Opfer gefallen ist. Er erfährt von dem verantwortlichen Ingenieur Oderbruch, dass ein fehlerhaftes Höhenruder absichtlich eingebaut wurde, um die Flugzeuge abstürzen zu lassen und damit den Krieg abzukürzen. Nach einer leidenschaftlichen Auseinandersetzung um den Widerstand, die wie ein neuer Pakt zwischen Faust und dem Teufel angelegt ist, besteigt Harras eine der präparierten Maschinen und rast in den Tod.

Curd Jürgens in „Des Teufels General",
einer Verfilmung des gleichnamigen
Dramas aus dem Jahr 1954.

Bewältigungsdramatik

Zuckmayers Drama war eines der wenigen frühen Beispiele einer Reaktion auf die Nazizeit. Rasch wurde jedoch klar, dass das Drama falsch verstanden und vielleicht auch falsch angelegt war (wie es Kurt Rilla in seinem Essay „Zuckmayer und die Uniform" schon 1950 vorbildlich analysierte). Zu leicht ergab sich eine Identifizierung mit dem charmanten General, der den Beleg dafür zu geben schien, dass die Nazis nur verführte Mitläufer

waren. Vor allem erschien ausgerechnet die Gestalt Oderbruchs, des Widerstandskämpfers, als Verräter und Mörder seiner eigenen Leute. Damit war aus der Anklage Apologetik geworden, eine Bewältigung in weite Ferne gerückt, wenn nicht konterkariert. Zuckmayer hat das Stück selbst 1963 für deutsche Aufführungen gesperrt. Aber der Erfolg war nicht aufzuhalten, besonders seit der Verfilmung durch Helmut Käutner 1954, in der Curd Jürgens die Hauptrolle spielte.

*Undatierte Fotografie von Elisabeth Langgässer.
Im Gedenken an die Schriftstellerin verleiht die
Stadt Alzey seit 1988 den Elisabeth-Langgässer-
Literaturpreis, mit dem alle drei Jahre ein
deutschsprachiger Autor bzw. eine deutsch-
sprachige Autorin geehrt wird. Zu den Preisträgern zählen auch Christa Wolf und Ulla Hahn.*

Das Grauen der Judenvernichtung
Nelly Sachs: In den Wohnungen des Todes (1947)

Nelly Sachs (1891–1970) stammte aus einer großbürgerlich-jüdischen Familie in Berlin und wuchs in behüteten Verhältnissen (teilweise von Privatlehrern erzogen) auf. Ein prägendes Erlebnis wurde der Erstlingsroman „Gösta Berling" (1891) der schwedischen Dichterin Selma Lagerlöf, zu der sie Kontakt aufnahm und diesen dann lebenslänglich pflegte. Stefan Zweig half 1921 bei der Veröffentlichung der „Legenden und Erzählungen". Verschiedene Berliner Zeitungen druckten ihre Gedichte ab. In den 1930er-Jahren setzte die Verfolgung durch die Nazis ein, der sie im Mai 1940 in allerletzter Minute mit der Flucht nach Schweden entkam. Im Exil schrieb sie in ärm-lichsten Verhältnissen jene Gedichte, die 1949 unter dem Titel „In den Wohnungen des Todes" erschien (noch im gleichen Jahr der Nachfol-geband: „Sternverdunkelung"). Johannes R. Becher hatte dies in der damaligen Ostzone ermöglicht, während sich im Westen lange Zeit kein Interesse regte. Erst 1957 und 1959 er-schienen Gedichtbände in Hamburg, München und Stuttgart, der SWR strahlte 1959 ein Hör-spiel aus. Dann folgten wichtige Preise (1965 erhielt sie als erste Frau den Friedenspreis des Deutschen Buchhandels) bis zur Verleihung des Literaturnobelpreises (zusammen mit Samuel J. Agnon) 1966.

O die Schornsteine

Das Eröffnungsgedicht von „In den Wohnun-gen des Todes" greift die Vernichtung in den Gaskammern auf und benennt diese so kon-kret wie möglich: „O die Schornsteine" (der ursprüngliche Titel, den Becher zu ersetzen bat, lautete noch unverhüllter: „Dein Leib im Rauch durch die Luft"). Sachs hat in ihrer Lyrik der vierziger Jahre das jüdische Schicksal di-rekt angesprochen und mit Bildern versehen, die dem Alten Testament entstammen. Schon das Motto des Gedichtbands stammt aus dem Buch Hiob (19,26): „Und wenn diese meine Haut zerschlagen sein wird, so werde ich ohne mein Fleisch Gott schauen." Die erste Strophe beginnt:

„O die Schornsteine / Auf den sinnreich erdach-ten Wohnungen des Todes, / Als Israels Leib zog aufgelöst in Rauch / Durch die Luft – "
Schärfer ist die industrielle Vernichtung nicht zu fassen, keine Realität reicht an dieses Bild heran, bei dem noch von Sternen die Rede ist, die geschwärzt werden vom Rauch.
In den weiteren Strophen ist von „Freiheitswe-gen für Jeremias und Hiobs Staub" die Rede, ehe die Schlussstrophe das apokalyptische Bild erneut aufgreift:
„O ihr Schornsteine, / O ihr Finger / Und Israels Leib im Rauch durch die Luft!"
Die Schilderungen des Leides ihres Volkes hat Sachs immer in dieser Mischung von unver-hüllt-deutlicher Ansprache des Grauens und einer sinnlich-metaphernreichen Sprache ver-fasst, die dem Grauen eine erträgliche Gestalt geben. Bei allem Leiden, das ihr aus Deutsch-land widerfuhr (das Land, das sie nur äußerst zögernd zur Verleihung des Friedenspreises des Deutschen Buchhandels 1965 kurz wieder betrat), ließ sie nicht ab von der deutschen Sprache. Ihre Dankesrede anlässlich der No-belpreisverleihung 1966 hielt sie, die längst Schwedisch konnte und Schwedin geworden war, auf deutsch.

Lyrik nach Auschwitz

Unendlich oft ist das Wort von Theodor W. Adorno wiederholt worden: „Nach Auschwitz ein Gedicht zu schreiben, ist barbarisch ..." Nun sind wieder Gedichte geschrieben worden und diejenigen von Nelly Sachs setzen sich am aller-wenigsten dem Vorwurf aus, die Klage auf un-würdige Weise durchbrochen zu haben. Obwohl sie selbst es so sicher nicht gesehen hat, bahnt ihre eigene sprachliche Kunst denen die Bahn, die wieder der Kunst gegen alle Formen der Bar-barei Gehör verschaffen wollten.

Fotografie von Nelly Sachs aus dem Jahr 1966, in dem sie den Literaturnobelpreis „für ihre hervorragenden lyrischen und dramatischen Werke, die das Schicksal Israels mit ergreifender Stärke interpretieren", erhielt.

Trümmerliteratur

Wolfgang Borchert: Draußen vor der Tür (1947)

Wolfgang Borchert (1921-1947) war Hamburger, schrieb mit fünfzehn Jahren erste Gedichte. Vor dem Abitur verließ er die Schule und absolvierte ein Buchhändlerlehre. Nebenher nahm er Schauspielunterricht, bestand die Abschlussprüfung und bekam ein Engagement. Dazwischen liegen Dramenversuche. 1941 begann jedoch für Borchert der Kriegsdienst mit Fronteinsatz und Verwundung. Auf den Verdacht, sich eine Verletzung selbst zugefügt zu haben, wird er angeklagt, jedoch freigesprochen. Beim nächsten Fronteinsatz erkrankt er an Gelbsucht und kommt ins Lazarett.

Bei einem Heimaturlaub 1943 gastiert er in einem Hamburger Kabarett, bis eine Goebbels-Parodie erneut zur Verhaftung und diesmal Verurteilung führt. Am Ende des Krieges kommt er in Gefangenschaft, flieht und schlägt sich krank nach Hamburg durch. Dort schreibt er für ein Kabarett und tritt selbst darin auf. 1946 entstehen 20 Kurzgeschichten, eine Gedichtsammlung fasst Lyrik der vierziger Jahre zusammen. Das Bühnenstück „Draußen vor der Tür", geschrieben in einer Januarwoche 1947, wird zuerst als Hörspiel gesendet, dann einen Tag nach seinem Tod in den Hamburger Kammerspielen uraufgeführt.

Geschichte eines Kriegsheimkehrers

Beckmann kommt aus der Kriegsgefangenschaft in Sibirien nach Hause und steht buchstäblich wie bildlich vor Trümmern („Und ihr Zuhause ist dann draußen vor der Tür"). Ein Vorspiel schildert die Unterhaltung zwischen einem fetten Beerdigungsunternehmer und einem alten Mann (Gott) über jemanden, der sich in die Elbe stürzen will. Dann folgt der Traum Beckmanns. Auch er ist ins Wasser gegangen, aber die Elbe wollte ihn nicht (weil ein steifes Bein nicht ausreiche) und wirft ihn wieder an Land. In fünf Szenen folgt das weitere Schicksal Beckmanns. Immer neue Personen sucht er auf, die ihn enttäuschen, worauf er von dem „Anderen" (seinem Alter Ego) jeweils gerade noch abgehalten wird.

Seine Frau hat einen neuen Mann gefunden, sein Kind ist tot. Eine junge Frau gewährt ihm Unterschlupf und gibt ihm die Jacke ihres vermissten Mannes, der dann doch auftaucht und Jacke wie Frau zurückfordert. Dann fühlt sich Beckmann schuldig am Tod einiger Kameraden. Er geht zu seinem ehemaligen Oberst, um seine Verantwortung zurückzugeben, aber der lehnt zynisch ab und empfiehlt ihm im Scherz, zum Kabarett zu gehen. Das tut Beckmann dann tatsächlich, aber der Direktor fürchtet seinen Pessimismus und nimmt ihn nicht an. Zuletzt steht er vor der Wohnungstür seiner Eltern und hört von deren Selbstmord, weil sie Nazis waren. Von allen Menschen im Stich gelassen, findet sich Beckmann am Ende wieder draußen vor der Tür, wo er keine Antwort erhält.

Neue Gattung Kurzgeschichte

„Draußen vor der Tür" war das Erfolgsstück Borcherts, nicht zuletzt aufgrund seines Todes unmittelbar nach dem Erscheinen. Dabei gehört ein anderes Genre vielleicht zum wichtigeren Teil seines Werkes: die Kurzgeschichte. Sie war kurz zuvor in den USA populär geworden, hatte in Ernest Hemmingway einen brillanten Vertreter gefunden und wurde im Nachkriegsdeutschland begierig aufgegriffen. Die kurze Form (die sich zur Veröffentlichung in den Feuilletons der Zeitungen gut eignete) in Verbindung mit der Möglichkeit, ein Thema grell zu beleuchten, trug zum Erfolg der Gattung bei. Borcherts Geschichten zeigen die Verhältnisse im zerbombten Deutschland („Nachts schlafen die Ratten doch"), können aber auch wundervoll humoristisch daherkommen wie „Schischyphusch", der Geschichte vom gleichnamigen Lispler, der in einem Lokal auf einen anderen Lispler trifft.

HAMBURGER
KAMMERSPIELE

LEITUNG: IDA EHRE

Freitag, den 21. November 1947, 19 Uhr

URAUFFÜHRUNG

Draußen vor der Tür

von Wolfgang Borchert

Inszenierung: Wolfgang Liebeneiner · Bühnenbild: Helmut Koniarsky

Beckmann . . . . . Hans Quest	Ein Oberst . . . . Gerhard Ritter	Frau Kramer . . . . Luise Franke-Booch
Seine Frau . . . . . Gisela Borries	Seine Frau . . . . Karin Hagemann	Der alte Mann . . . . Willi Schweisguth
Deren Freund . . . . Jürgen Wulf	Seine Tochter . . . . Helga Aust	Der Beerdigungsunternehmer . Hermann Schomberg
Ein Mädchen . . . . Käte Pontow	Deren Mann . . . . Gerd Möllenberg	Der Andere . . . . Hermann Lenschau
Ihr Mann . . . . Heinz Scheider	Ein Kabarettdirektor . . . Erwin Geschonneck	Die Elbe . . . . Heidi Boyes

Weitere Aufführungen siehe Wochenspielplan

Wir machen die Theaterbesucher darauf aufmerksam, daß Zuspätkommende erst nach dem 1. Akt den Zuschauerraum betreten können. - Vorverkauf 6 Tage im voraus werktags von 10 bis 13 Uhr an der Tageskasse und in den bekannten Vorverkaufsstellen - Preise von RM 4.- bis 10.- - Fahrverbindungen: Linie 18, 22, 27 bis Hallerstraße, U-Bahn bis Hallerstraße, S-Bahn bis Dammtor

HAMBURG 13 · HARTUNGSTRASSE 9

Ankündigung der Uraufführung
des Stückes „Draußen vor der Tür" in den
Hamburger Kammerspielen am 21.11.1947.

Hoffnung in hoffnungsloser Zeit
Ilse Aichinger: Die größere Hoffnung (1948)

Ilse Aichinger (geb. 1921) ist die Tochter einer jüdischen Ärztin aus Wien und wurde nach der Scheidung der Eltern zusammen mit ihrer Zwillingsschwester von der Großmutter erzogen. Nach dem Anschluss Österreichs begann die Verfolgung, der die Großmutter zum Opfer fiel, während die Mutter und Ilse knapp überlebten (die Schwester konnte nach England fliehen). Nach 1945 studierte Aichinger Medizin, arbeitete als Lektorin beim Fischer Verlag und schrieb „Die größere Hoffnung" als zum Teil autobiografischen Roman. 1951 stieß sie zur Gruppe 47, in der sie 1952 mit ihrer „Spiegelgeschichte" den Preis gewann. 1953 heiratete sie ihren Schriftstellerkollegen Günter Eich und lebte teils in Österreich, teils in Deutschland. In dieser Zeit entstanden zahlreiche Erzählungen, Hörspiele und Gedichte, für die sie mit mehr als einem Dutzend Literaturpreisen überhäuft wurde. Zuletzt erschienen „Kurzschlüsse und Subtexte" (beide 2006).

Die Katastrophe aus Kinderperspektive

Im Zentrum ihres Romans steht die sechzehnjährige Halbjüdin Ellen, die das Ende des Zweiten Weltkriegs und die Judenverfolgung in einer Stadt erlebt, hinter der sich Wien verbirgt. Sie lebt bei ihrer Großmutter und träumt da-von, zu ihrer bereits emigrierten Mutter nach Amerika zu gelangen, nachdem ihr „arischer" Vater wegen einer Parteikarriere die Familie längst verlassen hat. Ellen versteht nicht, was „richtige" und „falsche" Großmütter sind, bricht auch das Verbot ihrer Großmutter, mit jüdischen Kindern zu spielen. Als sie mit dem Stern ihrer Großmutter „geschmückt" eine Konditorei betritt und prompt herausfliegt, dämmert ihr der Grund.

Mit dem Selbstmord der Großmutter spitzen sich die Ereignisse immer mehr zu. Die Kinder spielen ein Krippenspiel. Ein Nachbar schleicht sich ein, um die Kinder zusammenzuhalten, denn sie sollen abgeholt werden. Tatsächlich geschieht dies, nur Ellen bleibt als Halbjüdin zurück. Später wird aber auch sie verhaftet und trifft ihre ehemalige Spielkameradin, die gerade eine Folterung hinter sich hat. Bei einem Bombenangriff wird Ellen verschüttet, aber befreit.

In der mittlerweile umkämpften Stadt trifft Ellen fremde Soldaten. Einer von ihnen muss eine Nachricht in die Stadt bringen, wird dabei verwundet und von Ellen versorgt. Als dieser Soldat Ellen bittet, die Nachricht für ihn in die Stadt zu schmuggeln, gerät sie auf ihr altes Spielgelände, wo inzwischen die Schlacht tobt. Dort erscheint auch ein alter Spielkamerad, dem sie erzählt, dass die alte Brücke zerstört ist. Der tröstet sie damit, dass er eine neue bauen werde. Sie soll „Die größere Hoffnung" heißen. In dem Moment, als Ellen davonspringt, wird sie von einer explodierenden Granate zerfetzt.

Bis zuletzt hat Ellen die Realität als Traum erlebt, ohne die schrecklichen Hintergründe zu verstehen. Aber gerade die naiv geschilderte Wirklichkeit erscheint umso grausamer.

Gruppe 47

Nach dem Zweiten Weltkrieg fanden sich 1947 auf Initiative des Erzählers Hans Werner Richter literarisch Tätige zusammen, um zusammen den Neuaufbau („Stunde Null") zu organisieren. Eine Zeitschrift wurde ins Leben gerufen, auf zweijährlichen, dann jährlichen Treffen aus Manuskripten vorgelesen. Dabei ging es um die Vertretung demokratischer Ideen gegen restaurative Tendenzen in der jungen BRD. Erfolgreiche Autoren wie Grass, Böll, Walser trugen zum Renommee bei. Als Verleger und Sponsoren eine Quasi-Institutionalisierung (mit erheblicher Öffentlichkeitsarbeit) bewirkten, setzte erste Kritik ein. 1967, zu Beginn der Studentenrevolte, kam es auch in der Gruppe 47 zu Störungen, die dann zum Abbruch der Treffen führten.

Ilse Aichinger mit Heinrich Böll (l.)
und Günther Eich (r.) 1952 während einer
Tagung der Gruppe 47, der Ilse Aichinger
seit einem Jahr angehörte.

Intellektuelle Innerlichkeit
Ingeborg Bachmann: Die gestundete Zeit (1953)

Ingeborg Bachmann (1926–1973) stammte aus Kärnten. Sie studierte Philosophie (nebenbei auch Psychologie, Germanistik und Staatswissenschaften) an verschiedenen österreichischen Universitäten und promovierte bei dem bedeutenden Wissenschaftstheoretiker Victor Kraft über Martin Heidegger. Daneben widmete sie sich seit der Studienzeit der literarischen Tätigkeit und pflegte Freundschaften etwa mit Ilse Aichinger und Paul Celan, später auch mit Max Frisch. Neben Gedichten entstanden Hörspiele und Opernlibretti, zuletzt auch der Roman „Malina" (1971), der auf die Trilogie „Todesarten" angelegt war, die nicht mehr vollendet wurde. Bachmann starb in ihrer Wahlheimat Rom an den Folgen eines Brandunfalls.

Die gestundete Zeit

Bachmanns Lyrik zeigt eine extreme Form von Sprödigkeit, die vielleicht der Ängstlichkeit vor Klischees entspringt. Selten finden sich Reime, fast immer handelt es sich um freie Rhythmen, die freilich äußerst kontrolliert fließen. Dabei ist auch die Bildlichkeit kühn, bewegt sich am Rande der Verständlichkeit. All dies steht im Dienst einer Darstellung der Trostlosigkeit des Lebens, aus dem kaum Funken der Hoffnung aufblitzen.

„Die gestundete Zeit", die einem Gedichtband den Namen gegeben hat, ist ein Beispiel dafür. Erst nach und nach versteht man, dass es um das „Stunden" der Lebenszeit wie einer Schuld geht, dass das Leben unausweichlich auf Wi-derruf gegeben wurde und deshalb zum Ernst auffordert. Zwischen der gleichlautenden ersten und letzten Zeile („Es kommen härtere Tage.") liest sich das Gedicht wie die Erneuerung des mittelalterlichen „Memento mori" („Bedenke, dass du sterblich bist!"). Bachmann fasst die bekannte Wendung in das Bild, das dem Gedicht den Namen gegeben hat:

„Die auf Widerruf gestundete Zeit / wird sichtbar am Horizont."

Bild um Bild sucht das nahe Ende zu fassen. Die Schuhe müssen geschnürt werden, die Hunde zurückgejagt. Oft bleiben die Bilder rätselhaft, wenn davon die Rede ist, dass die „Eingeweide der Fische" im Wind kalt geworden sind. Nicht Wortschöpfungen, sondern Bildschöpfungen kennzeichnen den Text. Das „Licht der Lupinen" brennt „ärmlich", der Blick „spurt im Nebel", als wolle er eine Schneise schlagen ins Unzugängliche.

In einer zweiten Strophe tritt eine Geliebte auf, die ein Liebhaber festhalten will, die aber mit „wehendem Haar" im Sand versinkt. Und dann wiederholt sich der Beginn des Gedichts und zeigt, dass von Anfang an die Rede von der schmerzlichen Trennung war:

„Schnür deinen Schuh. / Jag die Hunde zurück. / Wirf die Fische ins Meer. / Lösch die Lupinen!"

Seit 1977 verleiht der Klagenfurter Literatur-
wettbewerb den nach der Dichterin benannten
bedeutenden Ingeborg-Bachmann-Preis.

Parabel über moralische Korrumpierbarkeit
Friedrich Dürrenmatt: Besuch der alten Dame (1956)

Friedrich Dürrenmatt (1921–1990) stammte aus einem Dorf im Schweizer Kanton Bern. Er war ein schlechter Schüler, entwickelte jedoch eine Doppelbegabung als Literat und Maler. Sein Studium in Philosophie, Naturwissenschaften und Germanistik schloss er ab, ließ jedoch eine Doktorarbeit über Sören Kierkegaard liegen. 1950 entstand der Kriminalroman „Der Richter und sein Henker", der ihn schlagartig berühmt machte. In seinem Haus in Neuchâtel, in dem er bis zu seinem Lebensende wohnte (heute Museum: Centre Dürrenmatt), entstanden Hörspiele und Detektivromane, vor allem aber Theaterstücke, neben dem „Besuch der alten Dame" das erfolgreichste „Die Physiker" (1962). Ferner arbeitete Dürrenmatt an verschiedenen Bühnen, u. a. auch in Düsseldorf, wo zwei seiner Werke uraufgeführt wurden. Mit politischen Essays schaltete er sich ins Tagesgeschehen ein. Die Werkausgabe von 1980 umfasst 29 Bände. Über die Entstehung seiner Werke liegt der Rechenschaftsbericht „Geschichte meiner Schriftstellerei" (1981-1990) vor. Die Auszeichnungen sind kaum aufzuzählen.

Von fragwürdiger Gerechtigkeit und klarer Schuld

Zu Beginn kommt die Milliardärin Claire Zachanassian als „alte Dame" in die Stadt ihrer Kindheit, Güllen (mit Anspielung auf Gülle). Sie hat dafür gesorgt, dass es den Bürgern schlecht geht, während sie selbst wie aus einer anderen Welt wirkt (sie hat als einzige einen Flugzeugabsturz überlebt). Sehr bald stellt sich heraus, was der Zweck ihres Besuchs ist: Sie will Rache für ein altes Unrecht. Der Güllener Alfred Ill hat sie einst mit einem Kind sitzen gelassen und in einem Prozess mit bestochenen Zeugen die Vaterschaft bestritten. Claire musste ihre Heimat ehr- und mittellos verlassen. Aber sie heiratete einen Ölmillionär und weitere Superreiche, die ihr ein märchenhaftes Vermögen hinterließen.

Mit diesem Hintergrund macht sie den Güllern ihr Angebot: eine Milliarde für den Mord an Ill. Nach anfänglicher Entrüstung arbeitet es in den Güllenern. Ill ist zuletzt zermürbt und zum Sterben bereit. Der Bürgermeister verkündet in der Presse, Frau Zachanassian wolle auf Vermittlung ihres Jugendfreundes Ill eine Stiftung machen. Dann folgt der Countdown wie in einem Western. Die Bürger stellen sich zu einer Gasse auf, Ill geht hinein. Als die Menge sich auflöst, liegt Ill tot am Boden. In der Presse lautet die Diagnose auf Herzschlag „aus Freude". Claire verlässt das Dorf mit ihrem „Geliebten" im Sarg, der Bürgermeister hat den Scheck in seinen Händen.

> ### Die Tragikomödie als Antwort auf die Moderne
> Mit der Konzeption der Tragikomödie (Dürrenmatt sprach auch von einer utopischen, einer Prosa- oder meist ohne Zusatz von einer Komödie) reagiert Dürrenmatt auf eine Moderne, die mit ihrem Sinnverlust Tragisches ausschließt. Handlungen in dieser Welt sind absurd, katastrophal, manchmal auch nur lächerlich. Nur wo wie in der griechischen Antike oder auch im deutschen Idealismus bei Friedrich Schiller Normen (bzw. der Glaube an sie) existieren, kann deren Verfehlung tragisch werden. Die alte Dame will nicht wirklich Gerechtigkeit, und sie „spielt" nur die Rachegöttin. So lässt sich „Tragisches" nur als „Komödie" darstellen bzw. ertragen.

Die Wirkung des Stücks beruht auf der gekonnten Trivialisierung des Schemas einer antiken Tragödie. Es gibt die Rachegöttin und es gibt den unausweichlichen Ablauf. Nur gibt es kaum tragische Größe, da Schuld und Rache in einem bizarren Missverhältnis zueinander stehen. Dürrenmatt hat weder eine Tragödie noch eine Komödie geschrieben, sondern eine „tragische Komödie", wie der Untertitel lautet.

Friedrich Dürrenmatt im Dezember 1989.

Identität und Identitätsverlust
Max Frisch: Homo faber (1957)

Max Frisch (1911–1991) war Sohn eines Züricher Architekten und studierte zunächst Germanistik. Er begann mit journalistischer Arbeit, schrieb aber auch erste Romane. 1936 verbrannte er seine noch unveröffentlichten Versuche und begann ein Architekturstudium. Nach dem Diplom betrieb er ein Architektenbüro und baute u. a. das Freibad Letzigraben in Zürich. Während des Zweiten Weltkriegs gewann er Kontakt zum Theater und begann wieder mit dem Schreiben, worin ihn Friedrich Dürrenmatt und Bertold Brecht ermunterten. Nach einer USA-Reise aufgrund eines Stipendiums der Rockefeller-Stiftung entstanden der Roman „Stiller" (1954) und das Theaterstück „Don Juan oder Die Liebe zur Geometrie" (1953 in Zürich und Berlin uraufgeführt), die den Durchbruch brachten. 1955 schloss er sein Architektenbüro und konzentrierte sich auf die schriftstellerische Arbeit. Das erste Ergebnis war der Roman „Homo faber", der eine Millionenauflage erlebte und in mehr als vierzig Sprachen übersetzt wurde. Es folgten Theaterstücke (etwa: „Biedermann und die Brandstifter", 1958) und weitere Romane (etwa: „Mein Name sei Gantenbein", 1964). In Rom hatte Frisch mit Ingeborg Bachmann zusammengelebt, es folgten zahlreiche weitere Auslandsaufenthalte und Beziehungen, die er teilweise literarisch ausarbeitete (wie in der Erzählung „Montauk", 1975). Im Alter zog sich Frisch wieder in seine Heimat Zürich zurück.

Bericht über ein wirres Leben

Wie auch der Untertitel besagt, ist der Roman als „Bericht" mit erklärenden und entschuldigenden Zügen angelegt, den ein schweizerischer (aber amerikanisierter) Ingenieur namens Walter Faber abgibt.

Faber lernt auf einem Flug aus New York Herbert Hencke kennen. Er ist der Bruder Joachims, eines alten Freundes und späteren Ehemannes von Hanna, Fabers Jugendliebe. Hencke und Faber suchen Joachim im Dschungel und finden ihn tot. Faber kehrt nach New York zurück, wehrt den Heiratswunsch seiner Geliebten ab und flieht per Schiff nach Europa. Dabei lernt er die junge Elisabeth kennen, verliebt sich in sie und reist mit ihr durch Europa. Er schläft mit ihr, weiß jedoch nicht, dass sie seine Tochter ist. Hanna hatte vor vielen Jahren versprochen, ihre Schwangerschaft abzubrechen, sich aber nicht daran gehalten. An einem griechischen Strand (in mythischer Atmosphäre) wird Elisabeth von einer Schlange gebissen. Faber kommt ihr nackt zu Hilfe, aber Elisabeth schreckt zurück und fällt über eine Böschung. Faber fährt mit der sterbenden jungen Frau nach Athen und erfährt dort von Hanna, dass Elisabeth seine Tochter ist. Er will nun bei Hanna bleiben, fliegt nach New York nur zurück, um seine Angelegenheiten zu regeln. Aber zur Trauer über den Tod der Tochter kommt die Vorahnung seines eigenen Todes. Sein Magenleiden hat sich als Krebs entpuppt. Der Ausgang der Operation in Athen wird nicht mehr erzählt.

Roman als Tagebuch

Lebenslang hatte Frisch Tagebücher geführt, die in seiner Gesamtausgabe mit sieben Bänden vertreten sind. Aber auch seine Romane lesen sich wie Versuche der Selbstvergewisserung. Rollenbilder und Rollenverhalten stellen sich vor vermeintliche Identitäten. Faber reduziert sein Handeln auf eine Form von Zweckrationalität, die dem Ingenieur angemessen ist, im Leben jedoch zur Katastrophe führt. Im Vorgängerroman „Stiller" geht es um einen Identitätsverlust (erster Satz: „Ich bin nicht Stiller"), der zum Versuch der Rekonstruktion führt, aber letztlich ebenso tragisch endet wie Fabers Flucht vor seiner Rolle als das, was die Überschrift aussagt: „homo faber", ein auf sein Machen reduziertes Wesen.

Szene aus dem Film „Homo Faber" (1991)
mit Julie Delpy und Sam Shepard.
Regie führte Volker Schlöndorff.

Schreiben gegen die verstreichende Zeit
Günter Grass: Die Blechtrommel (1959)

Günter Grass (geb. 1927) ist in Danzig geboren und verlebte die Kindheit in einfachen Verhältnissen. Im Zweiten Weltkrieg meldete er sich freiwillig zur Wehrmacht und ging, wie er in seiner Autobiografie „Beim Häuten der Zwiebel" (2006) berichtete, mit 17 Jahren zur Waffen-SS. Das Kriegsende erlebte er in amerikanischer Gefangenschaft. Von 1948 an studierte er in Düsseldorf und Berlin Kunst und ließ sich zum Maler und Bildhauer ausbilden. Nebeneinander debütierte er 1956/57 in Ausstellungen mit seinen Plastiken und Grafiken sowie als Lyriker und Dramatiker. Sein erster Roman, „Die Blechtrommel", brachte den Durchbruch mit einer bis heute nicht nachlassenden Wirkung. In zwei Nachfolgewerken setzte er die Handlung fort und fasste die Bücher zur „Danziger Trilogie" zusammen: mit „Katz und Maus" (1961) und „Hundejahre" (1963). Als Grass 1999 den Literaturnobelpreis für sein Lebenswerk erhielt, hob das Komitee hervor, er habe in besonderer Weise „das vergessene Gesicht der Geschichte gezeichnet".

Die Geschichte des Trommlers Oskar Matzerath

Die Erzählung bewegt sich auf zwei Ebenen. Zum einen lernen wir den dreißigjährigen Oskar kennen, der in einer Nervenheilanstalt seine Autobiografie entwirft, um die verdrängte Schuld am Tod seiner mutmaßlichen Väter loszuwerden. Dabei spielt der Klinikalltag mit Gesprächen und Besuchen eine Rolle. Zum andern erzählt der kleine Oskar sein Leben aus der Perspektive eines Kindes, das von Geburt an einen wachen Verstand besitzt, mit drei Jahren jedoch beschließt, nicht mehr zu wachsen und damit weiter aus der Kindperspektive die weltgeschichtlichen Ereignisse vor dem Zweiten Weltkrieg, dann während des Krieges und zuletzt bis in die Gegenwart des Jahres 1954 erzählt.

Die Trommel, die er von seiner Mutter zum dritten Geburtstag erhält, ist dabei sogar selbst ein weiterer Erzähler, der die Geschichte der Zeugung seiner Mutter wiedergibt. Diese Seite des Romans mit ihren märchenhaft-grotesken Elementen (u. a. Oskars Fähigkeit, Glasscheiben zu zersingen, um seine Trommel zu verteidigen) ist die eigenwilligste und prägt den Roman am auffälligsten.

Dabei beobachtet Oskars genau das, was den Erwachsenen entgeht bzw. was sie zu verdrängen suchen: die Anpassungsbereitschaft unter den Nazis, die Judenverfolgung und Ausnutzung der polnischen Minderheit, die Doppelmoral in sexuellen Dingen und vieles andere mehr in immer außerordentlich konkreten Handlungszügen (zum Beispiel Vater Matzeraths NSDAP-Mitgliedschaft, um der Zurücksetzung durch seine eigene Frau zu entgehen). Insgesamt entsteht ein Zeitroman mit Mitteln, die sich auf ironische Weise ebenso dem klassischen Bildungsroman wie dem barocken Schelmenroman verdanken.

Szene mit David Bennent als Oskar Matzerath im deutsch-französischen Film „Die Blechtrommel" von 1978 (Regie: Volker Schlöndorff).

Literaturverfilmung
Seit es das Medium Film gibt, sind große Romane ein begehrtes Sujet. Schon in der Weimarer Republik wurden literarische Erfolge fast automatisch ins Kino gebracht. Grass hat im Falle der „Blechtrommel" zwanzig Jahre lange gewartet, bis er in Volker Schlöndorff (Debüt mit der Verfilmung von Robert Musils „Die Verwirrungen des Zöglings Törleß", 1966) einen Regisseur seines Vertrauens fand. 1979 wurde der Film mit David Bennent in der Rolle des Oskar fertig und sofort mit der Goldenen Palme in Cannes ausgezeichnet. Im folgenden Jahr erhielt er in Los Angeles den Oskar für den besten ausländischen Film.

Ankunftsliteratur
Brigitte Reimann: Ankunft im Alltag (1961)

Brigitte Reimann (1933-1973) schrieb schon früh Texte und Laienspiele, wurde nach dem Abitur zunächst Lehrerin, veröffentlichte daneben erste Erzählungen. 1953 begann sie, als freie Schriftstellerin zu arbeiten. 1960 zog sie nach Hoyerswerda, arbeitete dort im Kombinat „Schwarze Pumpe" und leitete einen „Zirkel schreibender Arbeiter". Wie es die Bitterfelder Konferenz von 1959 vorgab, legte Reimann ihre Erfahrungen in einer Erzählung nieder: „An-kunft im Alltag". Danach schrieb sie weitere Erzählungen, Hörspiele (zusammen mit ihrem damaligen Mann Siegfried Pietschmann) und Romane. 1965 erhielt sie den Heinrich-Mann-Preis. Als sie neunvierzig an Krebs starb, war ihr letzter Roman „Franziska Linkerhand" unvollendet. Er wurde 1974 dennoch veröffentlicht und unter dem Titel „Unser kurzes Leben" verfilmt. Erst 1998 kam das vollständige Manuskript heraus, wobei deutlich wurde, dass SED-Funktionäre zuvor DDR-kritische Passagen gestrichen hatten. Nach dem Mauerfall erhielt Reimann posthum Ehrungen. Mittlerweile liegen auch ihre Tagebücher sowie Briefwechsel vor. Ihre Biografie ist verfilmt als „Hunger auf Leben – Das Leben der Brigitte Reimann" (MDR 2003).

Dreiecksgeschichte in einem Kombinat

Erzählt wird die Geschichte von drei Schülern, die gerade Abitur gemacht haben und vor ihrem Studium für ein Jahr in einem Industriebetrieb arbeiten wollen. Nikolaus geht dabei ruhig vor, Recha energisch, Curt als Kritiker der Arbeitsabläufe, die in zahlreichen Einzelheiten vorgestellt werden. Verwirrung entsteht, als sich die jungen Männer beide in Recha verlieben. Da zeigt sich, dass die Arbeit in der Brigade als eine Art Netz wirkt, das die drei auffängt. Am Ende sind sie in der sozialistischen Welt „angekommen" und haben ihre Aufgaben gefunden.

Die Bitterfelder Konferenz

Die Bitterfelder Konferenz von 1959 markiert einen wichtigen Fixpunkt in der Geschichte der DDR-Literatur. Damals trafen sich Verantwortliche aus dem Kulturleben, die der entstehenden Literatur einen entscheidenden Impuls zu geben versuchten. Deutlich entschied man sich für die „Entwicklung einer vielseitigen sozialistischen Massenkultur". Die entscheidende Frage nach dem „Neuen" dieser Art von Literatur wurde sowohl von der bewussten Planung her beantwortet wie von der Forderung, dass die Arbeiter selbst als Lesende und vor allem auch als Schreibende tätig werden müssten. Was in der Ökonomie erreicht schien, sollte die Kultur nachholen.

Anschließend wurden Forderungen veröffentlicht, die das Programm umzusetzen suchten: „Greif zur Feder, Kumpel", hieß es, oder auch: „Schriftsteller in die Betriebe!" Erst nach und nach wurde erkennbar, was mit den Floskeln gemeint war. Rahmenrichtlinien wie die eines „sozialistischen Realismus" nach Georg Lukács waren damals schon überholt, weil deren Autor als „revisionistisch" galten. So rückten vor allem Beispiele in die Lücke. Die reportageartige Erzählung des verdienten Bergmanns Zach von Regine Hastedt lag als „Die Tage mit Sepp Zach" schon der Bitterfelder Konferenz vor und fand dort Anerkennung. Reimanns „Ankunft im Alltag" wurde dann als willkommene Weiterführung wahrgenommen und stellte selbst mit dem Thema der „Ankunft" ein Musterbeispiel dar, dessen Handlungskonstellation bald als Oberbegriff eines Genres der „Ankunftsliteratur" diente, das bis in die sechziger Jahre zahlreiche Nachahmungen fand.

Erfahrungsaustausch zwischen schreibenden Arbeitern und Schriftstellern: Helmut Jobst, Brigitte Reimann und Siegfried Pietschmann beraten die schreibenden Arbeiter aus Aue, dem Kombinat „Schwarze Pumpe" und Rönneberg, aufgenommen am 27. April 1961.

Im Labyrinth des Katholizismus
Heinrich Böll: Ansichten eines Clowns (1963)

Heinrich Böll (1917–1985) stammte aus einer kleinbürgerlich-katholischen Familie in Köln. Nach Abitur und Buchhändlerlehre studierte er Germanistik und klassische Philologie in seiner Heimatstadt, wurde jedoch zur Wehrmacht einberufen und war bis zur amerikanischen Gefangenschaft im Krieg. Nach seiner Entlassung 1945 setzte er frühe Schreibversuche fort und hatte Erfolg mit ersten Kurzgeschichten in Zeitungen. Der Sammelband „Wanderer, kommst du nach Spa ..." (1950) machte ihn berühmt. Danach erschienen fast im Jahrestakt Romane, beginnend mit „Wo warst du, Adam?" (1951), mit einem erzählerischen Gipfel in „Billard um halbzehn" (1959). Seinen größten Erfolg erzielte er mit „Die verlorene Ehre der Katharina Blum" (1974), die in Millionenauflage erschien und Übersetzung in mehr als vierzig Sprachen erlebte. Auszeichnungen erhielt er in großer Zahl, beginnend mit dem Literaturpreis der Gruppe 47 im Jahre 1951 und vor allem mit dem Nobelpreis für Literatur 1972. Längere Zeit war Böll Präsident des PEN-Clubs Deutschland und auch dessen internationaler Vertretung.

Monolog eines Gescheiterten

Die „Ansichten eines Clowns" gehören zu einer Seite seiner Auseinandersetzungen, die Böll zeitlebens verfolgte und zu einer Art Markenzeichen wurde: mit dem Katholizismus, der ihm vom Elternhaus her wohlvertraut war. Die Handlung ist kunstvoll angelegt. Hans Schnier berichtet in seiner Bonner Wohnung über sein gescheitertes Leben, während er immer wieder telefonisch Kontakt aufzunehmen sucht mit den Menschen, die ihn längst verlassen haben. Nach und nach erfährt man, dass der Siebenundzwanzigjährige aus einem reichen Elternhaus stammt (der Vater ist ein Industrieller), von dem er sich längst gelöst hat, indem er Clown wurde. Zuletzt lebte er sechs Jahre mit Marie zusammen, der katholischen Tochter eines Kommunisten. Nicht Schniers Beruf störte sie, sondern die Tatsache, dass ihre Verbindung ohne kirchlichen Segen bleiben sollte, den Schnier für überflüssig hält, weil er der Meinung ist, dass sich die Partner das Sakrament selbst spenden. Marie hat mittlerweile einen Kirchenfunktionär geheiratet.

Unter allen Telefonaten aber ist das mit der Mutter das niederschmetterndste. Sie ist Präsidentin eines Zentralkomitees zur Versöhnung rassischer Gegensätze, nachdem sie ihre eigene Tochter als Flakhelferin gegen die „jüdischen Yankees" in den Tod geschickt hatte. Darüber aber ist keinerlei Auseinandersetzung möglich, so wenig Schnier auch sonst mit seinen Einlassungen gegen Heuchelei und Verdrängung Gehör findet. Das letzte Bild zeigt ihn als Bettler auf einer Bahnhofstreppe – wartend auf Marie.

Fotografie von Heinrich Böll bei einer Friedensdemonstration in Bonn im Jahr 1983.

Der Dichter als Moralist

Bölls Thema war die Nachkriegszeit mit der mangelnden Erinnerung an die Verbrechen der Vergangenheit. Kurzgeschichten wie Romane umspielen die verschiedenen Formen von Versagen. Dabei spielt die Enttäuschung über eine Kirche, die das Christentum mehr als Institution denn als gelebten Glauben vertrat, eine wichtige Rolle. In seinem Roman glaubte er, eine theologisch fundierte Meinung gegen die Theologie der Amtskirche zu vertreten. In Anlehnung an den antiken Mythos von Ariadne hat er den „politischen deutschen Katholizismus" als modernes Labyrinth bezeichnet. Daneben bewies Böll politisches Engagement. Sein Eintreten für eine faire Behandlung von Ulrike Meinhof führte zum Skandal. Gegen die NATO-Nachrüstung ging er wie bei vielen anderen Gelegenheiten auf die Straße.

Wahrheit über die DDR?

Hermann Kant: Die Aula (1965)

Hermann Kant (geb. 1926) stammt aus kleinbürgerlichen Verhältnissen. Nach der Volksschule machte er eine Ausbildung zum Elektriker, wurde 1944 Soldat und gründete in polnischer Kriegsgefangenschaft ein antifaschistisches Komitee. Nach seiner Entlassung aus der Gefangenschaft ließ er sich in der DDR nieder. In Greifswald machte er 1952 an der Arbeiter-und-Bauern-Fakultät Abitur und studierte danach Germanistik in Berlin. Er wurde Assistent am Germanistischen Institut und arbeitete als Redakteur der Zeitschrift „Neue Deutsche Literatur". 1962 begann Kant mit eigenen Arbeiten hervorzutreten. Zuerst erschien eine Sammlung von Kurzgeschichten unter dem Titel „Ein bisschen Südsee", dann brachte er den Roman „Die Aula" mit autobiografischen Zügen heraus. Dieses Werk wurde in der DDR als Bekenntnis zum Sozialismus verstanden und entsprechend gelobt. Auch in der Bundesrepublik kam es zu lebhaftem Interesse mit eher kritischen Tönen. Weitere Romane folgten, nach der Wende erschienen „Kormoran" (1994), „Okarina" (2002) und „Kino" (2005).

> ### Literat und Funktionär
>
> *Kant hat in seinen Romanen auf ironische und auch komische Art durchaus Fehlentwicklungen dargestellt. Die Erzählung „Bronzezeit" (1986) wurde gar als DDR-Satire gelesen. Dabei übernahm Kant jedoch von Beginn an Aufgaben eines Funktionärs und war jahrelang SED-Abgeordneter der Volkskammer, sogar Mitglied des Zentralkomitees der SED. Auch im Schriftstellerverband der DDR wirkte er steuernd mit (z. B. bei der Ausbürgerung von Wolf Biermann), wurde Nachfolger von Anna Seghers als Präsident. Bei aller Vermittlung zwischen der Führung und einzelnen Schriftstellerkollegen, die es auch gab, blieb Kant stets auf der Linie der Partei. In der Autobiografie „Abspann" (1991) hat er nach der Wende eine (umstrittene) Rechtfertigung dieser seiner Rolle versucht.*

Schließung der Arbeiter- und Bauernfakultät

Die Hauptfigur Robert Iswall ist wie Kant selbst ein ehemaliger Elektriker, der in einer Arbeiter- und Bauernfakultät (für Werktätige mit abgeschlossener Berufsausbildung) sein Abitur nachmachte. Mittlerweile hat er sich als erfolgreicher Journalist etabliert. Als die Schule zehn Jahre später geschlossen wird, soll er eine Festrede halten. Dafür erinnert er sich an die vergangene Zeit und die damaligen Mitstreiter, die ebenfalls aus einfachem Milieu stammten und sich mit Fleiß und aufgrund des Zusammenhalts emporgearbeitet haben. Aus einem ehemaligen Waldarbeiter ist ein Funktionär im Landwirtschaftsministerium geworden, ein anderer führt eine Kneipe in Hamburg, wobei unklar ist, ob er „Republikflucht" begangen hat oder „Kundschafter" wurde. Für einen dritten hatte Iswall in einer Intrige ein Sinologiestudium in China organisiert, um ihn als Bewerber um Vera loszuwerden, die er selbst begehrte und inzwischen geheiratet hat.

Der Roman beleuchtet dabei die Verhältnisse im System der DDR mit durchaus kritischen Tönen. An der Schule unterrichten Lehrer, die ihrer Aufgabe nur unvollkommen gewachsen sind. Iswall selbst hat angeberische Züge und lädt Schuld auf sich, als er den Freund in einem Kadergespräch bei der Parteileitung nach China abschiebt, wobei die Verpflichtung zur alsbaldigen Eheschließung mit einer Kommilitonin wie eine Komödie wirkt. Auch die Absage der Jubiläumsrede, weil man die Feier nicht durch Rückwärtsgewandtheit stören will, belegt die Willkür, die im System herrscht. Andererseits gelten alle Fehler als überwunden oder überwindbar. Stalinistische Methoden gehören der Vergangenheit an, Verfolgungen Andersgesinnter kommen ohnehin nicht vor.

Fotografie von Hermann Kant im Februar 2002
in seinem Haus in Prälank bei Neustrelitz.

Vergangenheitsbewältigung über den Ehrbegriff
Siegfried Lenz: Deutschstunde (1968)

Siegfried Lenz (geb. 1926) stammt aus Ostpreußen. Nach dem Notabitur wurde er 1943 von der Marine eingezogen. Kurz vor Kriegende setzte er sich in Dänemark ab und geriet in britische Kriegsgefangenschaft. Nach seiner Entlassung studierte er in Hamburg Philosophie und Literaturwissenschaften, brach das Studium jedoch ab und ging zur Tageszeitung „Die Welt". Vom Honorar für seinen ersten Roman, „Es waren Habichte in der Luft" (1951), trat er eine Afrikareise an, die er später literarisch verarbeitete. Seit 1951 lebte er als freier Schriftsteller in Hamburg.

Vergangenheitsbewältigung als literarische Aufgabe

Für Autoren, die als Jugendliche unter der Nazidiktatur herangewachsen und in unterschiedlicher Weise in ihren Dienst getreten waren, stellte sich nach 1945 die Frage der Vergangenheitsbewältigung auch als persönliche Aufgabe. Böll, Grass und Lenz haben dies eingestanden und als eine Art Pflicht empfunden. Natürlich fielen die Antworten höchst unterschiedlich aus. Lenz betrachtete die Autoritätsgläubigkeit als einen Kern des Übels, stellte in seinem Roman die moralische Pflichterfüllung des Künstlers gegen die blinde des ohne jedes Nachdenken im System Mitwirkenden.

Den Durchbruch erzielte er mit dem Roman „Deutschstunde", der auch einer der größten Bucherfolge nach 1945 überhaupt war. Auch mit weiteren (insgesamt zehn) Romanen und zahlreichen Erzählungen fand Lenz ein treues Publikum. Neben der literarischen Tätigkeit engagierte er sich zusammen mit Günter Grass für die damalige Ostpolitik Willy Brandts und nahm wie dieser 1970 an der Unterzeichnung des deutsch-polnischen Vertrages teil. Von den zahlreichen Auszeichnungen sei nur der Friedenspreis des Deutschen Buchhandels (1988) hervorgehoben.

Die Folgen eines Malverbots

Siggi Jepsen, zwanzig Jahre alt, lebt in einer Anstalt für straffällig gewordene Jugendliche, weil er Bilder gestohlen hat. Momentan sitzt er im Arrest und muss einen Aufsatz nachschreiben, den er im Unterricht nicht bewältigen konnte. Das Thema lautete „Freuden der Pflicht". Für Siggi ist dies das Stichwort seines Lebens. Unter nichts hat er mehr gelitten als unter einem absurden Fall von Pflichterfüllung, mit der sein eigener Vater ihn zugrundegerichtet hat.

Dieser Vater, Polizist in einem Provinznest, soll 1943 seinem Jugendfreund und sogar Lebensretter Nansen (gemeint: Emil Nolde, der bürgerlich Hansen hieß) das Malverbot der Nazis erteilen und dieses überwachen. Nansen ist Gegner des Regimes und versucht, in seinen Bildern die Wahrheit über die Zeit zu enthüllen. Vater Jepsen erfüllt nun den Auftrag bis zum Wahn, wie er auch eines seiner eigenen Kinder an die Gestapo verrät, die es wegen einer Selbstverstümmelung sucht. Schon mit zehn Jahren aber lehnt sich Siggi gegen seinen Vater auf, weil er dessen Handeln als Unrecht betrachtet.

Damit beginnt ein Wettstreit. Siggi benutzt die Spitzeldienste, die der Vater ihm befiehlt, zum Verstecken der Bilder in einer Mühle (die schließlich mit den Bildern abbrennt). Wie der Vater sogar nach dem Krieg noch die Bilder Nansens sucht, um sie zu zerstören, so stiehlt Siggi weiter Werke Nansens aus einer Galerie, um sie zu „schützen". In der Anstalt versucht ein Psychologe sich an einer Aufarbeitung des Wahns. Der über Monate hinweg immer weiter geschriebene Aufsatz führt schließlich zur Verarbeitung des Erlebten. Siggi glaubt, stellvertretend für den Vater bestraft worden zu sein. Schließlich entlässt ihn der Direktor wegen guter Führung.

Siegfried Lenz 1997 in seinem Arbeitszimmer in Hamburg.

Von unvollendeten Zuständen im Sozialismus

Christa Wolf: Nachdenken über Christa T. (1968)

Wolf (geb. 1929) ist nach der Vertreibung und Flucht ihrer Eltern in Mecklenburg aufgewachsen. Nach dem Abitur trat sie in die SED ein und blieb Mitglied bis zur Wende. Sie studierte Germanistik in Jena und Leipzig. Danach wurde sie Mitarbeiterin beim Deutschen Schriftstellerverband der DDR, ab 1955 im Vorstand. Nach Tätigkeiten als Lektorin und Redakteurin bei Verlagen und der Zeitschrift „Neue deutsche Literatur" wirkte sie seit 1962 als freie Schriftstellerin in Berlin. Noch in DDR-Zeiten war sie Mitglied der Europäischen Akademie der Wissenschaften und Künste in Paris und der Freien Akademie der Künste in Hamburg. Wegen ihres offenen Briefes gegen die Ausbürgerung von Wolf Biermann wurde sie aus dem Schriftstellerverband der DDR ausgeschlossen. In den Tagen der Wende hielt sie eine wichtige Rede auf dem Berliner Alexanderplatz und protestierte später gegen den „Ausverkauf" der „materiellen und moralischen Werte" der DDR. In die Kritik kam sie, als drei (positive) Berichte ans Licht kamen, die sie für die Stasi angefertigt hatte. Seither lebt Wolf zurückgezogen, u.a. in den USA.

In ihrem schriftstellerischen Werk begann Wolf noch im Zeichen des Bitterfelder Weges, dem die Erzählung „Der geteilte Himmel" (1963) zuzuordnen ist. Schon mit „Nachdenken über Christa T." setzte eine Wende ein, die ihr in der DDR Kritik eintrug.

Wider bloßes Ankommen im Sozialismus

Eine namenlose Erzählerin berichtet über den Weg von Christa T. zu sich selbst unter den Bedingungen der politischen Welt des Sozialismus. Aber diese Christa kommt nicht mehr ohne Weiteres an, sondern hat Zweifel und verweigert eine glatte Anpassung.

Christa T., 1927 geboren, erlebt die großen Umbrüche am Ende des Zweiten Weltkriegs. Als Schülerin begegnet sie der Erzählerin, verliert diese aber wieder aus den Augen. Später ist sie als Lehrerin auf dem Land tätig. Als sie ein Germanistikstudium aufnimmt, trifft sie die Erzählerin wieder, die die anschließenden Ereignisse kommentiert.

Christa T. beendet zunächst 1954 ihr Studium mit einer Arbeit über Storm und wird wieder Lehrerin. Sie lernt einen Tierarzt kennen, heiratet ihn und gibt ihren Beruf auf. Auf dem Land zieht sie drei Töchter groß. Dabei sucht sie nach persönlicher Erfüllung, verstrickt sich kurzfristig in eine Liebschaft. Zweifel und unerfüllte Wünsche untergraben jede Selbstzufriedenheit. Im Schreiben sucht sie eine Verwirklichung, die ihr das Leben und damit die

sozialistische Gesellschaft nicht geben kann. Erst der Hausbau, bei dem sie eigene Ideen einbringt, bringt sie der Erfüllung ihrer Wünsche näher. Aber er wird nicht vollendet, der Rohbau wird zur Metapher ihres Zustands, mit Unvollkommenem zu leben. Mitten in der Arbeit stirbt sie an Leukämie.

> ### DDR-Literatur in der DDR und in der BRD
>
> *Die Sprengkraft von „Nachdenken über Christa T." wurde in der DDR sofort bemerkt. Das nur in kleiner Auflage erschienene Buch erhielt kritische Besprechungen und wurde erst vier Jahre später einem größeren Leserkreis zugänglich gemacht, als der Roman in der Bundesrepublik Furore gemacht hatte. Wolf wurde als Autorin mit erzählerischem Niveau wahrgenommen, die die Beschränkungen von Bitterfeld hinter sich gelassen hatte. Eine Absage an die DDR, wie man sie im Westen herauslas, hatte Wolf jedoch in keiner Weise gemeint. Bis zuletzt konnte sie sich nur Reformen innerhalb des Sozialismus vorstellen.*

Christa Wolf bei einer Lesung in der Berliner Akademie der Künste anlässlich der Buchpremiere von „Ein Tag im Jahr" im September 2003.

Hoffnungsschimmer in hoffnungslosen Zeiten

Jurek Becker: Jakob der Lügner (1969)

Jurek Becker (1937–1997) wurde im polnischen Lodz geboren. Seine Eltern kamen zusammen mit ihm als Juden ins dortige Ghetto. Jurek wurde als Kind in die KZs von Ravensbrück und Sachsenhausen deportiert, während die Eltern nach Auschwitz mussten, wo von ca. zwanzig Familienangehörigen nur der Vater überlebte. Er fand nach dem Krieg den Sohn wieder und zog mit ihm nach Ost-Berlin. Becker lebte dort in einer Wohngemeinschaft mit Manfred Krug zusammen, machte das Abitur und leistete seinen Militärdienst. Von seinem Studium der Philosophie wurde er 1960 aus politischen Gründen ausgeschlossen. Danach lebte er als freier Schriftsteller und arbei-

tete vor allem als Drehbuchautor. Sein Stück „Jakob der Lügner" wurde 1968 abgelehnt. Die Umarbeitung zum Roman erschien 1969, dann kam auch die Verfilmung durch die DEFA 1974 (mit Nominierung für den Oscar als bester ausländischer Beitrag). 1973 erschien der Roman „Irreführung der Behörden" (mit dem Nationalpreis der DDR ausgezeichnet). Auf seinen Protest gegen die Ausbürgerung Wolf Biermanns folgte der Ausschluss aus der SED. 1977 protestierte Becker auch gegen den Ausschluss von Reiner Kunze aus dem Schriftstellerverband und ging mit Genehmigung der Behörden in den Westen. Dort veröffentlichte Becker weitere Romane und schrieb 1986 die

Drehbücher für die Fernsehserie „Liebling Kreuzberg" (zusammen mit Manfred Krug 1987 mit dem Adolf-Grimme-Preis ausgezeichnet).

Geschichte aus dem jüdischen Ghetto Lodz

Ein Ich-Erzähler erinnert sich im betrunkenen Zustand an seinen Freund Jakob Heym, mit dem er im Ghetto von Lodz gelebt hat und dem nur er entkam. Jakob hört gegen Ende des Zweiten Weltkriegs auf dem deutschen Polizeirevier zufällig die Nachricht, dass die russischen Verbände nach Westen vorrücken. Da behauptet er, selbst ein Radio zu besitzen und gibt fortan frei erfundene Meldungen weiter, die jedoch überall neue Kräfte wecken. Aus „ein Paar Gramm Nachrichten" entsteht „eine Tonne Hoffnung". Der Erzähler malt sich aus, wie Jakob als Märtyrer bei einem Ausbruch stirbt, während im gleichen Augenblick von außen die Befreiung erfolgt (eingegangen in die US-Filmversion). Aber die Realität ist anders, alle Insassen werden am Ende deportiert. Dennoch hat die Lüge wenigstens für einen Moment die gequälten Menschen aufgerichtet.

Die Verfilmung von „Jakob der Lügner" 1999 in den USA mit Robin Williams (r.) als Jakob machte Becker weltberühmt.

Holocaustliteratur in der DDR

Das Thema des Holocausts war in der DDR von Beginn an präsent. Stephan Hermlin schilderte in einer der Erzählungen von „Die Zeit der Gemeinsamkeit" (1949) den Aufstand im Warschauer Ghetto. Franz Fühmann gestaltete das Thema in „Das Judenauto" (1962) aus der Sicht eines Hitlerjungen, der nichts begreift. In Bruno Apitz' Roman „Nackt unter Wölfen" (1958) gibt es heroischen Widerstand im KZ Buchenwald. Davon unterscheidet sich Becker in „Jakob der Lügner" radikal. Er hat seine besondere Perspektive in wei-

teren Werken beibehalten. In „Der Boxer" (1976) gibt es eine Lebenslüge in der Form, dass der Vater seinen Sohn als Nichtjuden zu erziehen sucht. Der aber geht nach Israel und verunglückt dort tödlich. In „Bronsteins Kinder" (1986) versuchen Hinterbliebene von Holocaustopfern einen aufgespürten Aufseher umzubringen und zerbrechen daran. Mit dieser Thematisierung jüdischen Leidens stellt Becker grundsätzlich die Frage nach der jüdischen Identität in der Geschichte, ohne eine letzte Antwort zu geben, aber auch im Verzicht auf jede Form von hohem Pathos.

Gesamtdeutsches Theaterereignis
Ulrich Plenzdorf: Die neuen Leiden des jungen W. (1972)

Ulrich Plenzdorf (1934-2007) war der Sohn eines Maschinenbauers in Berlin. Dieser und seine Frau gehörten der KPD an und wurden von den Nazis mehrfach inhaftiert. 1950 zog die Familie vom West- in den Ostteil um, wo er sein Abitur machte. Ein Studium des Marxismus-Leninismus in Leipzig brach Plenzdorf enttäuscht ab und ging zur Deutschen Hochschule für Filmkunst in Potsdam-Babelsberg, wo er als Bühnenarbeiter, ab 1963 als Dramaturg tätig war. 1968 entstand ein erster Entwurf zum Bühnenstück „Die neuen Leiden des jungen W.", weitere Drehbücher folgten, darunter „Kennen Sie Urban?", wofür er den Kunstpreis des Freien Deutschen Gewerkschaftsbundes erhielt. 1972 erschien die Prosafassung der „Neuen Leiden" in der Zeitschrift

„Sinn und Form", darauf folgte die Uraufführung des Stücks in Halle. Weitere Entwürfe wie „Buridans Esel" wurden aus ideologischen Gründen abgelehnt. 1973 erschien eine erweiterte Prosafassung der „Neuen Leiden" im Frankfurter Suhrkamp-Verlag, womit Plenzdorf schlagartig bekannt wurde. Die Theaterfassung wurde 1973/74 zu den meistgespielten Stücken sowohl auf west- wie auf ostdeutschen Bühnen. 1974 sendeten westdeutsche Rundfunkanstalten eine Hörspielfassung, 1976 folgte eine Ausstrahlung im Fernsehen.

Unmögliche Selbstverwirklichung im DDR-Staat

Edgar Wibeau, als Kind von seinem Vater verlassen, stirbt mit neunzehn Jahren. Da sucht der Vater Personen auf, die ihn kannten. Auch der Sohn selbst gibt aus dem Jenseits seine Kommentare.

Edgar wächst bei seiner Mutter in der Provinz auf und entwickelt sich zum Musterschüler. Aber nach einem Streit mit seinem Lehrmeister flieht er zusammen mit seinem Freund Willi nach Berlin. In einer Laube neben einem Kindergarten findet er eine Bleibe, während Willi wieder zurückkehrt. Edgar lernt die Kindergärtnerin Charlie kennen und verliebt sich prompt, obwohl sie mit Dieter verlobt ist, den sie später heiratet. Charlie ist eine selbstbewusste Frau, die Edgar mag, aber auf Distanz hält. Auf der Toilette findet Edgar Goethes „Leiden des jungen Werthers", in denen er sich wiedererkennt. In seinen Tonbändern, die er Willi schickt, zitiert er „Old Werther". Edgar versucht sich ohne Erfolg als Künstler und arbeitet dann als Anstreicher. Dabei bastelt er an einem „nebellosen Farbspritzgerät", um seine Kollegen zu beeindrucken. Beim ersten Gebrauch erleidet er jedoch einen tödlichen Stromschlag.

Als Sensation wurde die radikal subjektive Darstellung der Personen empfunden, gesteigert durch die Verwendung von Jugendsprache und nicht zuletzt aufgrund der surrealistischen Elemente der Inszenierung (Reden aus dem Jenseits).

Die Leiden eines aufmüpfigen Theatermachers

1971 wurde Walter Ulbricht durch Erich Honecker abgelöst, wovon sich viele Tauwetter versprachen. Aber das Gegenteil erfolgte. Plenzdorfs Arbeiten wurden wie zuvor vom Ministerium für Staatssicherheit überwacht, seine Texte wurden regelmäßig zurückgewiesen, ehe sie meist dann doch erschienen. Als Plenzdorf 1976 gegen die Ausbürgerung Wolf Biermanns protestierte und

aus der SED austrat, spitzte sich der Konflikt noch zu. Zum Schriftstellerkongress 1978 wurde er nicht eingeladen, seine „Legende von Paul und Paula" kurz vor der Premiere abgesetzt (Uraufführung dann 1983). Ähnlich ging es vielen Stücken, zum Beispiel dem Drama „Freiheitsberaubung" (1987). Nach der Wende blieb Plenzdorf konsequent Erzähler von Geschichten aus dem Osten, anfangs hochwillkommen, später verhalten aufgenommen.

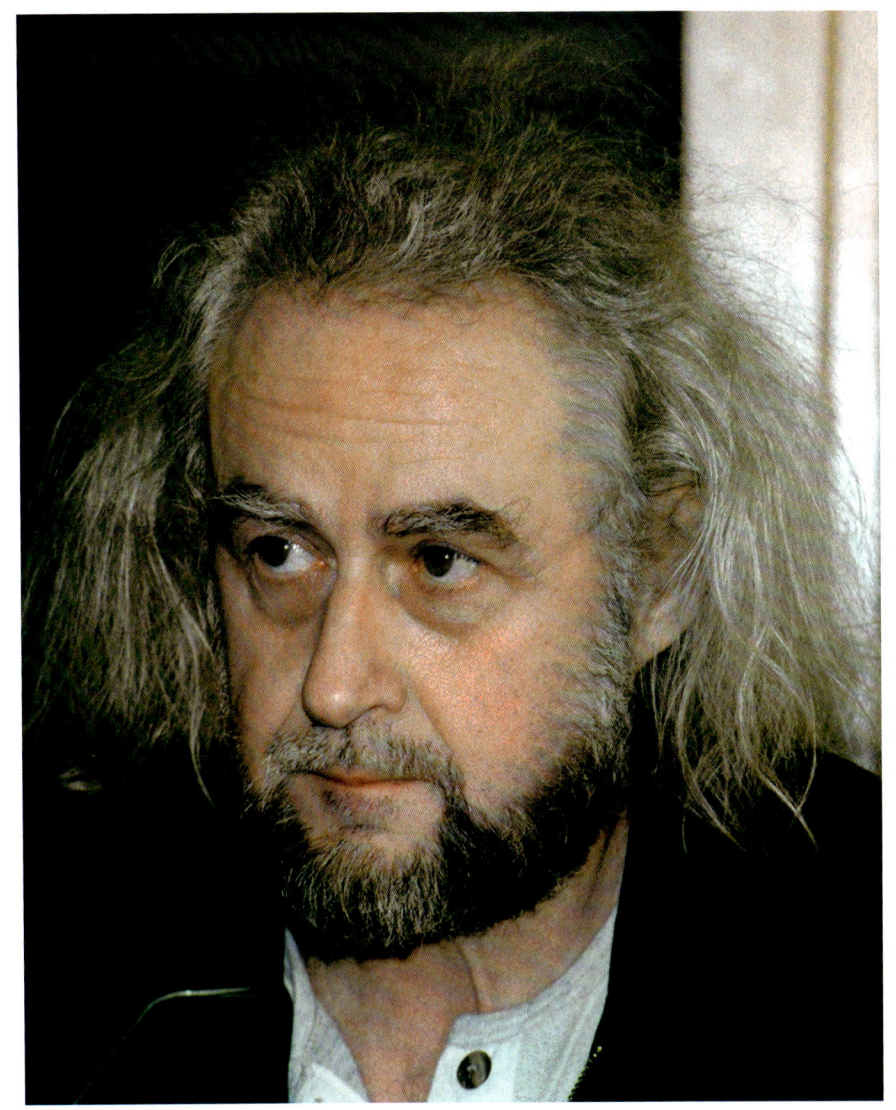

Ulrich Plenzdorf bei einem Pressetermin zum ORB-Film „Matulla und Busch", für den er das Drehbuch schrieb.

Scheitern des Intellektuellen im DDR-Staat
Heiner Müller: Die Hamletmaschine (1977)

Heiner Müller (1929–1995) stammte aus Eppendorf in Sachsen. 1946 war er für kurze Zeit Mitglied der SED. Seit 1950 schrieb er Literaturkritiken u.a. für die „Neue deutsche Literatur". 1954 wurde er Mitglied des Deutschen Schriftstellerverbandes. 1957 erfolgte die Uraufführung seines Stückes „Zehn Tage, die die Welt erschütterten". Nachdem er Mitarbeiter am Berliner Maxim-Gorki-Theater geworden war, folgten die Stücke „Der Lohndrücker" (1956/57) und „Die Korrektur I und II" (1957/58). „Die Umsiedlerin" wurde nach der Uraufführung 1961 abge-

setzt und Müller aus dem Schriftstellerverband ausgeschlossen.

Danach arbeitete er unter Pseudonymen für Rundfunk und Fernsehen. 1965 wurde das Stück „Der Bau" abgesetzt. Seine dramatischen Arbeiten fanden ihre Uraufführung fast nur noch im Westen. 1984 wurde Müller Mitglied der Akademie der Künste der DDR und vier Jahre später in den DDR-Schriftstellerverband wiederaufgenommen. 1986 verlieh ihm Erich Honecker in einem Versuch der Rehabilitierung den Nationalpreis Erster Klasse der DDR. Ende der 80er Jahre betätigte sich Müller als Regisseur. Nach der Wende brachte er selbst die „Hamletmaschine" im Rahmen einer „Hamlet"-Iszenierung am Deutschen Theater in Berlin auf die Bühne. 1992 übernahm er zusammen mit Peter Zadek u.a. die Leitung des Berliner Ensembles. Seine letzte Inszenierung galt 1995 Brechts „Arturo Ui". Zwischenzeitlich hatte er in Bayreuth Wagners „Tristan und Isolde" inszeniert.

Theater als Krieg gegen das Publikum

Müllers Vorstellungen von der Rolle des Theaters sind unlösbar verbunden mit gesellschaftlicher Wirkung. Dabei geht er über sein Vorbild Brecht weit hinaus, bezeichnet das Theater „als Krieg gegen das Publikum", um es aufzurütteln und zum Nachdenken zu bringen. Anders als Brecht bedient er sich dabei Formen der Avantgarde, die seine Texte durchweg schwer verständlich machen. Dies gilt ganz besonders für „Die Hamletmaschine".

Der Text umfasst nur neun Seiten und besteht aus fünf miteinander nicht verbundenen Bildern. Das Werk, das bei einer „Hamlet"-Übersetzung zustande kam, erhielt seinen Titel nach einer Illustration von Duchamp, die eine kleine Maschine zeigt. Zufällig ergab sich bei der Schreibung „Hamlet/Maschine" als „H/M" die Übereinstimmung mit Heiner Müller.

Die Stücke selbst sind Prosafragmente, haben weder Charaktere noch Handlung (und nur wenige Dialoge). In Anlehnung an Shakespeares „Hamlet" soll das Scheitern des Intellektuellen diesmal in der sozialistischen Gesellschaft gezeigt werden. Der Darsteller der Hamletfigur blickt auf sein eigenes Spiel zurück und sieht sich vor den „Ruinen Europas". Danach spricht er mit den Figuren des Dramas, u.a. mit dem Gespenst des Vaters und besonders mit Ophelia, die Visionen von Rache und Rebellion hat. In allen weiteren Stücken geht es um Scheitern als einziger Möglichkeit, Hoffnung zu haben.

Heiner Müller im Juni 1995.

Zivilisationskritische Pamphlete
Botho Strauß: Paare, Passanten (1981)

Botho Strauß (geb. 1944) studierte in Köln und München Germanistik, Theaterwissenschaft und Soziologie. Nach dem vorzeitigen Abbruch des Studiums arbeitete er als Redakteur der Zeitschrift „Theater heute" und ging 1970 als Dramaturg an die Berliner Schaubühne am Halleschen Ufer. Dort hatte er mit den Inszenierungen besonders seiner eigenen Werke anhaltenden Erfolg. „Trilogie des Wiedersehens" (1976), „Groß und Klein" (1978), die Farce „Kalldewey" (1981), „Der Park" nach Shakespeares „Sommernachtstraum" (1983) und viele andere Stücke gehören seither zu den meistgespielten zeitgenössischen Werken überhaupt. Daneben veröffentlichte Strauß Erzählungen wie „Die Widmung" (1977), „Paare, Passanten" (1981), „Die Nacht mit Alice, als Julia ums Haus schlich" (2003).

Am bekanntesten aber wurde Strauß mit politischen Essays, in denen er mit stark rechtsgerichteter Tendenz und heftiger Polemik gegen die 68er-Generation die Zivilisationswelt der Gegenwart angriff. Der Essay „Anschwellender Bocksgesang" (1993) löste einen Skandal aus. Im Klappentext zu „Der Untenstehende auf Zehenspitzen" (2004) ist die Rede von Meditationen gegen den „Rückgang der Empfindungsfähigkeit und die Zunahme der Abstumpfung". Übereinstimmend wird in den Kritiken die hohe sprachliche Bewusstheit hervorgehoben, in der die gesellschaftlichen Diagnosen vorgetragen werden.

Welt der Beziehungslosigkeit, ästhetisch aufgehoben

„Paare, Passanten" stellt eine Sammlung von Prosatexten unterschiedlichster Art dar. Philosophisch-Aphoristisches (in Anlehnung an Adornos „Minima Moralia", in denen Strauß sein wichtigstes Vorbild sieht) steht neben genauen Beobachtungen etwa von Straßenszenen. Dazwischen finden sich Betrachtungen über die Gegenwartsliteratur oder über Atomkraftwerke. Häufig sind die Beschreibungen wild polemisch, zum Beispiel gegen Frauen (als „Beute" beschrieben), besonders gegen emanzipierte. Die Konsum- und Mediengesellschaft wird gnadenlos (mit äußerst rüden Bezeichnungen) verdammt.

Dabei gibt es durchaus ein Gegenbild, ja das Bemühen um Rückgewinnung von Verbindlichkeit jenseits der Floskeln in einer Art neuem Mythos. Sein Kennzeichen ist ästhetische Vollkommenheit, eine Fantasiewelt jenseits abgeschriebener Realitäten und ausgehöhlter Konventionen. Die Sprache ist entsprechend experimentell, oft abgehoben, will um jeden Preis neu wirken (man hat auch von „Festlich-keit" gesprochen). Oft sind es kleine Szenen, die Strauß wie in einem Theaterstück entwirft, um die Figuren bzw. ihre bürgerlichen Vorstellungen zu desavouieren.

Ästhetizismus als Rettung?

Das Programm, einer heillosen Gegenwart eine Art ästhetische Utopie entgegenzusetzen, gehört offenbar zu den Kennzeichen der 80er Jahre und liest sich als Reaktion auf das damals vieldiskutierte „Projekt der Aufklärung", das von der Frankfurter Schule (Jürgen Habermas) formuliert wurde. Strauß wurde mit Etiketten wie „Dichter der Gegenaufklärung" belegt, seine Position als „Ästhetik der Restauration" bezeichnet. Darin hat er einen Mitstreiter in Peter Handke, der eher von sprachkritischen Ideen her zu einem ähnlichen Ästhetizismus als Gegenprogramm kam. Bekannt geworden mit der „Publikumsbeschimpfung" (1966), hat Handke ein inzwischen reiches Theater- und Prosawerk vorgelegt, das schwer zugänglich ist. Hervorgehoben seien: „Der kurze Brief zum langen Abschied" (1972), die Tetralogie „Langsame Heimkehr" (1979-81), „Mein Jahr in der Niemandsbucht" (1994), „Untertagblues" (2003). Auch Handke ist mit politisch sehr umstrittenen Äußerungen (über Slobodan Milosevic) hervorgetreten.

Botho Strauß Ende der 1980er Jahre

Tabu-Thema Entfremdung
Christoph Hein: Der fremde Freund/Drachenblut (1982/83)

Christoph Hein (geb. 1944) wuchs als Sohn eines Pfarrers in einem Dorf bei Leipzig auf. Weil er kein Arbeiterkind war, erhielt er keinen Platz an der Oberschule und ging bis zum Mauerbau auf ein Gymnasium in West-Berlin. Danach arbeitete er in verschiedenen Jobs, darunter als Schauspieler und Regieassistent. Sein Abitur legte er an der Abendschule ab und studierte in Berlin und Leipzig Philosophie und Logik. 1971 wurde er Dramaturg an der Volksbühne in Ost-Berlin, für die er auch Stücke schrieb. Den Durchbruch erzielte Hein mit seiner Novelle „Der fremde Freund", die 1982 in der DDR, im Jahr danach in Westdeutschland erschien (wo sie aus Gründen des Titelschutzes in „Drachenblut" umbenannt wurde). Gleichzeitig kam sein erfolgreichstes Stück auf die Bühne: „Die wahre Geschichte des Ah Q". Nach der Wende schrieb Hein mehrere Romane, darunter „Landnahme" (2004). 1998 wurde er erster Präsident des gesamtdeutschen PEN-Clubs. Auf die ihm 2006 angetragene Intendanz beim Deutschen Theater verzichtete er nach vorausgegangenen Querelen um seine Person.

Fremde Freundschaft

Die Ich-Erzählerin der Novelle, Claudia, hat gerade unerwartet ihren Freund durch den Tod verloren. Sie lässt die Beziehung noch einmal Revue passieren und zieht Bilanz.
Ihre Ehe ist gescheitert, was kühl kommentiert wird. Aber auch die anschließende Beziehung zu dem Nachbarn Henry war distanziert: eine „fremde Freundschaft". In ihrer Einzimmerwohnung, in der sie sich mit Fotos von Ruinen oder Landschaften ohne Lebewesen umgab, brachte Henry Abwechslung, beantwortete die Ängste der jungen Frau aber eher mit Ironie. An die Stelle emotionaler Erfüllung tritt routinemäßige Sexualität. Auch zu den Eltern gibt es nur pflichtgemäße Besuche. Das Treffen mit befreundeten Paaren verläuft ebenso wenig befriedigend. Dass sie von ihrer Umgebung nicht verletzt wird, liegt daran, dass sie „in Drachenblut gebadet" hat.
Zuletzt kommt der Grund dieser Lebenseinstellung zum Vorschein. Claudia hatte als Kind ihre Klassenkameradin Katharina geliebt. Als diese mit ihrer Familie ihren katholischen Glauben gegen die Anfeindungen des Regimes verteidigte, verriet auch Claudia die Freundin. Nun gesteht sie sich die Schuld ein und hasst dafür diejenigen, die sie als deren Verursacher betrachtet. Seither aber hat sie jede Bindungsfähigkeit verloren. Kurz äußert sie noch einmal ihre Sehnsucht. Dann kehrt sie in ihren Panzer zurück und behauptet, es gehe ihr gut.

Christoph Hein während einer Lesung
in der Akademie der Künste in Berlin
(aus dem Buch „Landnahme") im Februar 2004

Chronist des Sozialismus

Entfremdung galt im Sozialismus als Krankheit des Klassenfeinds. Ihre Thematisierung im eigenen System brach deshalb ein Tabu, was die Leser sofort spürten und anerkannten. Hein hat sich auf diese Art, unbestechlich die innere Chronik des Sozialismus zu schreiben, spezialisiert. In seinem Roman „Horns Ende" (1985) begeht ein einsamer Mann von vierzig Jahren Selbstmord in einer Kleinstadt. Darauf kommt es zu imaginären Dialogen zwischen dem Toten und fünf Personen, die die Ereignisse in völlig verschiedenen Perspektiven wahrnehmen. Mit dem Bürgermeister der Kleinstadt kommt ein „Macher" zu Wort, der sein Versagen in Phrasen zu verbergen weiß. Andere schildern aus ihrer beschränkten Perspektive die Bedrückung, die das System produziert. Zum Schluss ist ein Panorama der Lebenswelt im DDR-Staat entstanden, das dessen Schwächen aus individueller Perspektive benennt, in der Bündelung der Perspektiven aber auch ein „objektives" Bild der Wirklichkeit zeigt.

Die zwingende Macht sozialer Klischees enthüllen
Elfriede Jelinek: Die Klavierspielerin (1983)

Elfriede Jelinek (geb. 1946) stammt aus der Steiermark und wurde an einer Klosterschule unter rigiden Bedingungen unterrichtet. Ihre ehrgeizige Mutter sah in ihr ein musikalisches Wunderkind und plante ihre Karriere. Nach einem psychischen Zusammenbruch studierte Jelinek Kunstgeschichte und Theaterwissenschaft in Wien, brach aber auch dies ab und begann in völliger Isolation zu Hause zu schreiben. 1971 absolvierte sie die Orgelprüfung am Konservatorium, betätigte sich literarisch und engagierte sich in der Politik. Den Durchbruch erzielte sie mit dem Roman „Die Liebhaberinnen" (1975), der die Partnerwahl als Markthandeln vorführt. 1983 erschien „Die Klavierspielerin" mit autobiografischen Zügen, die Jelinek jedoch als unwesentlich bezeichnete.
Die Uraufführung von „Burgtheater" 1985 mit der Anklage einer mangelhaften Vergangenheitsbewältigung führte zum Skandal. Der Roman „Lust" (1989) nahm wieder den Faden einer Darstellung liebloser Sexualität als Grundzug der Gesellschaft auf und wurde zum größten Erfolg. Nach Theaterskandalen erließ Jelinek ein Aufführungsverbot ihrer Stücke für Österreich, brachte jedoch später wieder Werke wie „Babel" (2005) auf die Bühne, das den Irakkrieg anprangert. Ihren fast 1000 Seiten umfassenden Roman „Neid" stellte sie 2008

als Online-Version ins Netz. 2004 wurde Jelinek der Literaturnobelpreis für die „mit einzigartiger sprachlicher Leidenschaft" enthüllte „Absurdität und zwingende Macht der sozialen Klischees" verliehen.

Von der Unfähigkeit der Geschlechter zur Liebe

Die Geschichte handelt von Erika Kohut, Mitte dreißig, die als Klavierlehrerin arbeitet, nachdem die von der ehrgeizigen Mutter geplante Weltkarriere als Pianistin gescheitert ist. Erika ist völlig eingeschnürt und reagiert darauf mit Aggression gegen sich selbst (stets trägt sie ein Rasiermesser bei sich, mit dem sie sich gelegentlich verletzt). Hübsche Kleider, die sie sich heimlich kauft, versteckt sie im Schrank (sie werden von der Mutter anschließend wieder verkauft). In Peep-Shows und bei der heimlichen Beobachtung von Liebespaaren sucht sie nach der Wahrheit über die Sexualität.
Da tritt der Schüler Walter Klemmer in ihr Leben, will Erika erobern und ist schockiert, als diese ihm brieflich mitteilt, wie sie sadomasochistisch mit ihm verkehren möchte. Nach anfänglicher Weigerung kommt es zu einer brutalen Vergewaltigung in Erikas Schlafzimmer, die die Mutter miterlebt, obwohl sie mit allen Mitteln versucht hatte, Männer von der Toch-

ter fernzuhalten. Erika will danach Rache und greift zum Messer. Aber sie sticht nicht auf Klemmer ein, sondern wieder einmal nur auf sich selbst.

Elfriede Jelinek bei der feierlichen Verleihung des Literaturnobelpreises in der schwedischen Botschaft in Wien 2004.

Frauenbewegung, Frauenliteratur
In den 70er Jahren kam es international zu einer verstärkten Frauenbewegung. Autorinnen suchten in teilweise autobiografischen Romanen unterdrückte Gefühlswelten als Folge gesellschaftlicher Verhältnisse darzustellen. Beispiele sind Karin Strucks „Klassenliebe" (1973), Verena Stefans „Häutungen" (1975) oder Marlene Streeruwitz' „Verführungen" (1996). Aus der DDR trug etwa Irmtraud Morgner mit „Leben und Abenteuer der Trobadora Beatriz" (1974) dazu bei.
Elfriede Jelinek ging es speziell um die Thematik des Kampfes zwischen den Geschlechtern, bei der die Frau aufgrund des destruktiven männlichen Parts stets unterliegt. In der „Klavierspielerin" erscheint der Sadomasochismus als verzweifelte Suche nach Anerkennung, die von der Mutter systematisch verhindert wurde.

Vergangenheitsbewältigung in Österreich
Thomas Bernhard: Heldenplatz (1988)

Thomas Bernhard (1931–1989) wurde als uneheliches Kind geboren und von seinen Großeltern in Wien erzogen. Zum Großvater entwickelte er eine innige Beziehung. Den Zweiten Weltkrieg erlebte Bernhard in einem nationalsozialistischen Erziehungsheim und einem Internat, ab 1946 verbrachte er die verbliebene Jugendzeit beim Großvater in Salzburg. Eine Lungentuberkulose konnte trotz Sanatoriumsaufenthalten nie ausgeheilt werden.

Um 1950 versuchte sich Bernhard erstmals an Gedichten und Kurzgeschichten, fand dann seinen unverwechselbaren Stil in einer Prosa, die sich durch labyrinthische Sätze mit ständigen Wiederholungen auszeichnet. Inhaltlich beschäftigte er sich mit der aus seiner Sicht unterbliebenen Bewältigung der NS-Vergangenheit in Österreich. Die unüberbietbare Schärfe der Äußerungen führte zu immer neuen Skandalen. Trotzdem erfuhr er zahlreiche Auszeichnungen auch von österreichischen Institutionen. Ein testamentarisch verfügtes Aufführungs- und Publikationsverbot seiner Werke in Österreich wurde von seinem Bruder später aufgehoben.

Nach fünfzig Jahren der Jubel der Masse

„Heldenplatz" spielt in der ersten und dritten Szene in einer Wohnung an jenem Heldenplatz in Wien, auf dem Hitler 1938 unter dem Jubel der Masse einst den „Anschluss" Österreichs verkündete. Nun wird das Begräbnis des Mathematikprofessors Josef Schuster vorbereitet, der mit einem Sprung aus dem Fenster Selbstmord begangen hat. Zunächst berichten Haushälterin und Hausmädchen die Geschichte des Professors, der nach Oxford zurückwollte, wo er während des Krieges lehrte, denn seine Frau hört in der Wohnung immer noch die Masse schreien. Schuster war davon überzeugt, dass die Österreicher nichts gelernt hätten und vom katholischen Stumpfsinn regiert würden.

In der zweiten Szene treffen die nächsten Verwandten nach der Beerdigung zusammen. Dazu gehört der Bruder, ebenfalls Professor, der jedoch völlig resigniert hat. Es sei noch schlimmer als 1938, man könne in Österreich nur als Nazi oder Katholik leben. Statt zu protestieren (oder gar sich umzubringen) will der Bruder sein Leben jedoch genießen.

In der letzten Szene treten neue Teilnehmer an der Beerdigung auf, vor allem Schusters Ehefrau. Man gibt Wien die Schuld am Selbstmord. Frau Schuster hört wieder das „Sieg Heil"-Geschrei von außen und fällt schließlich mit dem Gesicht auf eine Tischplatte. Die Umstehenden reagieren mit Bestürzung, aber ohne Verständnis.

Thomas Bernhard (l.) und der deutsche Intendant Claus Peymann nach der Premiere von „Heldenplatz" 1988 am Wiener Burgtheater. Die Aufführung fand unter Polizeischutz statt und endete mit einem vierzigminütigen stehenden Applaus.

Theaterskandal zum Jubiläum

„Heldenplatz" war ein Auftragswerk, das der Direktor des Burgtheaters, Claus Peymann, bei Bernhard anlässlich des hundertjährigen Bestehens des Wiener Burgtheaters 1988 bestellt hatte. Der Pressevorabdruck einiger einschlägiger Passagen (neben den Vorwürfen hinsichtlich der NS-Vergangenheit die Bezeichnung der Österreicher als „sechseinhalb Millionen Debile und Tobsüchtige") führte schon Wochen vor der Uraufführung zum Skandal. Man sprach von einer Beleidigung des Staates angesichts des hohen Rangs, den gerade das Burgtheater für die Kultur Österreichs innehabe. Alle führenden Politiker gaben Stellungnahmen ab, wobei Forderungen nach Verbot und Eintreten für das Grundrecht auf Freiheit der Kunst (trotz Ablehnung) sich in etwa die Waage hielten.

Alltagsgeschichte im geteilten Deutschland
Martin Walser: Die Verteidigung der Kindheit (1991)

Walser (geb. 1927) ist am Bodensee geboren und lebt dort bis heute. Seine Kindheit, die er im Roman „Ein springender Brunnen" (1998) beschrieb, war durch Nazidiktatur und Militärdienst geprägt. Nach Kriegsende machte er Abitur, studierte in Regensburg und Tübingen Literaturwissenschaft und schloss mit einer Dissertation über Kafka ab. Seine literarische Tätigkeit begann er mit Hörspielen, sein erster Roman „Ehen in Philippsburg" (1957) wurde sofort ein Erfolg. Zahlreiche weitere Romane erschienen. Auch auf dem Theater war er erfolgreich. Daneben engagierte sich Walser früh in der Politik. Mit Günter Grass kämpfte er für Willy Brandt und demonstrierte gegen den Vietnamkrieg.

Über seinen Leserkreis hinaus bekannt wurde Walser, als er bei der Verleihung des Friedenspreises des Deutschen Buchhandels (für „Ein springender Brunnen", 1998) in der Frankfurter Paulskirche eine Dankesrede hielt, in der er auch für seine Kenner überraschend die „Instrumentalisierung des Holocaust", seine Benutzung als „Moralkeule" ablehnte. Der anschließende Streit mit Ignatz Bubis konnte jedoch später beigelegt werden. Der nächste Eklat erfolgte nach Veröffentlichung des Romans „Tod eines Kritikers" (2002), hinter dem leicht Marcel Reich-Ranicki zu erkennen ist.

Auch in diesem Fall spielte der Vorwurf des Antisemitismus eine Rolle.

Weigerung, erwachsen zu werden

Der Held bzw. Antiheld in der „Verteidigung der Kindheit" ist Alfred Dorn, geb. 1929. Seine Neigung gilt der Kunst, aber aus Angst zu versagen studiert er Jura. Dazu verlässt er

> ### Antihelden
>
> *Der Blick auf die Gesellschaft der sich entwickelnden Bundesrepublik war bei Walser stets mit der Schilderung von Außenseitern, Neurotikern, schlicht: Antihelden verbunden. Gelegentlich verfolgte er ihr Leben in Nachfolgeromanen weiter. So etwa im Falle der Figur des Anselm Kristlein, der in „Halbzeit" (1960), „Das Einhorn" (1966) und „Der Sturz" (1973) auftaucht. Es geschieht eher selten, dass ein Melancholiker den Weg in die Gesellschaft zurückfindet, wie in „Die Gallistl'sche Krankheit" (1972). Stets geht es um Verletzlichkeit, Deformation, die auch die ganze Familie betreffen kann, wie es in „Ohne einander" (1993) geschildert wird. Auch die „Verteidigung der Kindheit" spricht die Probleme des geteilten Deutschland nur aus der Perspektive individuellen Erlebens an, die Öffnung der Mauer wäre für Dorn keine Befreiung gewesen.*

Dresden, wo er stets gehänselt wurde, und geht nach West-Berlin, was ständige Probleme bei der Grenzüberschreitung auslöst. Auch das Studium verläuft schwierig, Dorn schiebt die Prüfung auf, weil er vor der Erwachsenenwelt Angst empfindet. Endlich Referendar geworden, verstrickt er sich in Konflikte mit den Kollegen.

Als die Mutter stirbt, wird er Beamter im Verwaltungsdienst. Gleichzeitig widmet er sich in einer Art Obsession der Rekonstruktion seiner Kindheit. An einem Lebenslauf für Bewerbungsunterlagen war er einmal fast gescheitert, weil er keinen Zusammenhang sah. Nun trägt er alles zusammen, was irgend von Bedeutung ist. Dabei erweist sich das Erlebnis der Bombardierung Dresdens als ein Schlüssel zu seiner Verunsicherung, ja Verstörung. Aber Dorn findet keinen Halt. Zwei Jahre vor Öffnung der Mauer begeht er mit Schlaftabletten Selbstmord.

Wie immer, hat Walser seinen Roman mit einer Fülle genauer Detailschilderungen ausgestattet. In diesem Fall gibt es jedoch eine Besonderheit: Ihm lag Material vor, das ihm aus dem Nachlass einer verstorbenen Person zugespielt wurde.

Martin Walser im Januar 2008 vor seinem Haus in Nußdorf bei Überlingen am Bodenseeufer.

Gesamtdeutscher Roman?
Günter Grass: Ein weites Feld (1995)

Zwei Jahre nach Erscheinen der „Blechtrommel" engagierte sich Grass auf der Woge des Erfolgs in der Politik. Er hatte Willy Brandt kennengelernt und redigierte dessen Reden im Wahlkampf von 1961. Beim nächsten Wahlkampf von 1965 trat Grass selbst als Redner auf. Als auch dieser für die SPD verlorenging, steigerte er 1969 noch das Engagement. Dabei verarbeitete Grass seine Erlebnisse auch literarisch. 1967 erschien der Lyrikband „Ausgefragt", 1972 der Roman „Aus dem Tagebuch einer Schnecke". 1982 trat Grass in die SPD ein, stieß dort jedoch auf erheblichen Widerstand, als er 1990 in der „Kurzen Rede eines vaterlandslosen Gesellen" statt der Vereinigung der beiden deutschen Staaten eine Konföderation vorschlug. Seither suchte Grass nach Möglichkeiten, dem größten Ereignis der neueren deutschen Geschichte literarisch beizukommen.

Dies geschah zuerst in der Erzählung „Unkenrufe" (1992), in der sich ein deutscher Professor und eine polnische Restauratorin 1989 in Danzig treffen und eine Friedhofsgesellschaft zu gründen suchen, mit deren Hilfe ehemalige Vertriebene ihre Ruhe in der alten Heimat finden können. Ging es dabei um das Thema der Versöhnung zwischen Völkern, so suchte Grass in „Ein weites Feld" eine politische Bewertung der Geschehnisse. Auch wenn die Kritik fast einhellig vernichtend ausfiel, ist das Werk ein ernstzunehmender Versuch, Literatur und Politik miteinander zu verbinden.

Von zwei Versuchen, Deutschland zu vereinigen

Erzählerisch liegt den 783 Seiten ein Experiment zugrunde, das man auch als Kapitulation betrachten kann (wie es die Kritik teilweise tat): Die gesamte Recherche hat Grass einem jungen Germanisten anvertraut, das „Werk" ist so gesehen eine Art Collage. Die ersten mehr als 200 Seiten stammen vom Autorenkollektiv des „Archivs", erst dann übernimmt der Archivar des Potsdamer Fontane-Archivs Theo Wuttke als „Fonty" den Bericht.

Dabei liegt die Grundidee darin, mit Fonty als eine Art Wiedergänger Fontanes die Vorgänge der Wiedervereinigung mit denen der Reichsgründung von 1871 zu vergleichen. Fonty kennt das Gesamtwerk des Dichters und hat dazu das Wissen seiner Zeit, das ergänzt wird durch seinen Freund, einen ehemaligen Agenten der Stasi. Es ist also eine höchst spezielle Sicht, in der Irrtümer und Ironien eine Rolle spielen, auch wenn die „Fakten" aus der Zeitung stammen (so wie der Rechercheur sie herausgeschnitten hat). Die These, dass 1871 wie 1989 die Einheit nur Kriegen zu verdanken war und jeweils Machtkonzentrationen entstanden, die Probleme provozieren mussten bzw. müssen, darf man als Privatmeinung eines Autors gelten lassen.

Günter Grass (r.) und Marcel Reich-Ranicki vor Beginn eines Literaturforums im April 1995, wo Grass aus seinem Roman „Ein weites Feld" las.

Die Herausforderung des Nonsens
Robert Gernhardt: Lichte Gedichte (1997)

Robert Gernhardt (1937–2006) stammte aus einer deutsch-baltischen Familie und kam nach dem Zweiten Weltkrieg nach Göttingen. Er studierte Malerei in Stuttgart und Berlin, dann auch Germanistik in Berlin. Ab 1964 lebte er als freier Schriftsteller. Er arbeitete als Redakteur der Satirezeitschrift „Pardon" (be-

sonders der Rubrik „Welt im Spiegel") und wirkte ebenfalls an deren Nachfolgeorgan „Titanic" mit. Das literarische Schaffen (daneben gab es auch ein künstlerisches mit entsprechenden Ausstellungen) war breit angelegt, reichte von der Mitwirkung an Otto-Shows bis zu Schauspielen, Erzählungen (darunter ein Roman), Essays und Bildergeschichten. Der Schwerpunkt aber lag stets auf der Lyrik, bei der Gernhardt das gesamte humoristische Spektrum vom Kalauer bis zur Satire pflegte. Zahlreiche Sammlungen erschienen, etwa „Wörtersee" (1981), „Körper in Cafés" (1987) und „Lichte Gedichte" (1997). Noch die letzte Erkrankung an Krebs ging in einen Gedichtband ein: „Später Spagat" (2006).

Alles wird anders

Angefangen hat Gernhardt als Satiriker und Karikaturist, der mit damals nur wenigen Mitstreitern (später als Neue Frankfurter Schule präsentiert) gegen eine Nachkriegslyrik der eher pathetischen oder auch klagenden Art anschrieb. Wie schwierig dies war, zeigen die zahlreichen Prozesse, die gegen „Pardon" geführt wurden. Dabei gewann Gernhardt zunehmend an lyrischem Format, eroberte sich einen polemischen Sarkasmus, pflegte eine Sprachlust, die die großen Traditionen des Lachens gegen die

Unvernunft fortsetzten. Dass dazu auch der Ernst gehört, der aus den Falten wortspielerischer Komik hervorlugt, belegt ein Beispiel aus den „Lichten Gedichten" mit dem Titel „Alles wird anders".

Nur kann man es sich schon denken: Dass alles anders wird, ist nur ein dummer Spruch, in Wirklichkeit wird eben nichts anders. Mit „mitgefangen, mitgehangen" wird ein weiterer Spruch, diesmal ein Sprichwort aufgegriffen, das den wahren Ernst der Dinge so wohlfeil zu vertuschen weiß. Das sprachspielerische Variieren mit den Bestandteilen vertieft noch den Eindruck des bloßen Spruchs. Und Gernhardts Sprachspielmöglichkeiten sind damit nicht erschöpft, sondern im Gegenteil erst wachgerufen. Dem „mitgefangen, mitgehangen" wird in der nächsten Strophe ein „mitgetragen, mitgeschlagen" zur Seite gestellt, das sich auf die „fremden Wünsche" bezieht, denen man immer nachgegeben hat, weshalb man sich über das „mitgeschlagen" eigentlich nicht zu wundern braucht. Und schließlich in der dritten und letzten Strophe folgt die schärfste Zuspitzung im „mitgezogen, mitgelogen". Klar, dass hier das Mitläufertum gemeint ist, das Mitfeiern von „fremden Siegen", denen man nicht nachgefragt hat, wofür sie eigentlich erfochten wurden.

Robert Gernhardt neben einer Jugendstilbüste
Heinrich Heines im Heinrich-Heine Institut
Düsseldorf vor seiner Auszeichnung mit dem
Düsseldorfer Heine-Preis (2004). Gernhardt wurde
mit zahlreichen weiteren Auszeichnungen geehrt,
u. a. mit dem Erich-Kästner-Preis (1999) und dem
Joachim-Ringelnatz-Preis (2004).

Wiederkehr der Kurzgeschichte
Judith Hermann: Sommerhaus, später (1998)

Hermann (geb. 1970) ist in Berlin-Tempelhof geboren. Sie studierte Germanistik und Philosophie, um Journalistin zu werden. Vor dem Abschluss ging sie zu einem Praktikum an die Journalistenschule in New York, wo auch erste literarische Texte entstanden. Später nahm sie an der Autorenwerkstatt Prosa im Literarischen Colloquium Berlin teil. Ein Alfred-Döblin-Stipendium ermöglichte ihr das Studium an der Akademie der Künste in Berlin. Ihr erster Prosaband war „Sommerhaus, später" (1998). Trotz des großen Erfolges zögerte Hermann mit weiteren Veröffentlichungen. Erst 2003 folgte der zweite Prosaband: „Nichts als Gespenster". In diesem Fall war die Aufnahme verhaltener. Unterdessen traten zahlreiche Frauen mit Texten hervor, die an Hermann anschlossen. Häufig hatten sie professionelle Schulungen hinter sich, wie sie das Deutsche Literaturinstitut Leipzig oder der Studiengang Kreatives Schreiben und Kulturjournalismus der Universität Hildesheim anbieten. Hermann hat selbst in Interviews hervorgehoben, dass sie von ihrer journalistischen Ausbildung profitierte. Es war nicht zuletzt ihr präziser Stil, der die Anerkennung der Kritik hervorrief.

Geschichten von Beziehungslosigkeit

„Sommerhaus, später" enthält neun Kurzgeschichten, die in sehr unterschiedlichen Milieus spielen. Gemeinsam ist ihnen die Beziehungslosigkeit oder jedenfalls Oberflächlichkeit der Beziehungen, in denen die Figuren zueinander stehen. Ein Mann, der sich für seine Frau kaum interessiert, duelliert sich, als er von deren Liebhaber erfährt („Rote Korallen"). Eine Frau reist ihrem Mann nach Bali nach, um zu erfahren, wie es ihm geht, aber nichts ereignet sich, nicht einmal der in den Medien angekündigte Hurrikan trifft ein („Hurrikan"). Ein junges Mädchen zieht in das Haus eines alten, einsamen Künstlers, bringt ihn dazu, dieses zu verlassen, aber versetzt ihn, der ihr gerade Rekorder und Kassetten besorgt hat („Hunter-Tompson-Musik").

In der Geschichte, die dem Buch den Titel gab, trifft eine Frau einen Mann, der in seinem Taxi lebt, sich aber soeben ein Haus in der Uckermark gekauft hat. Er will es unbedingt zeigen, man fährt gemeinsam hin und sieht die Ruine. Später erfährt die Frau aus der Zeitung, dass das Haus abgebrannt ist.

Es sind die genauen Beschreibungen angefangener, aber missglückter Beziehungen, die den Reiz der Geschichten ausmachen. Stets entwickeln sie sich in all ihrer Schlichtheit, ja Banalität überraschend, aber so, dass auch dies keine wirkliche Pointe ist. Wie das Haus abgebrannt ist, ob der Mann darin umkam, wird nicht mitgeteilt. Schon dass er der Frau den Schlüssel aushändigte, ist unmotiviert. Was in allen Einzelheiten hervortritt, ist die Ruine. Die Menschen gleiten aneinander vorbei.

In diesem Erzählstil hat man einen wesentlichen Unterschied zur in den 90er Jahren erfolgreichen Welle der Pop-Literatur (etwa: Christian Kracht: „Faserland", 1995) gesehen.

Judith Hermann 2001 in Berlin bei
der Auszeichnung mit dem Kleist-Preis für
ihren Erzählband „Sommerhaus, später".

Welt in Sprache fassen
Ulla Hahn: Das verborgene Wort (2001)

Ulla Hahn (geb. 1946) ist im Sauerland geboren und im Provinzstädtchen Monheim zwischen Düsseldorf und Köln aufgewachsen. Sie promovierte in Germanistik und trat zunächst als Lyrikerin hervor. Ihr erster Roman wurde zögernd aufgenommen, ihr zweiter, „Das verborgene Wort", war trotz des Verrisses im „Literarischen Quartett" ein großer Erfolg (2008 als „Teufelsbraten" verfilmt). Ihr letzter Roman „Unscharfe Bilder" (2003) gehört zum Genre der Erinnerungsliteratur. Neben ihrer literarischen Tätigkeit verfasste Hahn essayistische Werke, die sich mit dem Schreiben befassen („Dichter in der Welt. Mein Schreiben und Lesen", darin ihre Heidelberger Poetikvorlesungen). Hahn hat zahlreiche Auszeichnungen erfahren, u.a. den Cicero-Rednerpreis (1994) und den Elisabeth-Langgässer-Literaturpreis (2006).

Emanzipation eines Unterschichtkinds

Der Roman schildert (mit stark autobiografischen Zügen) die Kindheit von Hildegard Palm, die in einem einfachen Elternhaus im Provinznest Dondorf (für Monheim) aufwächst. Als sie den Willen zeigt, sich über die muffige Welt ihrer Umgebung zu erheben, indem sie zu lesen beginnt, reagieren die Eltern mit Ablehnung. Die Mutter ist verzweifelt, der Vater schlägt sie, die Großmutter ängstigt sie mit dem „lieben Gott", nur der Großvater behandelt sie liebevoll. Aber Hildegard beißt sich durch. Sie geht zur Realschule (das Gymnasium lehnen die Eltern strikt ab) und legt ihre kölsche Mundart ab – ein weiterer Affront. Aber die eigentliche Auflehnung verläuft über das Lesen. Hildegard schlingt Literatur in sich hinein, ist verzückt von poetischer Sprache und besonders begeistert von Schillers Freiheitspathos. Als sie Packerin am Fließband einer Fabrik wird und dort ein Streik ausbricht, schreibt sie erfolgreich gegen die Werksführung an. Erst zuletzt setzen der Pastor und ein ehemaliger Klassenlehrer durch, dass Hildegard das Gymnasium besuchen darf. Mittlerweile hat sie sich schon außer in die Literatur in den Alkohol geflüchtet.

Der Roman schildert die Umgebung der Heldin minutiös und entwirft damit ein Panorama der Adenauer-Ära in der Provinz. Dabei spielt das sprachliche Kolorit mit der Mundart eine bedeutende Rolle, viele Gespräche werden in Kölsch wiedergegeben (einschließlich des Namens der Heldin, „Heldejaad"). Überhaupt ist Sprache das Medium, in dem sich der Ausbruch Hildegards vollzieht. Eine sprachlich dumpfe, klischeegetränkte Umwelt wird mit der großen Sprache der Literatur konfrontiert.

„Du gehst in ein Buch und bist in einer anderen Welt," sagt Hildegard selbst einmal. Davon handelt der gesamte Roman.

Dreharbeiten für den Film "Teufelsbraten" (2006) nach dem Roman „Das verborgene Wort" von Ulla Hahn, mit Peter Franke und Nina Siebertz.

Bewältigung der familiären Vergangenheit
Uwe Timm: Am Beispiel meines Bruders (2003)

Uwe Timm (geb. 1940) stammt aus Hamburg, wo sein Vater ein Pelzgeschäft führte. 1963 machte er Abitur und studierte Philosophie und Germanistik in München und Paris (abgeschlossen mit einer Doktorarbeit über Albert Camus). In diese Zeit fielen erste Versuche mit Gedichten und Theaterstücken. Timm engagierte sich beim Sozialistischen Deutschen Studentenbund (SDS) und war einige Jahre Mitglied der DKP. Die aktiv erlebte 68-Revolte der Studenten hat er in Romanen wie „Heißer Sommer" (1974) und Rot (2001) verarbeitet. Daneben beschäftigte sich Timm auch mit dem Kolonialkrieg in Deutsch-Südwestafrika in „Morenga" (1978) oder den politischen Umbrüchen in Südamerika in „Schlangenbaum" (1986). Kindheitserinnerungen sind in die Novelle „Entdeckung der Currywurst" (1993) eingegangen. Als Vater von vier Kindern hat Timm auch Kinderbücher wie das anschließend verfilmte „Rennschwein Rudi Rüssel" (1989) geschrieben. Weiter liegen Hörspiele und Drehbücher vor. Seit 1971 arbeitete Timm an verschiedenen literarischen Zeitschriften mit, wurde Mitglied der Deutschen Akademie für Sprache und Dichtung sowie des PEN-Zentrums.

Tagebuch als Grundlage

„Am Beispiel meines Bruders" ist eine autobiografische Erzählung mit essayistischen Einlagen. Timm verarbeitet die Erinnerung an seinen sechzehn Jahre älteren Bruder, der als SS-Mann im Zweiten Weltkrieg kämpfte und dabei tödlich verwundet wurde. Grundlage sind dessen Tagebuch sowie die eigenen Erinnerungen an das familiäre Umfeld. Zum Motiv des Schreibens wurde eine Wehrmachtsausstellung mit ihren Bildern des Schreckens. Insgesamt geht es letztlich um die Frage nach der Schuld und dem unfassbaren Zustandekommen einer Biografie wie der des Bruders. Eine zentrale Rolle spielt dabei Timms Vater, der als Freiwilliger im Ersten Weltkrieg kämpfte und den Typus eines Militaristen verkörperte. Der ältere Bruder sollte eigentlich das in Schwierigkeiten geratene Geschäft retten. Ausgerechnet er aber wiederholt die Karriere des Vaters und kann deshalb die Familie nicht mehr retten. Aus dem Tagebuch geht hervor, wie der Bruder als SS-Mann der Totenkopfdivision (aus der Wachmannschaft des Dachauer KZ gebildet) verroht. Als er den „Iwan" auf einer Brücke erkennt, ist dieser „ein Fressen für mein MG".

Gerade dieser Zeile sucht Timm nachzuspüren und rekonstruiert eine Art Psychogramm des Bruders aus Kindheitserinnerungen. So versteckte der sich gerne und las heimlich Bücher über afrikanische Tiere. Warum wurde daraus der SS-Mann, wo nicht einmal der Vater ihn dazu drängte? Timm zeichnet alle Familienmitglieder nach, die eher ängstliche Mutter und die zu kurz gekommene Schwester. Er empfindet ein Grauen vor den Taten des Bruders, der elend umkommt (nach Amputation beider Beine, die er selbst fast ungerührt im Tagebuch festhält, stirbt er), aber er verurteilt ihn nicht.

> ### Erinnerungsliteratur
>
> *Erst spät entstand in Deutschland eine Literatur, die die NS- bzw. Kriegsvergangenheit aus der Sicht nicht mehr unmittelbar Beteiligter aufarbeitete. Geschwister oder Söhne bzw. Töchter griffen zur Feder, um die Verstrickung und Schuld der älteren Generation aufzuarbeiten und nach Möglichkeit zu verstehen. Dazu gehören Christoph Meckels „Suchbild. Über meinen Vater" (1980), Alfred Anderschs „Der Vater eines Mörders" (1980), Ulrike Kolbs „Roman ohne Held" (1997) oder Ulla Hahns „Unscharfe Bilder" (2003). Die Texte bewegen sich auf der Grenze zwischen Essay und Literatur. Timms Versuch ist mit seinem Collagecharakter am ehesten als literarischer Beitrag zu sehen.*

Uwe Timm bringt am 30.08.2002 als
29. Stadtschreiber von Bergen am
Stadtschreiberhaus im Frankfurter
Stadtteil Bergen sein Namensschild an.

Extreme Charaktere

Daniel Kehlmann: Die Vermessung der Welt (2005)

Daniel Kehlmann (geb. 1975) ist in München geboren und in Wien aufgewachsen, wo er Philosophie und Literaturwissenschaft studierte. Sein erster Roman „Beerholms Vorstellung" erschien 1997, darauf folgten rasch weitere Werke. Den Durchbruch brachte „Ich und Kaminski" (2003), in dem ein eitler und ich-besessener Kunsthistoriker einen unbekannten Maler zum neuen Picasso machen will. Typisch für Kehlmann ist die Konstellation von extremem Charakter und einer artistischen Sprache, in der sich in diesem Fall die Figur des Berichtenden selbst desavouiert. In „Die Vermessung der Welt" treten gleich zwei extreme (und dabei auch noch fast spiegelverkehrte) Figuren auf, deren Biografien in wiederum hochliterarischer Sprache wiedergegeben werden. Der Erfolg war durchschlagend, auch international erzielte Kehlmann größte Anerkennung.

Zwei Vermesser der Welt

Erzählt wird die Geschichte des genialen Mathematikers Carl Friedrich Gauß und des Weltreisenden Alexander von Humboldt, die beide einmal Landvermesser waren. Verwoben sind ihre Lebensläufe durch die Begegnung auf einer Tagung von Naturforschern in Berlin, wo sich die beiden kennenlernen und dann miteinander korrespondieren. In einer Nebenhandlung rettet Humboldt Gauß' politisch tätigen Sohn vor der Verfolgung durch die Behörden (während der Vater ihn sogar ausliefert).

Zu Humboldts Biografie gehört gerade die Reise nach Südamerika mit ihren naturkundlichen Entdeckungen (speziell den Vermessungen, zu denen eine fast zum Tod führende Bergbesteigung gehört). In schon autistischer Manier verfolgt Humboldt seine Ziele, wie es besonders an der Behandlung seines Mitreisenden deutlich wird, der im Gegensatz zu seinem Meister oft genug aufgeben will. Genauso unbeirrt von allem, was ihn umgibt, stürzt sich Gauß in seine mathematischen Aufgaben, über die er sogar die Hochzeitsnacht platzen lässt.

Der Erzählton des Romans (mit seinen überaus kurzen und oft abgehackten Sätzen) ist stets ironisch. Die großen Gelehrten erscheinen wie Kinder, die das Weltwissen bereichern, aber das Nächstliegende nicht verstehen. Sie scheitern aber auch als Wissenschaftler: Auf seiner letzten Reise nach Russland zeigt sich, dass Humboldts Entdeckungen bereits überholt sind. Man ehrt einen Großen, den man nicht mehr braucht. Daran erkrankt er, nachdem er die Strapazen der Tropen wie der Eiswüsten überstanden hat.

Historische Romane anders

„Die Vermessung der Welt" kann ohne Weiteres als historischer Roman gelesen werden. Aber Kehlmann hat das Genre, das besonders durch Ecos „Der Name der Rose" (1980) so viel Auftrieb gewonnen hat, entscheidend verändert. Dominant sind nicht die historischen Ereignisse, sondern das Spiel, das der Autor mit ihnen spielt.

Darin hat Kehlmann einen bedeutenden Vorgänger und Mitstreiter in Christoph Ransmayr. Schon „Die Schrecken des Eises und der Finsternis" (1984) schildern eine Nordmeerexpedition von 1872-74 mit einer faszinierenden Sicht auf das Erlebnis des Scheiterns. In „Die letzte Welt" hat Ransmayr die Verbannung des römischen Dichters Ovid mit der Gegenwart verschränkt und den Verlust des Selbst in Vergangenheit und Gegenwart zum Thema gemacht. Figuren der Antike führen ein Leben in der Gegenwart und ein Mensch der Gegenwart sucht nach einer antiken Figur – all dies in einer artistischen Sprache mit einprägsamen Bildern. Autoren wie Kehlmann und Ransmayr ist gelungen, den historischen Roman zum Experimentierfeld von Erzählkunst zu machen.

Bei der Verleihung des WELT-Literaturpreises an Daniel Kehlmann im Jahr 2007 hielt Hellmuth Karasek die Laudatio auf den österreichischen Schriftsteller.

Erzählen in großen Bildern
Julia Franck: Die Mittagsfrau (2007)

Franck ist 1970 in Ostberlin geboren. Ihre Mutter floh 1978 in den Westen und verbrachte mit damals vier Töchtern fast ein Jahr im Lager Marienfelde (verarbeitet in „Lagerfeuer", 2003), ehe die Familie in einem Dorf in Schleswig-Holstein eine Bleibe fand. Franck ging 1983 nach Berlin, machte Abitur und studierte u. a. Deutsche Literatur. Sie schlug sich mit Jobs durch und schrieb als freie Mitarbeiterin für Radio und Zeitungen. 1995 gewann sie einen Literaturwettbewerb und brachte 1999 ihren ersten Roman heraus: „Der neue Koch". Weitere Romane und Erzählungen folgten. Ein Stipendium erlaubte ihr einen einjährigen Aufenthalt in der Villa Massimo in Rom. Den eigentlichen Durchbruch aber erzielte sie mit „Die Mittagsfrau". Sie gewann damit 2007 unter 117 Mitbewerbern den ersten Preis des Börsenvereins des Deutschen Buchhandels für den besten deutschsprachigen Roman des Jahres (vergleichbar mit dem französischen Prix Goncourt).

Wie kann eine Mutter ihr Kind verlassen?

Der Roman beginnt mit Ereignissen am Ende des Zweiten Weltkriegs in Stettin. Die Russen haben das Land erobert. Der kleine Peter erlebt, wie seine Mutter von Soldaten bei deren „Besuch" vergewaltigt wird. Als die Mutter flieht, bittet sie den Jungen auf dem Bahnhof, einen Moment zu warten, bis sie Fahrkarten gekauft hat. Aber sie kehrt nicht zurück. Der Roman erzählt ihr Leben, sucht die unerklärliche Tat zu erklären.

Erzählkunst, nicht Sprachartistik

Franck hat auf die autobiografischen Hintergründe ihres Romans hingewiesen – der kleine Peter ist ihr Vater. Auch der Mutter-Tochter-Konflikt gehört zum Selbsterlebten. Aber das Erinnern führt nicht zu einer „objektiven" Form von Erinnerungsliteratur, wie sie etwa bei Uwe Timm vorliegt. „Die Mittagsfrau" ist nur nebenbei ein Roman, der den Zweiten Weltkrieg verarbeitet. Stattdessen geht es eher um den Versuch, Abgründe menschlichen Handelns entlang historischen Konstellationen zu ergründen. Schon die Themenwahl verweist auf diese Form der erzählerischen Bewältigung. Die Mittagsfrau verhängt einer Legende nach einen Fluch über diejenigen, die mittags arbeiten. Abgewendet werden kann dies nur durch Erzählen. Helen hat es im Roman gemacht und Franck macht es ebenso. Die Kritik hob genau dieses Talent hervor: eine plastische Erzählkunst, die aus der Distanz heraus große Bilder erfindet („ich erzeuge Bilder").

Helene, so heißt die Mutter, ist mit ihren Geschwistern in Bautzen aufgewachsen. Aber es gibt ein Problem: Deren Mutter hat vier Söhne kurz nach der Geburt verloren und wird als Jüdin in der städtischen Gesellschaft gemieden. Als sie ihre Tochter Helene vernachlässigt, entwickelt diese eine zunehmende Distanz. Dann kehrt der Vater schwer verletzt aus dem Ersten Weltkrieg zurück und wird von den Töchtern gepflegt.

Nach dessen Tod spitzt sich die Lage zu, als das Geschäft bergab geht. Die Töchter lassen darauf die mittlerweile psychisch völlig verwirrte Mutter zurück und gehen nach Berlin, wo sie die wilden Zwanziger Jahre erleben. Helene, die von ihrer lesbischen Schwester in die Welt der Sexualität eingeführt wurde, verliebt sich in verschiedene Männer und heiratet schließlich einen gefühlskalten Nazi. Der hat ihre jüdische Herkunft vertuscht und glaubt damit alle Macht über sie zu haben. Daran scheitert die Ehe. Zuletzt versucht Helene, alles hinter sich zu lassen, was sie an ihren Mann erinnert – auch den kleinen Peter. Eine Erklärung gibt es damit, eine Rechtfertigung nicht.

Julia Frank mit ihrem Buch „Die Mittagsfrau" auf der Frankfurter Buchmesse 2007, wo sie den Deutschen Buchpreis erhielt.

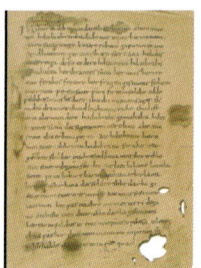

Hildebrandslied
(Heldenlied)
Frühes Mittelalter

Heinrich der Gleisner:
Reinhart Fuchs (Tierepos)
Hohes Mittelalter

Wolfram von Eschenbach: Parzival
(Artusroman, höfisches Epos)
Hohes Mittelalter

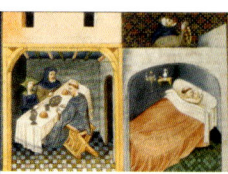

Walther von der
Vogelweide: Lieder und
Sangsprüche (Minnelyrik)
Hohes Mittelalter

Die drei Mönche
zu Kolmar (Novelle)
Spätes Mittelalter

um 830   **nach 1192**   **nach 1200**   **ca. 1190–1230**   **vor 1433/40**

Literatur des Mittelalters

nach 1180   **um 1200**   **um 1210**   **um 1250**   **1464**

Hartmann von Aue:
Erec (Artusroman)
Frühes Mittelalter

Nibelungenlied (Heldenepos)
Hohes Mittelalter

Gottfried von Straßburg:
Tristan (höfisches Epos)
Hohes Mittelalter

Mechthild von Magdeburg:
Das fließende Licht der
Gottheit (Frauenmystik)
Hohes Mittelalter

Redentiner Osterspiel
(geistliches Spiel)
Spätes Mittelalter

Sebastian Brant:
Das Narrenschiff (Narrenliteratur)
Humanismus/Renaissance

Andreas Gryphius:
Sonette (Lyrik)
Barock

Sophie La Roche:
Das Fräulein von Sternheim (Roman)
Empfindsamkeit

1494　　　　　　　**1643**　　　　　　　**1771**

Empfindsamkeit

Humanismus/Renaissance　　　　　Barock　　　　　Aufklärung

Sturm und Drang

1515　　　　　　　**1771**　　　　　　　**1774**

Till Eulenspiegel
(Volksbuch)

Johann Wolfgang von Goethe:
Sesenheimer Lyrik (Lyrik)
Sturm und Drang

Johann Wolfgang von Goethe:
Die Leiden des jungen Werthers
(einseitiger Briefroman)
Sturm und Drang

209

Gotthold Ephraim Lessing:
Nathan der Weise (Drama)
Aufklärung

Karl Philipp Moritz:
Anton Reiser (Roman),
Vorläufer eines Entwicklungsromans
Klassik

Johann Wolfgang von Goethe:
Wilhelm Meisters Lehrjahre
(Bildungsroman)
Klassik

Friedrich Hölderlin:
Hyperion (Briefroman)
Klassik

1779　　　　　　**1785-90**　　　　　　**1796**　　　　　　**1797/1799**

Empfindsamkeit

Aufklärung　　　　　　　　　　　　　　　　　　Klassik

Sturm und Drang

1781　　　　　　**1787**　　　　　　　　　　　**1798**

Friedrich Schiller:
Die Räuber (Drama)
Sturm und Drang

Johann Wolfgang von Goethe:
Iphigenie auf Tauris (Drama)
Klassik

Ludwig Tieck:
Franz Sternbalds Wanderungen
(Künstlerroman)
Romantik

Friedrich Schiller:
Wilhelm Tell (Drama)
Weimarer Klassik

Heinrich von Kleist:
Der zerbrochene Krug
Romantik

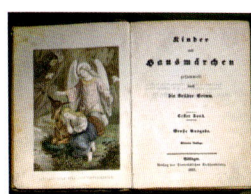

Jacob und Wilhelm Grimm:
Kinder- und Hausmärchen
(Volksmärchen)
Romantik

Joseph
von Eichendorff:
Aus dem Leben eines
Taugenichts (Roman)
Romantik

Johann Nestroy:
Der böse Geist
Lumpazivagabundus (Posse)
Biedermeier

Vormärz

Klassik

Biedermeier

Romantik

Novalis:
Heinrich von Ofterdingen
(Roman)
Romantik

Johann Wolfgang von Goethe:
Faust I (Drama)
Klassik

E. T. A. Hoffmann:
Der goldene Topf
(Kunstmärchen)
Romantik

Johann Wolfgang von Goethe:
Faust II (Drama)
Klassik

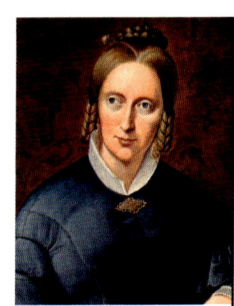

Annette von Droste-Hülshoff:
Die Judenbuche (Novelle)
Biedermeier

Bettina von Arnim:
Dies Buch gehört dem König (Roman)
Biedermeier

Heinrich Heine:
Deutschland.
Ein Wintermärchen (Versepos)
Vormärz

Adalbert Stifter:
Brigitta (Novelle)
Biedermeier

1842　　**1843**　　**1844**　　**1847**

Vormärz

Realismus

Biedermeier

um 1836　　**1842**　　**1844**　　**1855**

Georg Büchner:
Woyzeck (Drama)
Vormärz

Jeremias Gotthelf:
Die schwarze Spinne
(Novelle)
Biedermeier

Friedrich Hebbel:
Maria Magdalena
(bürgerliches Trauerspiel)
Realismus

Eduard Mörike:
Mozart auf der Reise
nach Prag (Novelle)
Biedermeier

Theodor Mommsen:
Römische Geschichte
Realismus

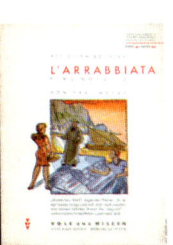

Paul Heyse:
L'Arrabbiata (Novelle)
Realismus

Conrad Ferdinand Meyer:
Das Amulett (Novelle)
Realismus

Theodor Storm:
Der Schimmelreiter (Novelle)
Realismus

1854-56, 1885   **1855**   **1873**   **1888**

Naturalismus

Realismus

1854/55   **1865**   **1876**   **1889**

Gottfried Keller:
Der grüne Heinrich (Roman)
Poetischer Realismus

Wilhelm Busch:
Max und Moritz
(Bildergeschichte)
Realismus

Felix Dahn:
Ein Kampf um Rom (historischer Roman)
Realismus

Gerhart Hauptmann:
Vor Sonnenaufgang (Drama)
Naturalismus

Wilhelm Raabe:
Stopfkuchen (Roman)
Realismus

Theodor Fontane:
Effi Briest (Roman)
Realismus

Thomas Mann:
Die Buddenbrooks (Roman)
Realismus

Rainer Maria Rilke:
Neue Gedichte (Lyrik)
Symbolismus

Hugo von Hofmannsthal:
Jedermann (Drama)
Wiener Moderne

Realismus

Symbolismus

Expressionismus

Wiener Moderne

Frank Wedekind:
Frühlings Erwachen
(Drama)
Expressionismus

Arthur Schnitzler:
Liebelei (bürgerliches Trauerspiel)
Wiener Moderne

Else Lasker-Schüler:
Der siebente Tag (Lyrik)
Expressionismus

Gottfried Benn:
Kleine Aster (Lyrik)
Expressionismus

Georg Trakl:
Gedichte (Naturgedicht)
Expressionismus

Heinrich Mann:
Der Untertan (Roman)
Literatur der Weimarer Republik

Stefan Zweig:
Sternstunden der
Menschheit (Novellen)
*Literatur der
Weimarer Republik*

Alfred Döblin:
Berlin Alexanderplatz
(Großstadtroman)
*Literatur der
Weimarer Republik*

Robert Musil:
Der Mann ohne Eigenschaften
(Roman)
Literatur der Weimarer Republik

Expressionismus

Literatur der Weimarer Republik

Franz Kafka:
Die Verwandlung (Novelle)
Expressionismus

Thomas Mann:
Der Zauberberg (Roman)
*Literatur der
Weimarer Republik*

Bertolt Brecht:
Die Dreigroschenoper
(Oper/Schauspiel)
Literatur der Weimarer Republik

Erich Kästner:
Emil und die Detektive
(Kinderbuch)
Literatur der Weimarer Republik

Hans Fallada:
Wer einmal aus dem
Blechnapf frisst (Roman)
Neue Sachlichkeit

Bertolt Brecht:
Mutter Courage und ihre
Kinder (episches Theater)
*Literatur des
Zweiten Weltkriegs*

Hermann Hesse:
Das Glasperlenspiel (Roman)
*Literatur des
Zweiten Weltkriegs*

Elisabeth Langgässer:
Das unauslöschliche
Siegel (Roman)
Nachkriegsliteratur

Nelly Sachs:
In den Wohnungen
des Todes (Lyrik)
Nachkriegsliteratur

1934   **1941**   **1943**   **1946**   **1947**

Neue Sachlichkeit

Literatur des Zweiten Weltkriegs   Literatur der Nachkriegszeit

1936   **1942**   **1946**   **1947**

Klaus Mann:
Mephisto (Roman)
*Literatur des
Zweiten Weltkriegs*

Anna Seghers:
Das siebte Kreuz (Roman)
*Literatur des
Zweiten Weltkriegs*

Carl Zuckmayer:
Des Teufels General (Drama)
Nachkriegsliteratur

Wolfgang Borchert:
Draußen vor der Tür
(Drama, Hörspiel)
Nachkriegsliteratur

Ilse Aichinger:
Die größere Hoffnung
(Roman)
Nachkriegsliteratur

Friedrich Dürrenmatt:
Besuch der alten Dame
(Tragikkomödie)
Nachkriegsliteratur

Günter Grass:
Die Blechtrommel
(Roman)
Nachkriegsliteratur

Heinrich Böll:
Ansichten eines Clowns (Roman)
Nachkriegsliteratur

1948   **1956**   **1959**   **1963**

DDR-Literatur

Literatur der Nachkriegszeit

1953   **1957**   **1961**   **1965**

Ingeborg Bachmann:
Die gestundete Zeit (Lyrik)
Nachkriegsliteratur

Max Frisch:
Homo Faber (Roman)
Nachkriegsliteratur

Brigitte Reimann:
Ankunft im Alltag (Roman)
DDR-Literatur

Hermann Kant:
Die Aula (Roman)
DDR-Literatur

Siegfried Lenz:
Deutschstunde (Roman)
Nachkriegsliteratur

Jurek Becker:
Jakob der Lügner (Roman)
DDR-Literatur

Heiner Müller:
Die Hamletmaschine (Drama)
DDR-Literatur

Elfriede Jelinek:
Die Klavierspielerin (Roman)
Gegenwart

Literatur der Nachkriegszeit   Literatur der Gegenwart

DDR-Literatur

Christa Wolf:
Nachdenken über Christa T. (Roman)
DDR-Literatur

Ulrich Plenzdorf:
Die neuen Leiden des jungen W.
(Drama, Roman)
DDR-Literatur

Botho Strauß:
Paare, Passanten
(Erzählungen)
Gegenwart

Christoph Hein:
Der fremde Freund (Novelle)
DDR-Literatur

Thomas Bernhard:
Heldenplatz (Drama)
Gegenwart

Günter Grass:
Ein weites Feld (Roman)
Gegenwart

Judith Hermann:
Sommerhaus, später
(Erzählungen)
Gegenwart

Uwe Timm:
Am Beispiel meines Bruders
(Roman)
Gegenwart

Julia Franck:
Die Mittagsfrau (Roman)
Gegenwart

1990   2003   2007

Literatur der Gegenwart

1997   2001   2005

Ulla Hahn:
Das verborgene Wort
(Roman)
Gegenwart

Martin Walser:
Die Verteidigung der Kindheit
(Roman)
Gegenwart

Robert Gernhard:
Lichte Gedichte (Lyrik)
Gegenwart

Daniel Kehlmann:
Die Vermessung der Welt (Roman)
Gegenwart

Register

Register